专业棋牌出版

實戰象棋指南

田晓　田华　编著

成都时代出版社
CHENGDU TIMES PRESS

图书在版编目（CIP）数据

实战象棋指南 / 田晓，田华编著. —成都：成都时代出版社，2020. 11

ISBN 978-7-5464-2615-0

Ⅰ. ①中… Ⅱ. ①田… ②田… Ⅲ. ①中国象棋——指南 Ⅳ. ①G891. 2-62

中国版本图书馆 CIP 数据核字（2020）第163868号

实战象棋指南

SHIZHAN XIANGQI ZHINAN

田　晓　田　华　编著

出 品 人　李若峰
责任编辑　曾绍东
责任校对　翟　理
封面设计　九天众合
责任印制　张　露
出版发行　成都时代出版社
电　　话　（028）86618667（编辑部）
　　　　　（028）86615250（发行部）
网　　址　www. chengdusd. com
印　　刷　成都博瑞印务有限公司
规　　格　165 mm×230 mm
印　　张　12. 75
字　　数　195 千
版　　次　2020 年 11 月第 1 版
印　　次　2020 年 11 月第 1 次印刷
印　　数　3000 册
书　　号　ISBN 978-7-5464-2615-0
定　　价　45. 00 元

本书若出现印装质量问题，请与工厂联系。电话：028-85951708

前言

象棋是“数学的艺术，趣味的科学，战争的游戏，智慧的结晶”。象棋的发明体现了中国人的智慧。笔者致力于象棋的普及推广几十年。

本书就是笔者研究和实践象棋活动的心得体会，其内容包括对弈规律、对弈思想、对弈路向三个方面。

解决好对弈规律、对弈思想、对弈路向这三大难题是下好象棋的关键。

我们在参阅了杨官璘、胡荣华、黄少龙等同志的著作，尤其是刘锦祺、郝俊昌编著的《象棋冠军精妙杀局》一书的基础上，深入探究，历时39年，终于完成了《实战象棋指南》的撰写。本书虽然还有不少不尽人意的地方，但我们也是尽了全力了。我们赞成这样的话，叫做“没有最好，只有更好”。我们力求把对弈中的复杂问题简单化，把抽象的问题具体化，其目的是改变传统的研究方法，从另一条思路去探索棋艺，使弈者开拓思维空间，提高运算、推理、解决问题的能力，培养创造精神。客观地讲，这是踏着他人的肩膀向上攀登，也希望有人踩在我们的肩膀继续攀登。

“有付出，就有收获。”虽然我们付出了一定的劳动，但是我们也收获了大家的认可。希望《实战象棋指南》对提升象棋爱好者棋力有所帮助。

本书在撰写过程中得到了北京体育大学出版社李正老师的帮助，西安地图出版社部分同志的帮助，特别是杨芸老师为该书选定了书名还有成都时代出版社许多同志的帮助。此外还得到了铜川市耀州区信达印务有限责任公司李忙田等同志的帮助，在此一并致谢。

田旋

2019年9月

目　录

前言

上篇　破解象棋规律

第一章　分先后破解规律

——浓缩规律的多样性 …………………………………………（4）

第一节　以我方持先分解规律 …………………………………（4）

第二节　以我方执后分解规律 …………………………………（17）

第二章　定阶段破解规律

——把握规律的联系性 …………………………………………（30）

第一节　以雏形阶段分解规律 …………………………………（30）

第二节　以开局阶段分解规律 …………………………………（32）

第三节　以首战阶段分解规律 …………………………………（36）

第四节　以中局阶段分解规律 …………………………………（38）

第五节　以定格阶段分解规律 …………………………………（42）

第六节　以残局阶段分解规律 …………………………………（44）

第三章　划弈区破解规律

——利用规律的重复性 …………………………………………（49）

第一节　以当头炮弈区分解规律 ………………………………（49）

第二节　以挺兵局弈区分解规律 ………………………………（51）

第三节　以飞相局弈区分解规律 …………………………………（54）
第四节　以起马局弈区分解规律 …………………………………（56）
第五节　以士角炮弈区分解规律 …………………………………（57）
第六节　以过宫炮弈区分解规律 …………………………………（59）

中篇　思想象棋实战

第四章　实战象棋弈理
——理论支撑的重要性 ……………………………………………（63）
第一节　线路剖析研究 ……………………………………………（63）
第二节　楚汉争霸策说 ……………………………………………（67）
第三节　下棋着法选择 ……………………………………………（70）
第四节　摸索改革创新 ……………………………………………（72）
第五节　弈林遨游随笔 ……………………………………………（75）

第五章　实战象棋道术
——国弈道术的巧妙性 ……………………………………………（78）
第一节　楚汉争霸术 ………………………………………………（78）
第二节　临场践行谈 ………………………………………………（82）
第三节　秘笈备忘录 ………………………………………………（87）
第四节　矛盾关系论 ………………………………………………（93）
第五节　子势逻辑学 ………………………………………………（97）

第六章　实战象棋举措
——多措并举的必要性 ……………………………………………（102）
第一节　解拆棋路练为战 …………………………………………（102）
第二节　环绕造势做文章 …………………………………………（103）
第三节　别出心裁避常套 …………………………………………（105）
第四节　记住错误不重复 …………………………………………（107）
第五节　抓住紧棋别松手 …………………………………………（109）

第六节　富有三力胜棋多 ……………………………… (110)
第七节　心悟摄像是要求 ……………………………… (112)

下篇　践行象棋路向

第七章　前瞻线路轮廓
——简化路线的繁杂性 ……………………………… (119)
第一节　我若执后谱 ……………………………… (120)
第二节　我若持先谱 ……………………………… (135)

第八章　左右实战方向
——把握方向的指正性 ……………………………… (143)
第一节　阶段方向 ……………………………… (143)
第二节　战略方向 ……………………………… (145)
第三节　棋形方向 ……………………………… (153)
第四节　创新方向 ……………………………… (157)

第九章　远虑发展焦点
——认识路向的曲折性 ……………………………… (158)
第一节　强子偶数战场 ……………………………… (158)
第二节　强子奇数战场 ……………………………… (165)
第三节　强子核心战场 ……………………………… (174)

附:实战象棋找正
——顺应棋局的客观性 ……………………………… (183)
一、专注着法找正 ……………………………… (185)
二、助力着法找正 ……………………………… (188)
三、临场着法找正 ……………………………… (190)
四、研究着法找正 ……………………………… (193)
五、升华着法找正 ……………………………… (195)

对弈前的楚汉阵容

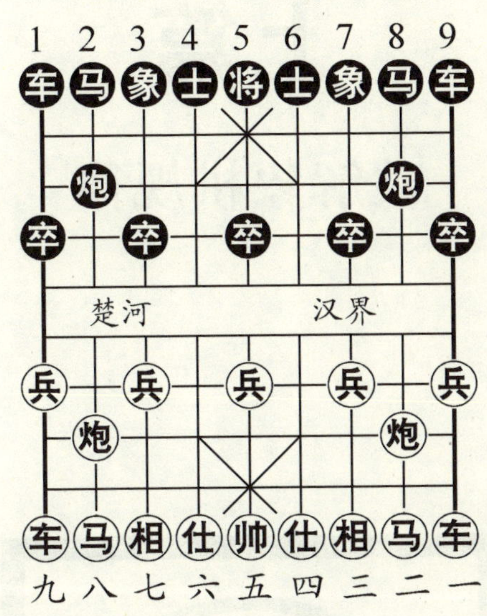

读谱应知应会

双方各自从右向左列序，向对方方向为进，朝自己底线为退，左右移动为平。如红方走右手当头炮：叫㉚二平五，黑方跳左正马：叫❷8进7。红方用中文数字；黑方用阿拉伯数字进行区别。

数码指代汉字的速记方法是：用1、2、3、4、5、6、7分别代表车、马、炮、兵、帅、士、相；用1、2、3分别代表进、平、退。如炮二平五或炮2平5，不分红方黑方均记3225；左边第一位数代表“炮”，左起第三位数的代表“平”。棋战中有时会出现前车进二、后马退5等情况，可用8来表示“前”，用9表示“后”。

上篇

破解象棋规律

注重规律　　分解成功

什么叫规律？规律就是“事物之间的内在的必然联系，这种联系不断重复出现，在一定条件下经常起作用，并且决定着事物必然向着某种趋向发展。规律是客观存在的，是不以人们的意志为转移的，但人们能够通过实践认识它，利用它。”

规律是任何人不能创造，任何人不能消灭的客观必然。象棋对弈亦然。对弈棋手应该顺应规律，遵循规律，利用规律，掌握规律才能获得成功。弈贵能掌握规律。

第1章　分先后破解规律

——浓缩规律的多样性

指南提要：先手有先行之利，后手有随机应变之功。本章介绍如何利用先后手做好战斗前的部署。

火车离开了轨道就不能行驶。同理，对弈也有一定的线路遵循。笔者参阅了胡荣华、杨官璘、金启昌等的著作，总结出一套为实战服务的方法。当然，象棋是艺术，不是一层不变的，弈者可以举一反三，把主要的注意力集中到战略决策上去。在实战中，既要富有创意，又要注意寻找对方的弊端，以便获取对己方有利的效益。

俗话说："不怕千招会，就怕一招熟。"下面列举先手后手皆用当头炮横车。一个弈区一个战区，一共十个战区。执后六个战区，持先四个战区，以十盘棋推变演算出各战区主路变化。

第一节　以我方持先分解规律

一、持先路线

成语"胸有成竹"，说的是有个叫文与可的人喜欢画竹，他在画竹前，胸中已装有成竹。同理与人对弈，事先也要预备路线，准备战术。

第一方案　中炮对屏风马

我先走棋，确定走当头炮，炮二平五或炮八平五，对方以屏风马对抗。

1. 黑飞右象

第一种准备

①炮二平五	马8进7
②马二进三	车9平8
③兵七进一	卒7进1
④马八进七	马2进3
⑤车一进一	象3进5
⑥车一平四	炮8平9
⑦炮八进二	士4进5
⑧车九进一	车1平4
⑨马七进六	车4进4
⑩车四进三	车8进6

如图A1，大体均势。

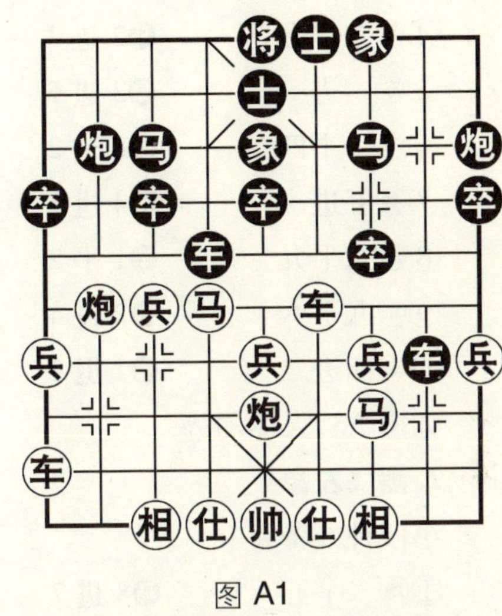

图A1

第二种准备

①炮二平五	马8进7
②马二进三	车9平8
③兵七进一	卒7进1
④马八进七	马2进3
⑤车一进一	象3进5
⑥车一平四	炮8进2
⑦兵五进一	卒3进1
⑧马七进五	士6进5
⑨炮八平九	马3进2
⑩兵五进一	炮8平5

如图A2，后手可以抗衡。

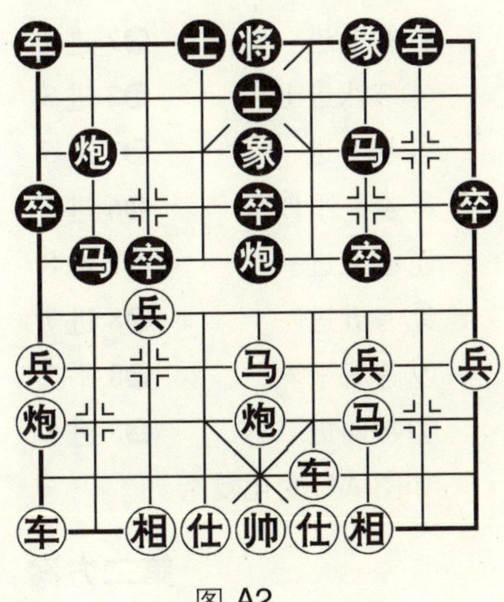

图A2

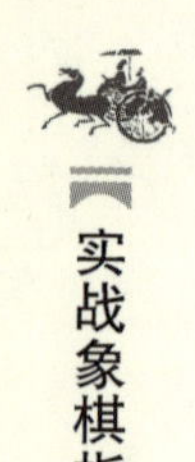

第三种准备

①炮二平五　　马8进7

②马二进三　　车9平8

③兵七进一　　卒7进1

④马八进七　　马2进3

⑤车一进一　　象3进5

⑥车一平四　　炮8进2

⑦兵五进一　　士4进5

⑧炮八平九　　车1平2

⑨车九平八　　炮2进4

⑩车四进二　　炮2退2

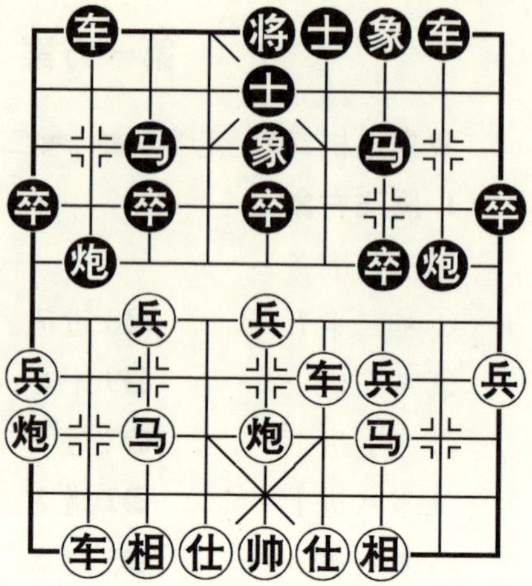

如图A3，大体均势。

图A3

2. 黑飞左象

第四种准备

①炮二平五　　马8进7

②马二进三　　车9平8

③兵七进一　　卒7进1

④马八进七　　马2进3

⑤车一进一　　象7进5

⑥车一平四　　士6进5

⑦兵五进一　　马7进8

⑧兵五进一　　马8进7

⑨兵五平六　　炮8平7

⑩车四进二　　车8进8

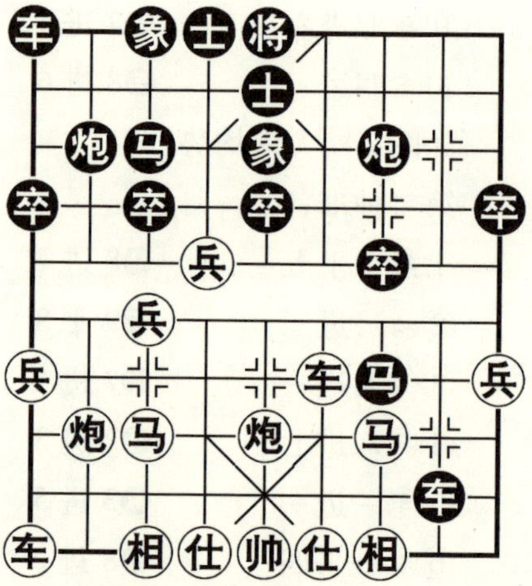

如图A4，变化复杂。

图A4

第二方案　中炮对反宫马

我走炮二平五，对方应以马2进3，以反宫马对抗。

1. 黑出横车

第五种准备

①炮二平五　　马2进3

②马二进三　　炮8平6

③车一平二　　马8进7

④兵三进一　　车9进1

⑤炮八进四　　卒3进1

⑥炮八平三　　象7进5

⑦车九进一　　车9平4

⑧车九平四　　士4进5

⑨车二进八　　车4进4

⑩车四进三　　车4进3

如图A5，局势紧张。

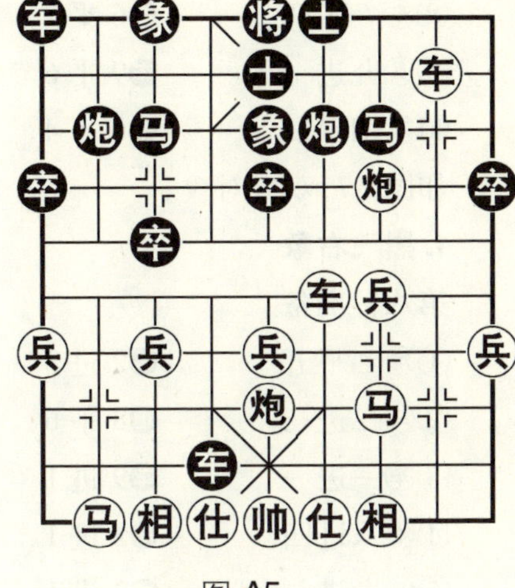

图A5

2. 黑出直车

第六种准备

①炮二平五　　马2进3

②马二进三　　炮8平6

③兵三进一　　马8进7

④车一进一　　车9平8

⑤马八进九　　车8进4

⑥车九进一　　卒1进1

⑦车九平六　　士6进5

⑧车一平四　　炮2平1

⑨车四进五　　车1平2

⑩炮八平七　　卒3进1

如图A6，另有攻守。

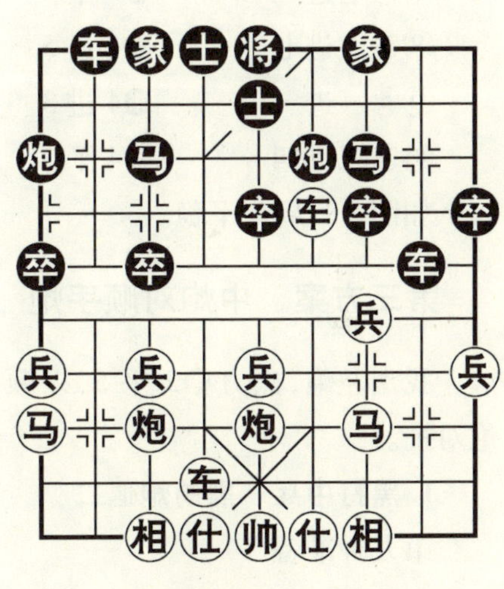

图A6

3. 黑飞左象

第七种准备

①炮二平五　　马2进3　　②马二进三　　炮8平6

③兵三进一　　卒3进1　　④马八进九　　象7进5

⑤炮八平六　　车1平2　　⑥车九平八　　炮2进4

⑦车一进一　　车9进1

⑧车一平四　　炮6平7

⑨兵九进一　　车9平6

⑩车四平二　　车6平4

如图A7,双方对攻。

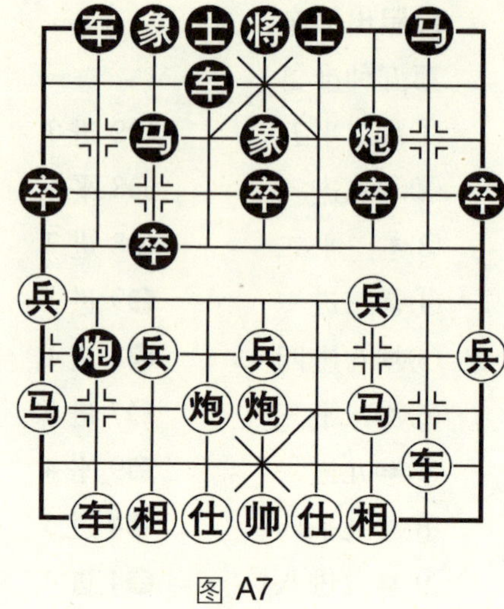

图 A7

4. 黑飞右象

第八种准备

①炮二平五　　马2进3

②马二进三　　炮8平6

③车一进一　　车9进1

④炮八进四　　卒3进1

⑤兵七进一　　卒3进1

⑥车一平七　　象3进5

⑦车七进三　　车9平4

⑧马八进七　　士4进5

⑨兵三进一　　车4进3

⑩马三进四　　车4平2

如图A8,局势平稳。

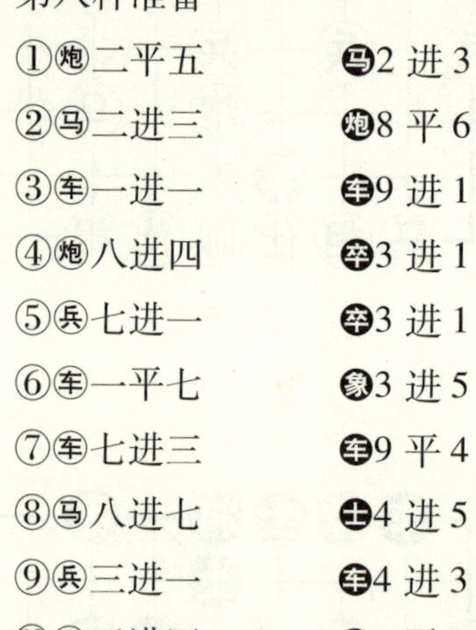

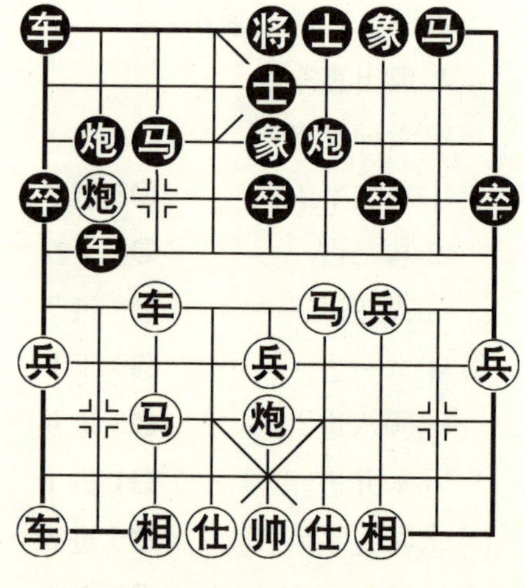

图 A8

第三方案　中炮对顺手炮

我走左炮,黑方炮2平5,以顺手炮对抗。

1. 黑打中兵　黑前炮退二

第九种准备

①炮八平五　　炮2平5

②车九进一　　炮5进4

③仕六进五　　炮8平5

④马二进三　　前炮退2

⑤车一平二　　马8进7

⑥炮二平一　　车1进1

⑦车二进六　　车1平4

⑧车二平三　　车9进2

⑨兵一进一　　车9平8

⑩马八进七　　后炮退1

⑪马三进五　　后炮平7

⑫车三平四　　马7退5

⑫车四平三　　马5进7

⑭炮五进三　　卒5进1

⑮车三平七　马7进6
⑯马五进三　卒5进1
⑰相七进五　卒5平6
⑱车七平四　卒6平7
⑲车四退一　卒7进1
⑳车九平八　马2进3
㉑马七进五

至此，先方先手。

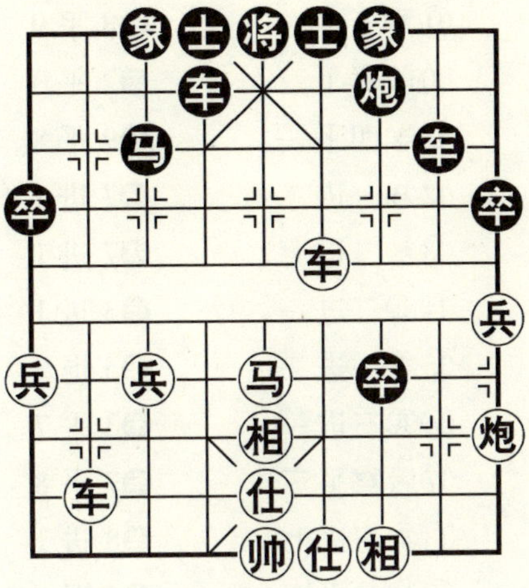

图 A9

2. 黑打中兵　黑前炮退一

第十种准备

①炮八平五　炮2平5
②车九进一　炮5进4
③仕六进五　炮8平5
④马二进三　前炮退1
⑤车一平二　车1进1
⑥车九平六　马8进7
⑦炮二平一　车1平6
⑧车二进六　车6进5
⑨车二平三　车9进2
⑩马八进九　士6进5
⑪车六进四　后炮平4
⑫车六退一　炮5退1
⑬车六平五　象7进5
⑭炮五进三　卒5进1
⑮车五进一　马2进1
⑯马三进五

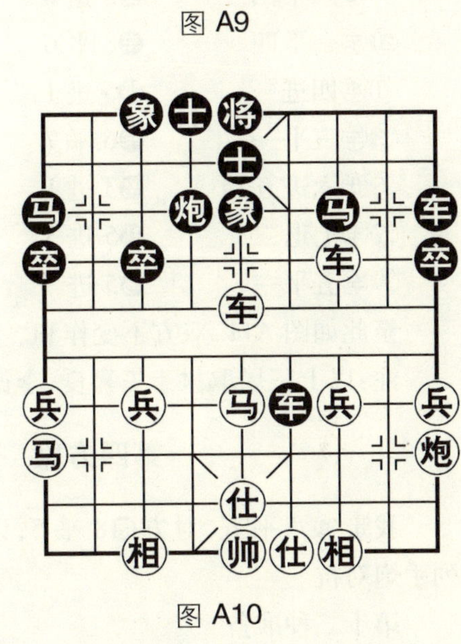

图 A10

至此如图 A10，先方先手。

3. 黑不打中兵　红单边封锁

第十一种准备

①炮八平五　炮2平5
②车九进一　马2进3
③车九平四　车1平2
④马八进七　士4进5
⑤车四进七　马8进9
⑥兵一进一　炮8平6
⑦马二进一　车9平8
⑧炮二进二　车2进6

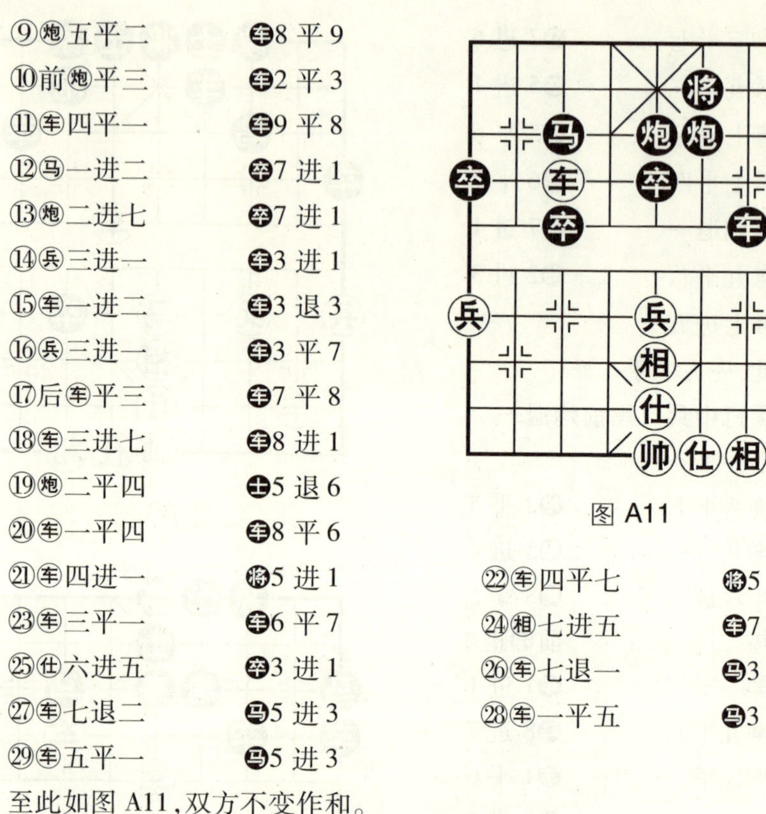

图 A11

⑨炮五平二　车8平9
⑩前炮平三　车2平3
⑪车四平一　车9平8
⑫马一进二　卒7进1
⑬炮二进七　卒7进1
⑭兵三进一　车3进1
⑮车一进二　车3退3
⑯兵三进一　车3平7
⑰后车平三　车7平8
⑱车三进七　车8进1
⑲炮二平四　士5退6
⑳车一平四　车8平6
㉑车四进一　将5进1
㉒车四平七　将5平6
㉓车三平一　车6平7
㉔相七进五　车7退1
㉕仕六进五　卒3进1
㉖车七退一　马3退5
㉗车七退二　马5进3
㉘车一平五　马3退5
㉙车五平一　马5进3

至此如图 A11，双方不变作和。

注：以上三局取材于王嘉良、李德林编著的《桔中胆》。

第四方案　中炮对列手炮

我走炮八平五，对方炮8平5，以列手炮对抗。

第十二种准备

①炮八平五　炮8平5
②马八进七　马8进7
③马二进一　车9平8
④炮二平三　炮2平4
⑤车一进一　马2进3
⑥车九平八　卒3进1
⑦车一平六　士4进5
⑧兵一进一　车8进4

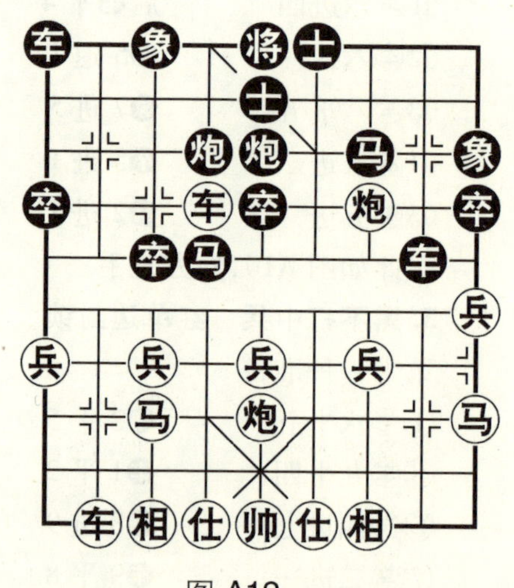

图 A12

⑨车六进五　　马3进4　　⑩炮三进四　　象7进9

至此如图 A12，红方先手。

二、基本线路

中炮对屏风马

第一种准备　中炮过河车对屏风马高车保马

①炮二平五　　马8进7　　②马二进三　　车9平8

③车一平二　　马2进3

见图 A13，形成屏风马对当头炮。

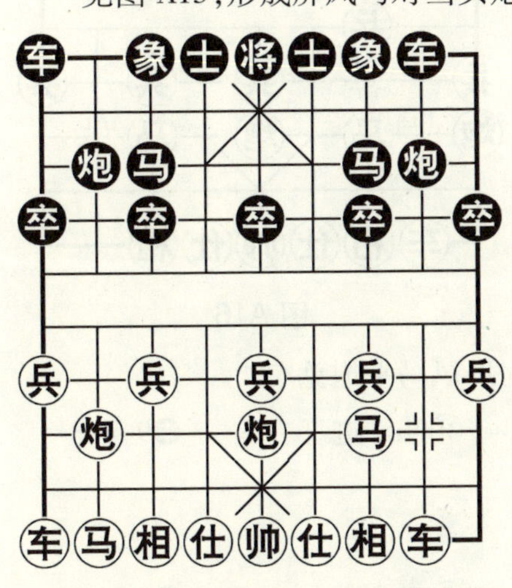

图 A13

图 A14

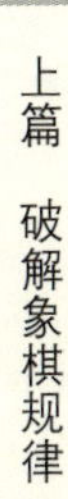

④兵七进一　　卒7进1　　⑤马八进七　　象3进5

⑥车二进六　　炮8平9　　⑦车二平三　　车8进2

⑧马七进六　　炮2退1　　⑨炮八平七　　炮2平7

⑩车三平四　　车8进3

至此，如图 A14 形势，对方对抢先手。

第二种准备　五九炮过河车对屏风马平炮兑车

①炮二平五　　马8进7　　②马二进三　　车9平8

③车一平二　　马2进3

见图 A15，形成屏风马对当头炮的开局。

④兵七进一	卒7进1	⑤车二进六	炮8平9
⑥车二平三	炮9退1	⑦马八进七	士4进5
⑧炮八平九	车1平2	⑨车九平八	炮9平7
⑩车三平四	马7进8		

至此,如图A16形势,双方另有争斗。

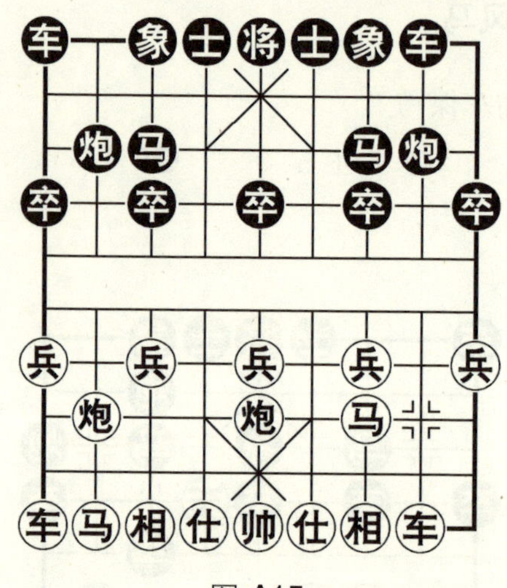

图A15

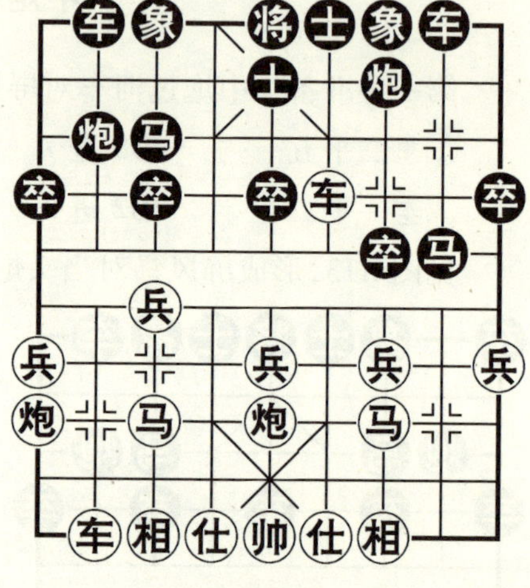

图A16

第三种准备　中炮过河车急进中兵对屏风马平炮兑车

①炮二平五	马8进7	②马二进三	车9平8
③车一平二	卒7进1		

见图A17,黑抢7卒。

④车二进六	马2进3	⑤马八进七	炮8平9
⑥车二平三	炮9退1	⑦兵五进一	士4进5
⑧兵五进一	炮9平7	⑨车三平四	卒7进1
⑩马三进五	卒7平6		

至此,如图A18形势,红方先手。

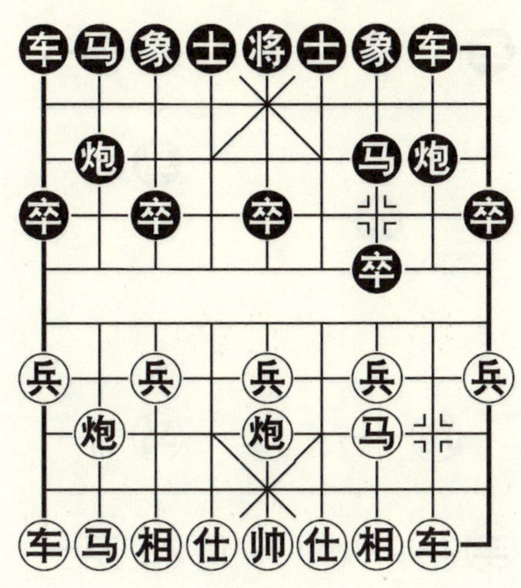

图 A17

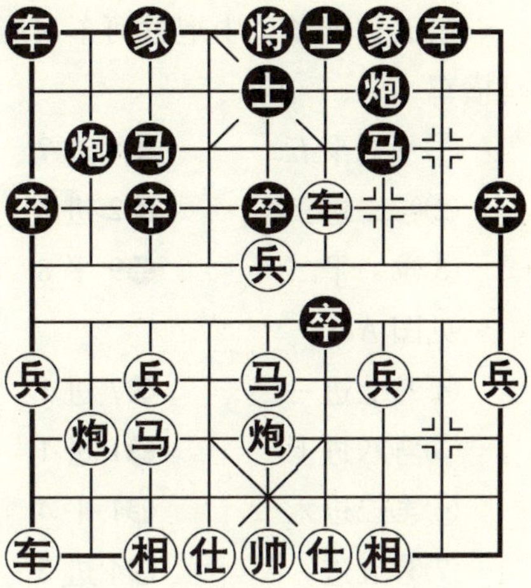

图 A18

第四种准备　中炮过河车对屏风马左马盘河

①炮二平五　　马8 进7　　②马二进三　　车9 平8

③车一平二　　马2 进3　　见图 A19。

④兵七进一　　卒7 进1　　⑤车二进六　　马7 进6

⑥马八进七　　车1 进1　　⑦兵五进一　　卒7 进1

⑧车二退一　　马6 进7　　⑨兵五进一　　车1 平7

⑩马三进五　　卒7 平6

至此，如图 A20 形势，双方混战。

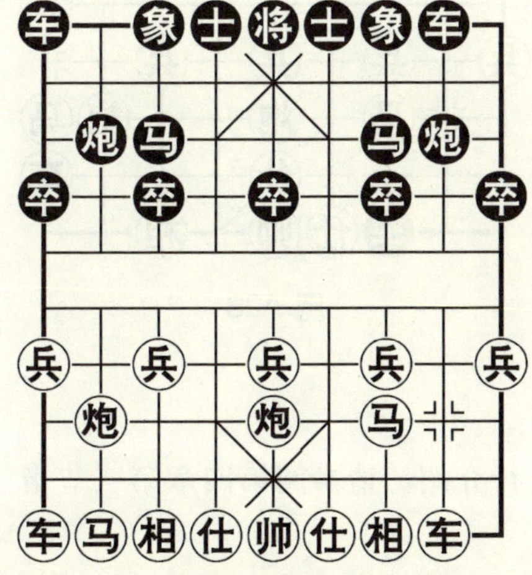

图 A19

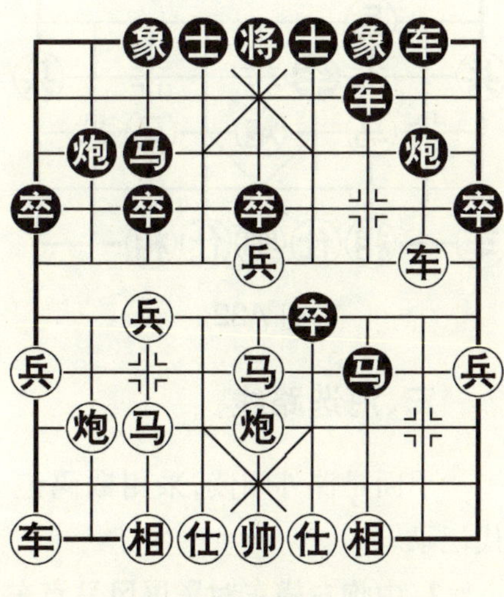

图 A20

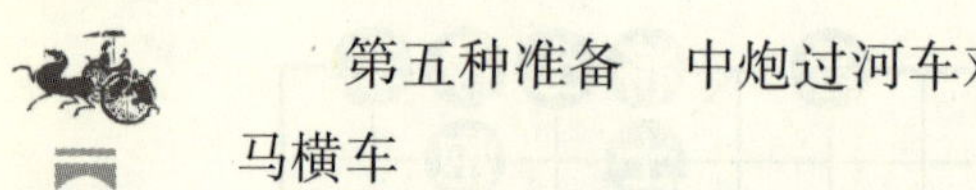

第五种准备　中炮过河车对屏风马横车

①炮二平五　　马8进7

②马二进三　　马2进3

③车一平二　　车9平8

见图A21。

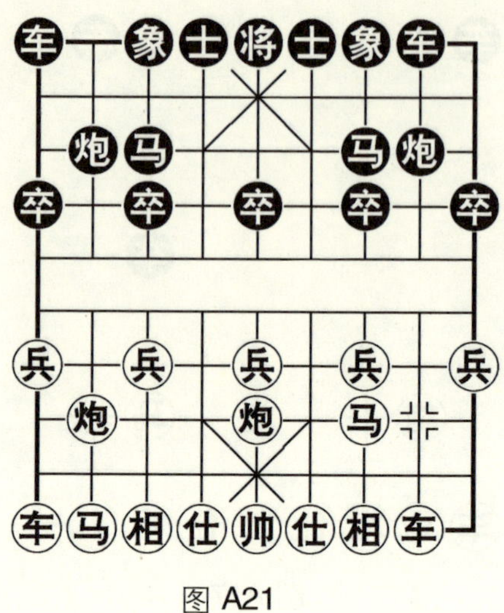

图A21

④兵七进一　　卒7进1

⑤马八进七　　车1进1

⑥车二进六　　车1平4

⑦兵五进一　　车4进5

⑧兵五进一　　士6进5

⑨马七进五　　卒5进1

⑩炮八进四　　象7进5

至此,如图A22形势,黑可抗衡。

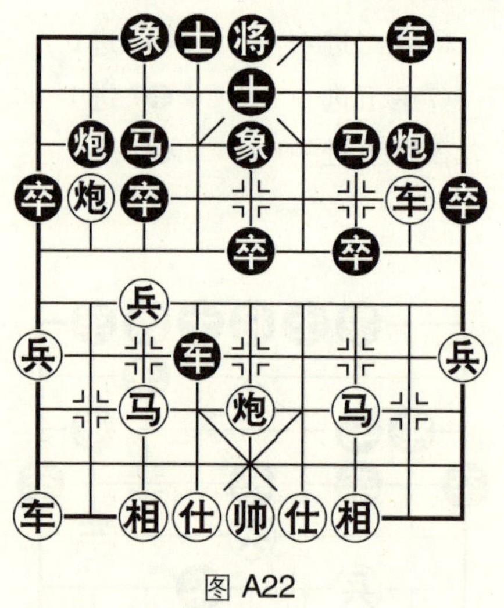

图A22

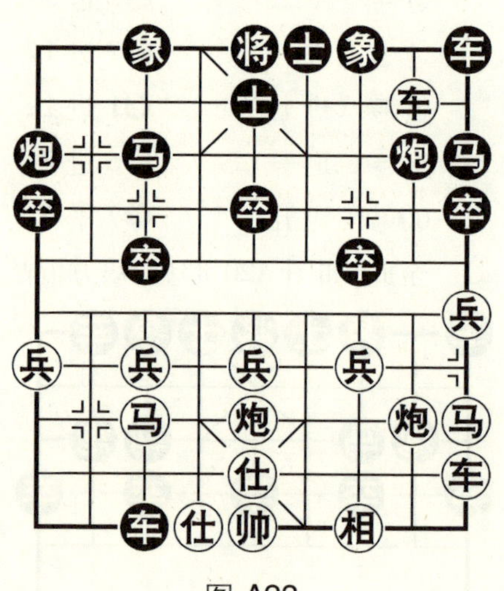

图A23

三、海选路线

下面是课外阅读,采用数码记录法进行介绍。请参阅第四章第三节指代记录。

1. 中炮左横车对黑屏风马直车

第一支路:

①3825	2213	②1911	1122
③1924	4311	④1417	2819
⑤4111	6415	⑥1422	3221
⑦2817	4711	⑧2211	1218
⑨6415	1223	⑩1111	1311

如图 A23。

第二支路：

①3825	2213	②1911	1122
③1924	4311	④1417	2817
⑤2211	2314	⑥2819	3225
⑦3212	3829	⑧1111	1928
⑨1122	6415	⑩4911	1816

如图 A24。

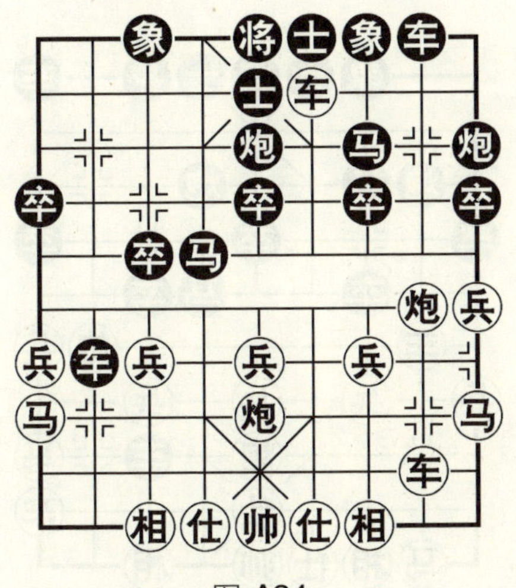

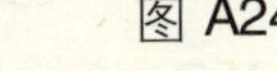
图 A24

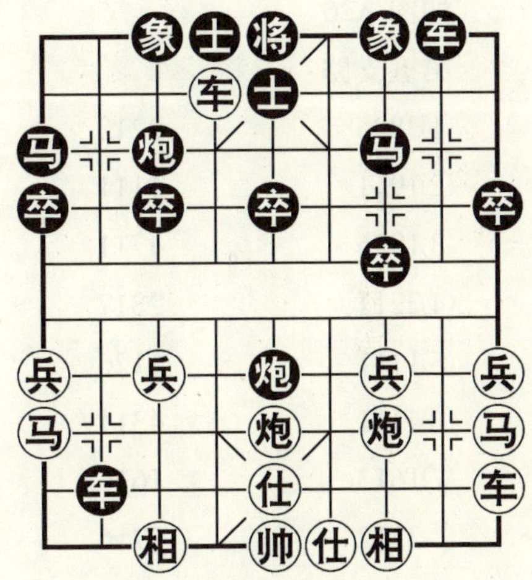

图 A25

第三支路：

①3825	2817	②1911	2211
③1924	1122	④1417	3223
⑤2819	1218	⑥6615	4711
⑦2211	3814	⑧1111	3825
⑨1426	1928	⑩3223	6615

如图 A25。

2. 左中炮横车对黑屏风马横车

第四支路：

①3825	2817
②1911	1111
③1926	1911
④2211	3225
⑤2817	1124
⑥1111	3814
⑦1617	1924
⑧1124	6415
⑨1415	2213
⑩1423	6516

如图 A26。

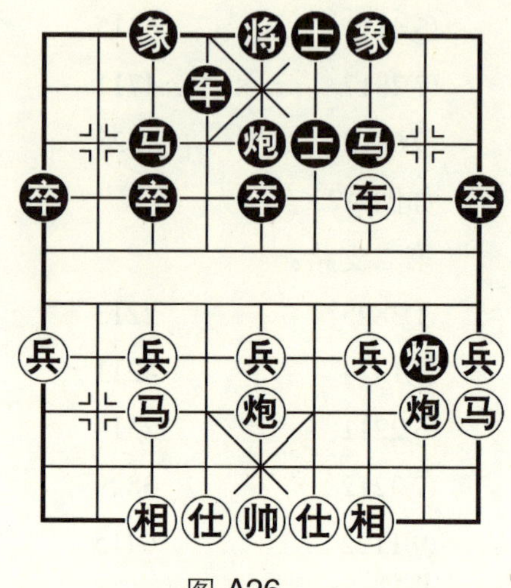

图 A26

第五支路：

①3825	2213
②1911	1111
③1926	4711
④2211	2817
⑤1111	1126
⑥4111	4311
⑦1613	1616
⑧3212	2716
⑨1628	3826
⑩6415	1627

如图 A27。

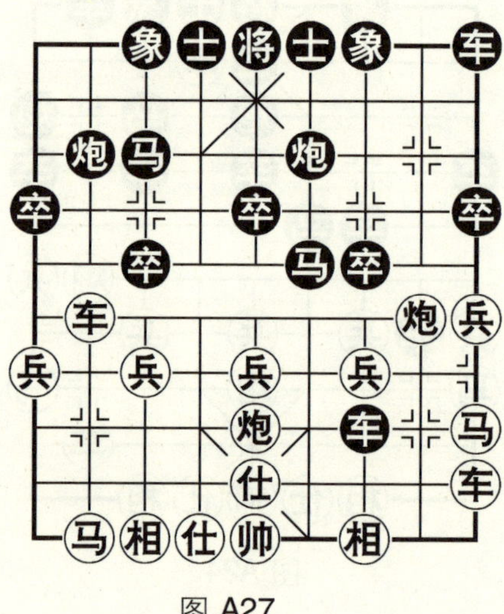

图 A27

第六支路：

①3825　　2213
②1911　　4311
③1924　　4711
④1417　　2817
⑤2211　　3214
⑥2817　　1111
⑦1434　　1911
⑧1111　　1126
⑨1124　　1614
⑩1413　　1922

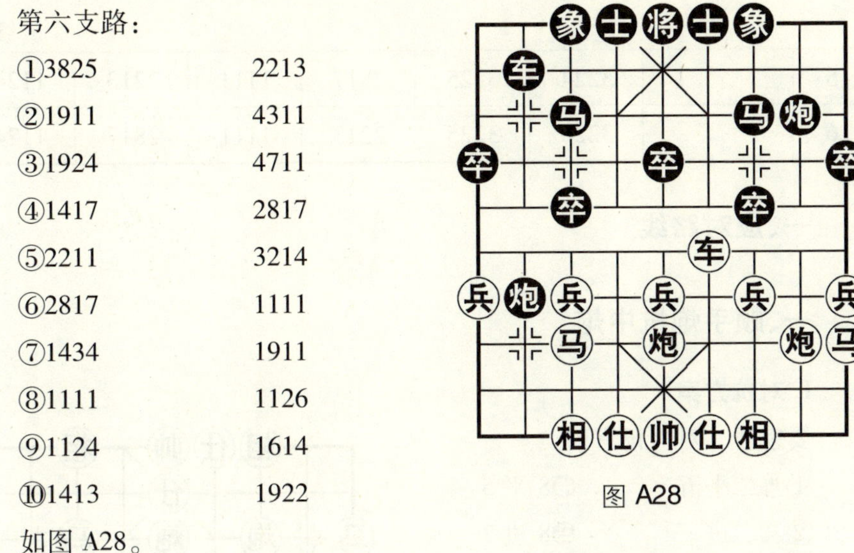

图 A28

如图 A28。

第二节　以我方执后分解规律

下棋与打牌有相似的地方，先行一方往往占主动，后行一方往往处于被动。

胡荣华曾经倡导“后手胜得三分和棋各得一分的赛制”，说明后手棋难下。走后手棋，因为对手先行一步，肯定处于被动，所以既要有平和的心态，还要有敢闯敢冲的精神，才可能转被动为主动。

有人说：“发牌的是上帝，不管是什么样的牌，你都必须拿着，你能做到的是竭尽全力，用最差的牌，求得最好的结果。”

后手统一路线表

序号	回合 / 先 / 后	第一回合		第二回合		第三回合	
1		3825	3225	1911	1111	1924	1124
2		4711	3225	2817	1111	2213	1124
3		7715	3225	2213	1111	2817	1124
4		2213	3225	2817	1111	1928	1124

续表

5		3224	3225	2817	1111	2213	1124
6		3226	3225	2213	1111	2817	1124

一、应对路线

一、顺手炮抗中炮

1. 对抗方案

晏宗晋　对　杨官璘

①炮二平五　　炮8平5
②马二进三　　马8进7
③车一平二　　车9进1
④仕四进五　　车9平4
⑤车二进六　　马2进3
⑥马八进九　　卒3进1
⑦车二平三　　炮5退1
⑧炮八平七　　车4进1
⑨车九平八　　车1进2
⑩车八进六　　炮5平7

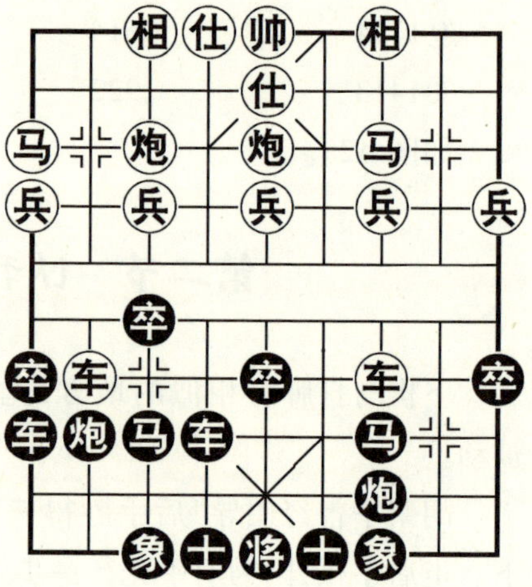

图 A29

如图 A29。

⑪车三平四　　炮7平2
⑫车八平七　　后炮平3
⑬车七平八　　马3进4
⑭车四平二　　卒3进1
⑮车八退一　　象3进5
⑯车二平三　　炮3平2
⑰车八进二　　车1平2
⑱车三进一　　卒3进1
⑲炮七平六　　炮2平3
⑳炮五进四　　士4进5
㉑相三进五　　马4进6
㉒马九进七　　车4进4
㉓马七退九　　马6退5
㉔车三退一　　马5退3
㉕兵三进一　　车2进6

如图 A30，黑方多子且有攻势。

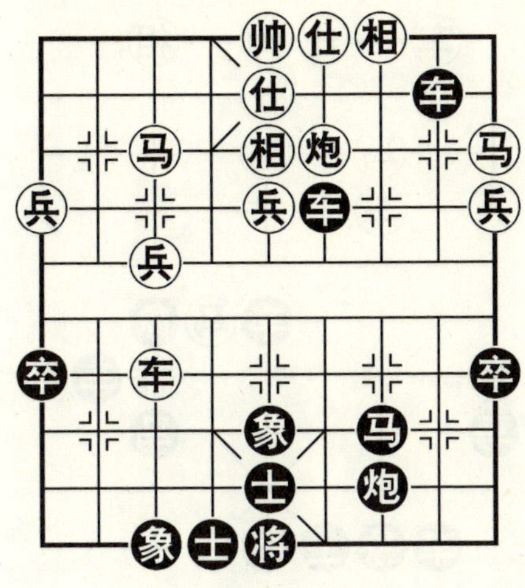

图 A30

图 A31

2. 反向转换

因为棋盘是对称的，先手方走炮二平五和炮八平五弈理是一样的。

①炮八平五	炮2 平 5	②马八进七	马2 进 3
③车九平八	车1 进 1	④仕六进五	车1 平 6
⑤车八进六	马8 进 7	⑥马二进一	卒7 进 1
⑦车八平七	炮5 退 1	⑧炮二平三	车6 进 1
⑨车一平二	车9 进 2	⑩车二进六	炮5 平 3

如图 A31。

⑪车七平六	炮3 平 8	⑫车二平三	后炮平 7
⑬车三平二	马7 进 6	⑭车六平八	卒7 进 1
⑮车二退一	象7 进 5	⑯车八平七	炮7 平 8
⑰车二进二	车9 平 8	⑱车七进一	卒7 进 1
⑲炮三平四	炮8 平 7	⑳炮五进四	士6 进 5
㉑相七进五	马6 进 4	㉒马一进三	车6 进 4
㉓马三退一	马4 退 5	㉔车七退一	马5 退 7
㉕兵七进一	车8 进 6		

如图 A32。

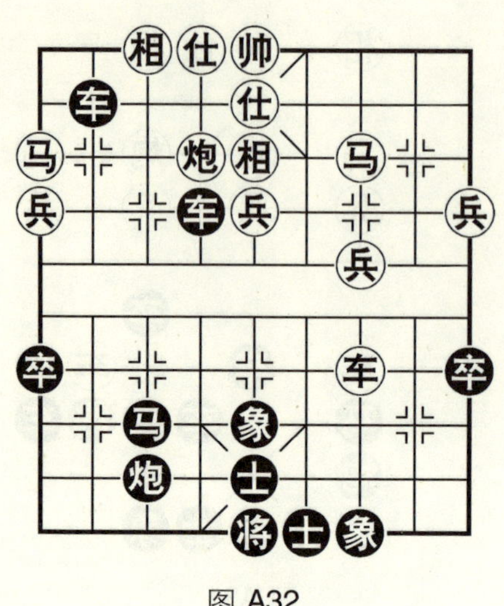

图 A32

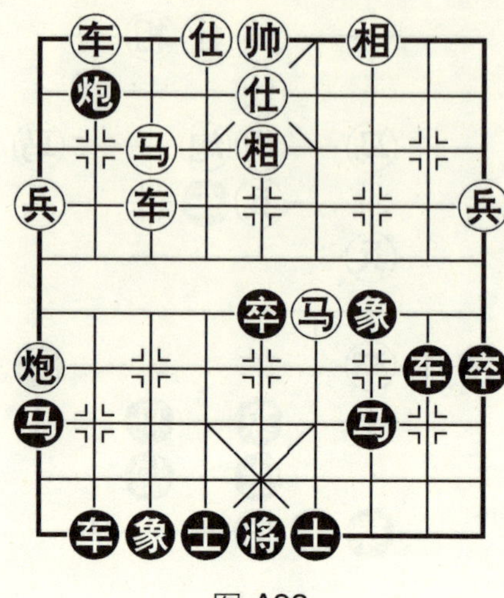

图 A33

二、左中炮抗仙人指路

1. 对抗方案

①兵七进一	炮2 平 5	②马二进三	车1 进 1
③马八进九	卒7 进 1	④炮八平五	马2 进 3
⑤车九平八	马8 进 9	⑥炮二进四	象3 进 1
⑦炮二平七	车9 平 8	⑧车八进五	车1 平 6
⑨仕六进五	车6 进 4	⑩兵五进一	卒7 进 1
⑪车八平三	卒7 进 1	⑫车三退二	车6 平 5
⑬兵七进一	象1 进 3	⑭车一平二	炮8 进 6
⑮马九进七	车5 平 2	⑯马七进六	炮5 进 5
⑰相三进五	车2 退 2	⑱炮七平一	卒5 进 1

如图 A33，至此黑多一中卒，持先手。

2. 反向转换

①兵三进一	炮8 平 5	②马八进七	车9 进 1
③马二进一	卒3 进 1	④炮二平五	马8 进 7
⑤车一平二	马2 进 1	⑥炮八进四	象7 进 9
⑦炮八平三	车1 平 2	⑧车二进五	车9 平 4
⑨仕四进五	车4 进 4		

⑩兵五进一　　卒3进1
⑪车二平七　　卒3进1
⑫车七退二　　车4平5
⑬兵三进一　　象9进7
⑭车九平八　　炮2进6
⑮马一进三　　车5平8
⑯马三进四　　炮5进5
⑰相七进五　　车8退2
⑱炮三平九　　卒5进1

如图A34。

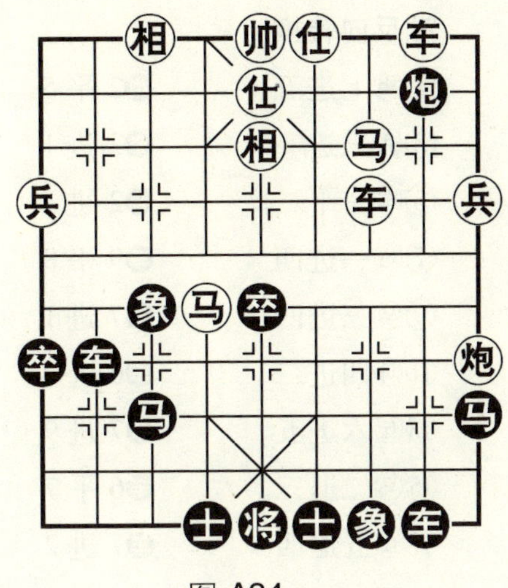

图A34

三、左中炮抗飞象局

1. 对抗方案

①相三进五　　炮8平5
②马二进三　　车9进1
③兵七进一　　卒7进1
④马八进七　　炮2平3
⑤车九平八　　马8进7
⑥炮八平九　　马2进1
⑦炮九进四　　车1平2
⑧车八进九　　马1退2
⑨马七进六　　卒3进1
⑩兵七进一　　车9平4
⑪马六进八　　车4进7
⑫相七进九　　炮3平4
⑬仕四进五　　象3进1
⑮马八退七　　车4平3
⑰仕五退六　　车3进2

如图A35。

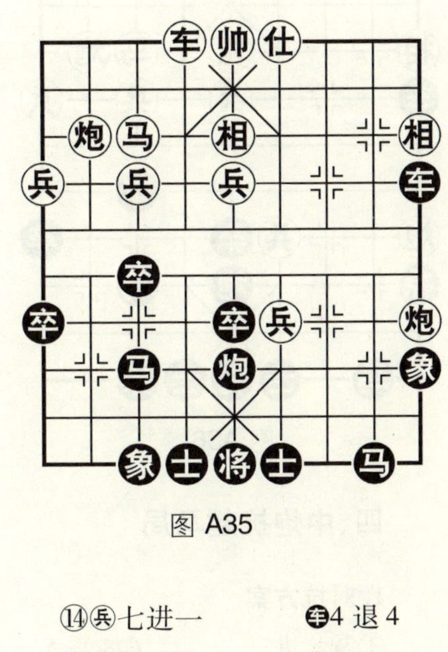

图A35

⑭兵七进一　　车4退4
⑯兵七平六　　炮4进7
⑱车一平四　　车3平1

2. 反向转换

①相七进五　炮2平5　②马八进七　车1进1

③兵三进一　卒3进1　④马二进三　炮8平7

⑤车一平二　马2进3　⑥炮二平一　马8进9

⑦炮一进四　车9平8　⑧车二进九　马9退8

⑨马三进四　卒7进1　⑩兵三进一　车1平6

⑪马四进二　车6进7　⑫相三进一　炮7平6

⑬仕六进五　象7进9　⑭兵三进一　车6退4

⑮马二退三　车6平7　⑯兵三平四　炮6进7

⑰仕五退四　车7进2　⑱车九平六　车7平9

如图A36。

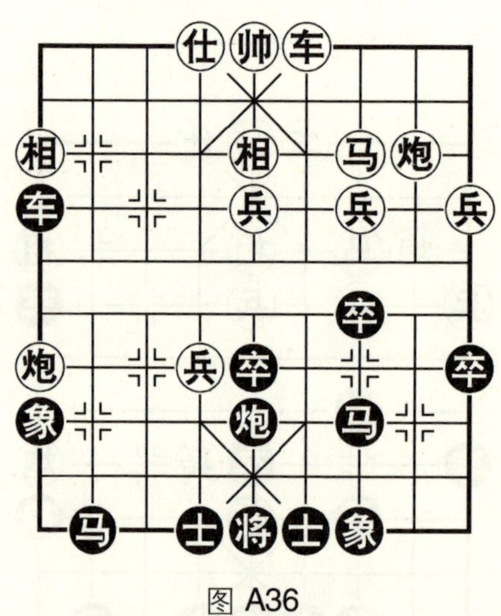

图 A36

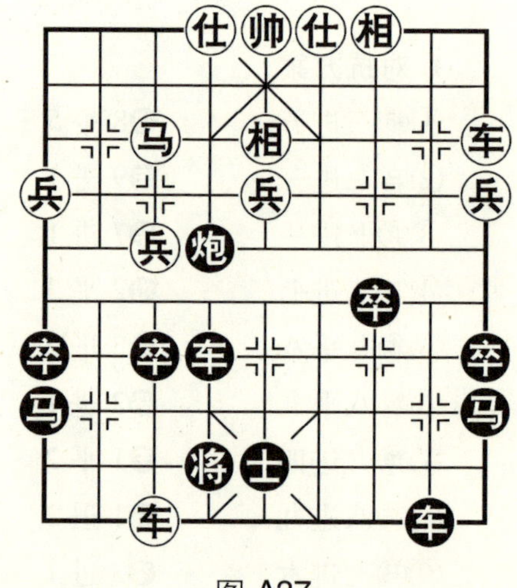

图 A37

四、中炮抗起马局

1. 对抗方案

①马二进三　炮8平5　②马八进七　车9进1

③车一平二　马2进1　④兵三进一　车9平6

⑤兵七进一　车1进1　⑥炮二进五　炮2平8

⑦车二进七　车1平2　⑧车九进二　马8进9

⑨马七进六　车2进3　⑩马六进五　车6进6

⑪相三进五　车6退4
⑫马五退四　士4进5
⑬兵七进一　卒3进1
⑭炮八平七　炮5平6
⑮炮七进七　车2退4
⑯炮七平四　将5平6
⑰车二平三　炮6进3
⑱车三进二　将6进1

如图 A37。

2. 反向转换

①马八进七　炮2平5
②马二进三　车1进1
③车九平八　马8进9
④兵七进一　车1平4
⑤兵三进一　车9进1
⑥炮八进五　炮8平2
⑦车八进七　车9平8
⑧车一进二　马2进1
⑨马三进四　车8进3
⑩马四进五　车4进6
⑪相七进五　车4退4
⑫马五退六　士6进5
⑬兵三进一　卒7进1
⑭炮二平三　炮5平4
⑮炮三进七　车8退4
⑯炮三平六　将5平4
⑰车八平七　炮4进3
⑱车七进二　将4进1

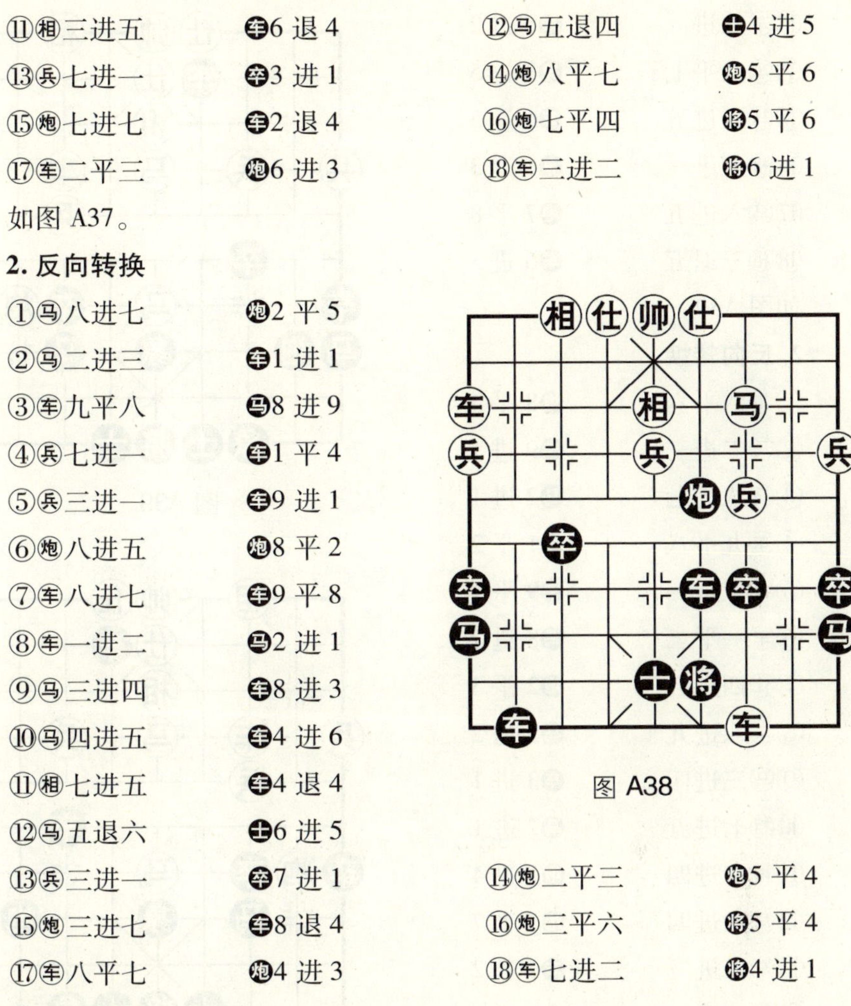
图 A38

如图 A38。

五、中炮抗士角炮

1. 对抗方案

①炮二平四　炮2平5
②马八进七　车1进1
③马二进三　马8进9
④车一平二　车9平8
⑤兵七进一　车1平6
⑥车九平八　马2进3
⑦仕六进五　炮8平7
⑧车二进九　马9退8
⑨马七进六　卒7进1
⑩相三进五　马8进9
⑪炮八进四　炮5进4
⑫炮四进四　炮5平3

⑬车八进三　　车6进2

⑭车八平七　　象3进5

⑮马三进五　　车6进5

⑯相五进三　　车6退3

⑰马六进五　　炮7平8

⑱相三退五　　车6进3

如图A39。

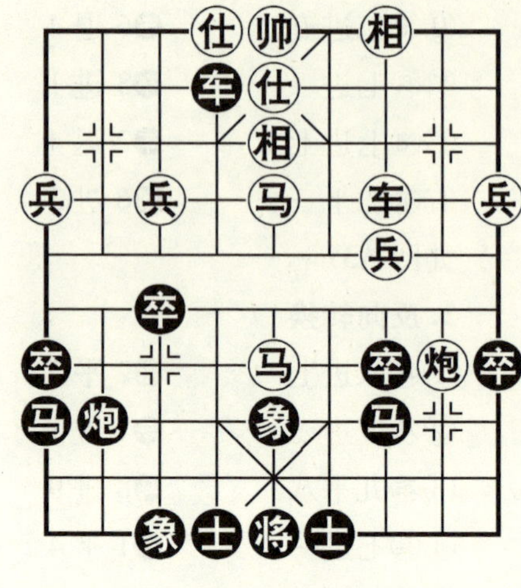

图 A39

2. 反向转换

①炮八平六　　炮8平5

②马二进三　　车9进1

③马八进七　　马2进1

④车九平八　　车1平2

⑤兵三进一　　车9平4

⑥车一平二　　马8进7

⑦仕四进五　　炮2平3

⑧车八进九　　马1退2

⑨马三进四　　卒3进1

⑩相七进五　　马2进1

⑪炮二进四　　炮5进4

⑫炮六进四　　炮5平7

⑬车二进三　　车4进2

⑭车二平三　　象7进5

⑮马七进五　　车4进5

⑯相五进七　　车4退3

⑰马四进五　　炮3平2

⑱相七退五　　车4进3

如图A40。

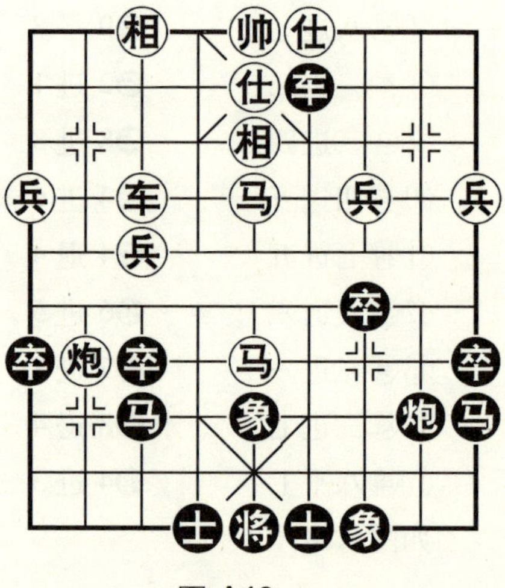

图 A40

六、中炮抗过宫炮

1. 对抗方案

①炮二平六　　炮8平5　　②马二进三　　车9进1

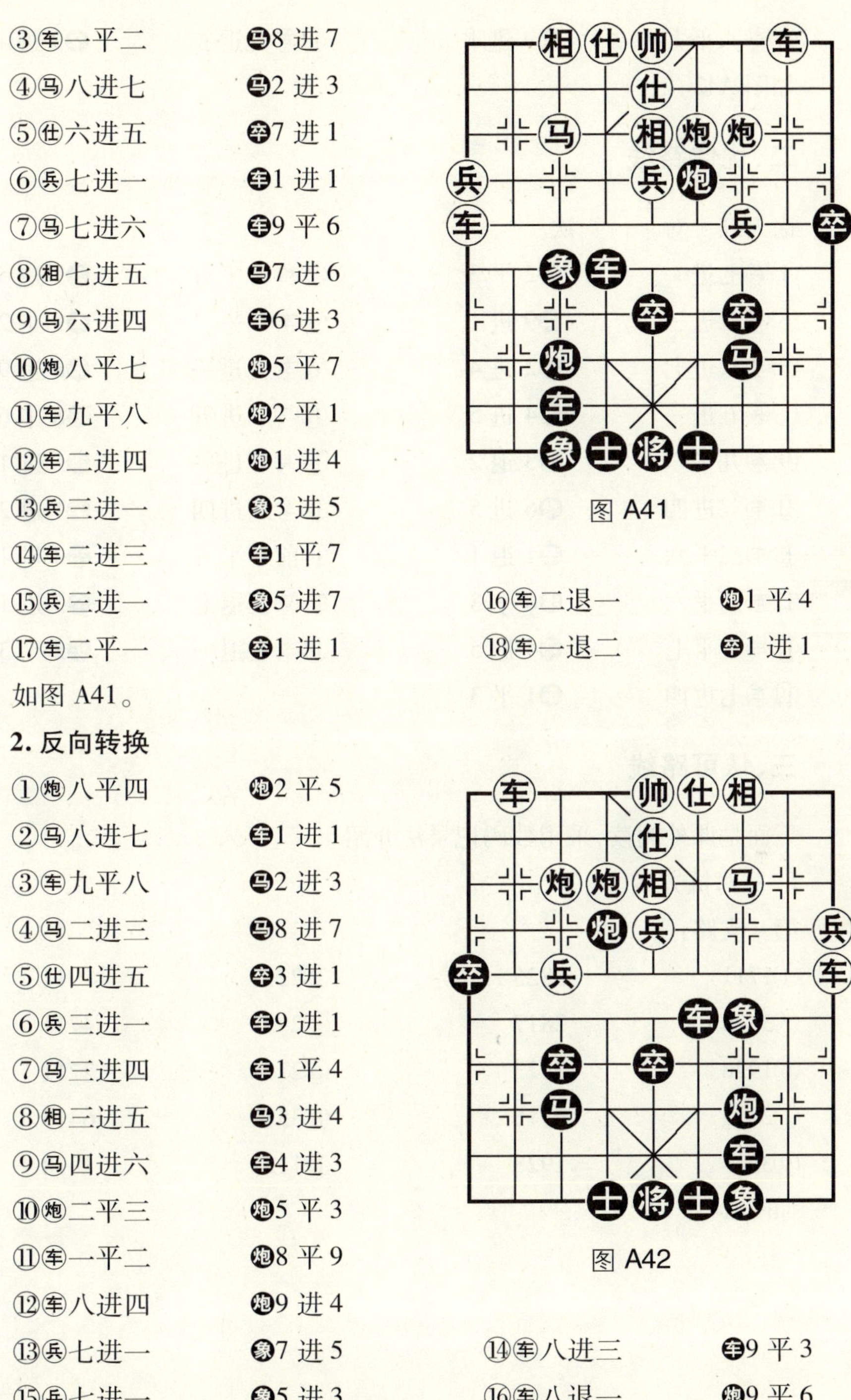

③车一平二　马8进7
④马八进七　马2进3
⑤仕六进五　卒7进1
⑥兵七进一　车1进1
⑦马七进六　车9平6
⑧相七进五　马7进6
⑨马六进四　车6进3
⑩炮八平七　炮5平7
⑪车九平八　炮2平1
⑫车二进四　炮1进4
⑬兵三进一　象3进5
⑭车二进三　车1平7
⑮兵三进一　象5进7
⑯车二退一　炮1平4
⑰车二平一　卒1进1
⑱车一退二　卒1进1

如图 A41。

图 A41

2. 反向转换

①炮八平四　炮2平5
②马八进七　车1进1
③车九平八　马2进3
④马二进三　马8进7
⑤仕四进五　卒3进1
⑥兵三进一　车9进1
⑦马三进四　车1平4
⑧相三进五　马3进4
⑨马四进六　车4进3
⑩炮二平三　炮5平3
⑪车一平二　炮8平9
⑫车八进四　炮9进4
⑬兵七进一　象7进5
⑭车八进三　车9平3
⑮兵七进一　象5进3
⑯车八退一　炮9平6

图 A42

⑰车八平九　卒9进1　⑱车九退二　卒9进1

如图 A42。

二、优佳路线

徐天红　对　吕　钦

①兵七进一　炮2平3　②炮二平五　象3进5
③马二进三　车9进1　④车一平二　车9平2
⑤马八进七　马2进4　⑥车九进一　马8进9
⑦兵五进一　士4进5　⑧马三进五　炮8平6
⑨车九平六　炮3退2　⑩兵五进一　卒5进1
⑪车二进四　炮6进5　⑫车六进四　车1进2
⑬车二平六　车1退1　⑭前车平五　卒3进1
⑮车四平六　炮6平3　⑯马五退七　卒3进1
⑰车五平七　马4进5　⑱车七退一　车2平3
⑲车七进四　车1平3

三、认可路线

下面是课外阅读，采用数码记录法介绍。

(一)对抗方案

第一支路：

①1711　3825　②2213　1911
③3825　2817　④2817　4711
⑤1928　3223　⑥2716　2211
⑦2615　2715　⑧3514　6415
⑨3217　1928　⑩1122　1818

如图 A43。

第二支路：

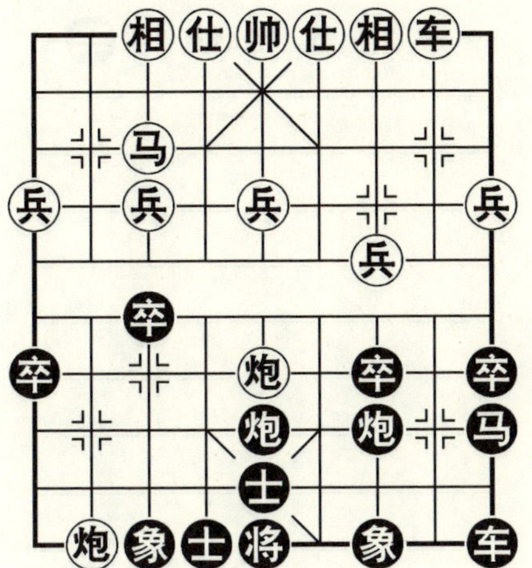

图 A43

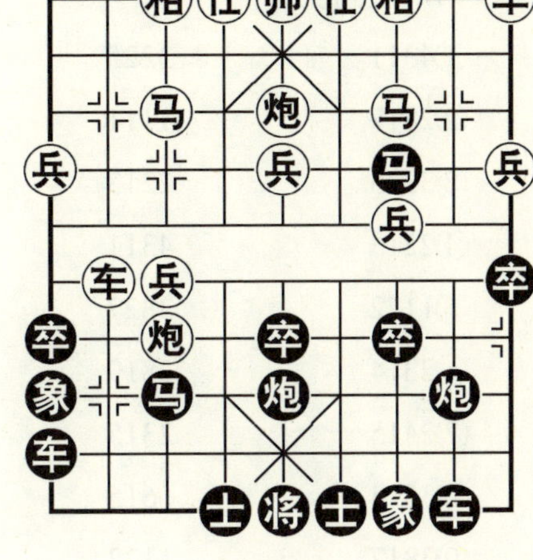

图 A44

①4711　　3825
②2213　　1911
③3825　　2817
④4311　　2211
⑤1122　　4111
⑥2817　　2112
⑦3214　　1122
⑧1215　　④711
⑨3223　　⑦719
⑩4311　　2213

如图 A44。

第三支路：

①4711　　3825
②2213　　1911
③2817　　1924
④4311　　2211
⑤1122　　1111
⑥3829　　4111
⑦1928　　3223
⑧2314　　2819
⑨3225　　1417
⑩3514　　6415

如图 A45。

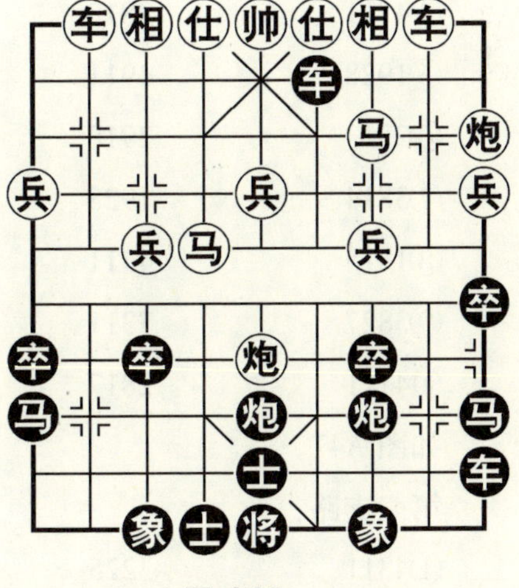

图 A45

(二)反向转换

第一支路:

①4311　　3225

②2817　　1111

③3225　　2213

④2213　　4311

⑤1122　　3827

⑥2314　　2819

⑦2415　　2315

⑧3514　　6615

⑨3817　　1122

⑩1928　　1218

如图 A46。

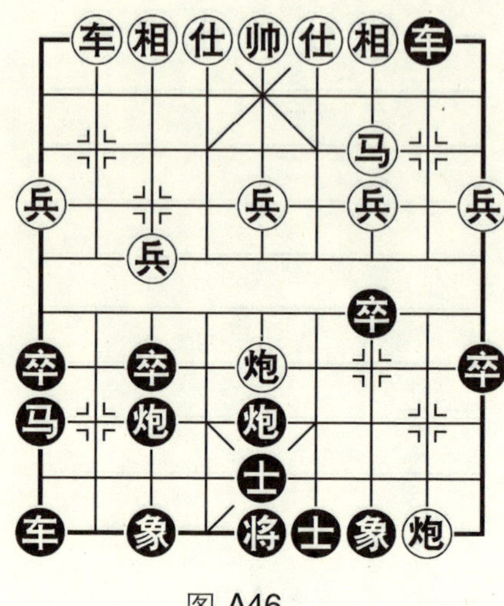

图 A46

第二支路:

①4311　　3225

②2817　　1111

③3225　　2213

④4711　　2819

⑤1928　　4911

⑥2213　　2918

⑦3814　　1928

⑧1815　　4311

⑨3827　　7311

⑩4711　　2817

如图 A47。

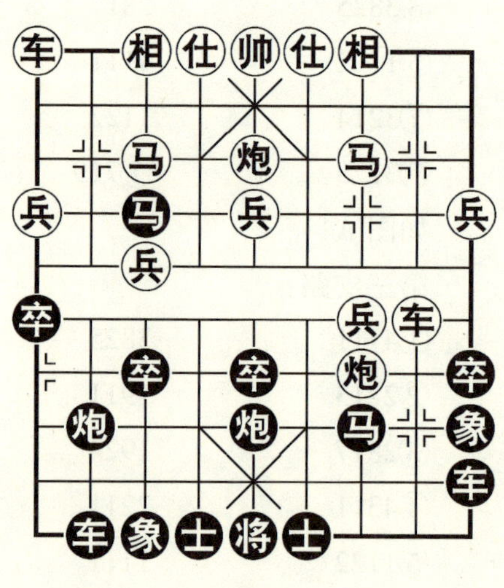

图 A47

第三支路:

①4311　　3225

②2817　　1111

③2213　　1126

④4711　　2819

⑤1928　　1911

⑥3221　　4911

⑦1122　　　　3827

⑧2716　　　　2211

⑨3825　　　　1617

⑩3514　　　　6615

如图 A48。

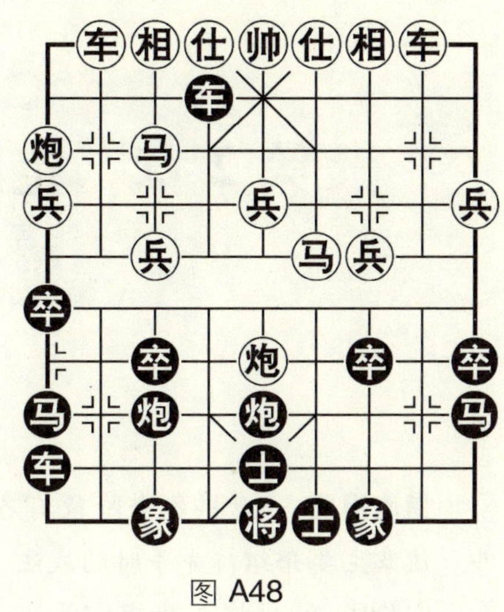

图 A48

以上是数码替代汉字记录着法，有兴趣的同好可将其还原，以便进一步学习指代记录。

结论：持先开局有持先开局的规律，执后开局有执后开局的规律，对弈者必须遵循其规律，保持科学的态度，采取实事求是的方法，才可能立于不败之地。

第2章　定阶段破解规律

——把握规律的联系性

指南提要：一盘棋各个阶段有各自的目标，要铭记于心，并为之努力奋斗。该章主要介绍持先手时的战法。

定阶段，就是将一盘棋定为雏形、开局、首战、中局、定格、残局六个阶段。敌我双方各走一步乃一个回合，我们把走前三个回合定为雏形阶段，走前十个回合划为开局阶段，弈至十八回合为前中局阶段，弈至三十回合为正中局阶段，弈至三十六回合为后中局阶段，其余为残局阶段。

第一节　以雏形阶段分解规律

一至三回合，笔者认为是雏形阶段，此乃开局的基础，决定了一盘棋的方向。

第一预案　中炮对屏风马

胡荣华　对　杨官璘

①炮二平五　　马8进7

②兵三进一　　卒3进1

③炮八进四　　车9平8

见图B1。

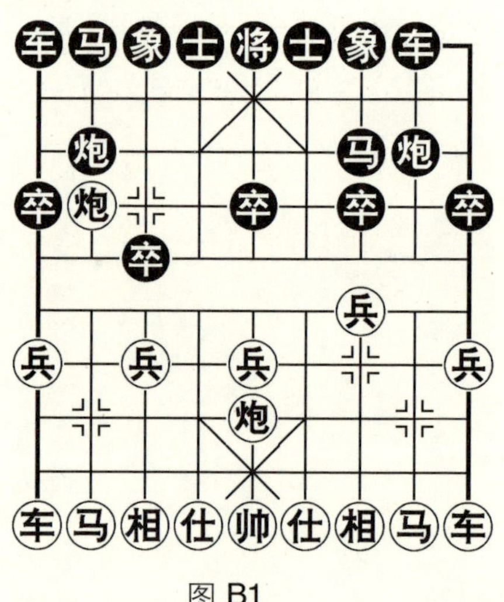

图B1

第二预案　中炮对反宫马

田　晓　对　电　脑

①炮二平五　　　马2进3

②马二进三　　　炮8平6

③兵三进一　　　车9进1

见图B2。

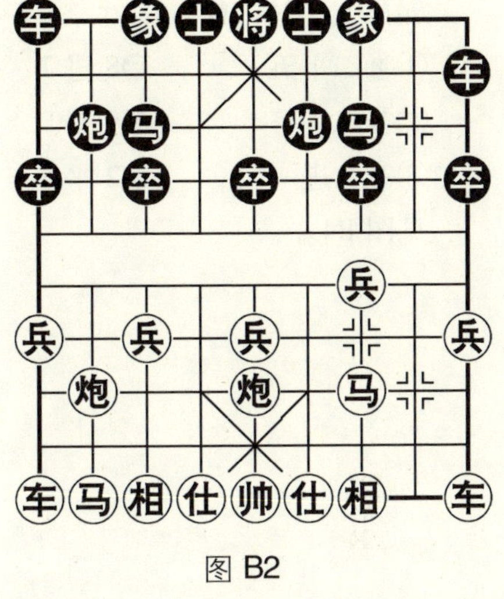

图 B2

第三预案　中炮对顺手炮

广东　刘　星　对　吉林　陈宝权

①炮二平五　　　炮8平5

②马二进三　　　马8进7

③车一平二　　　卒7进1

见图B3。

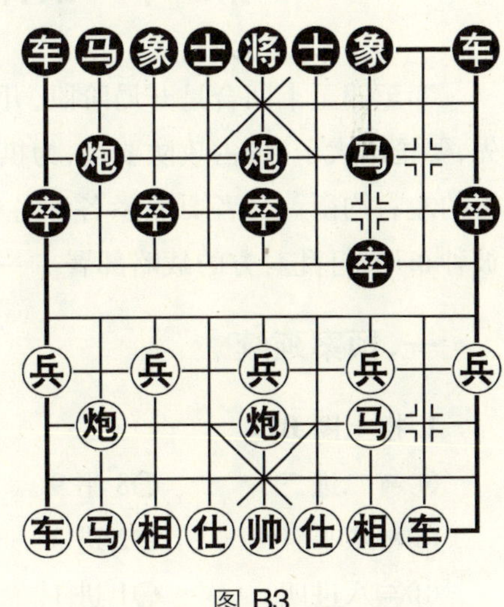

图 B3

第四预案　中炮对列手炮

郭福人　对　曹　霖

①炮二平五　　马8进7
②马二进三　　车9平8
③兵七进一　　炮2平5

见图B4。

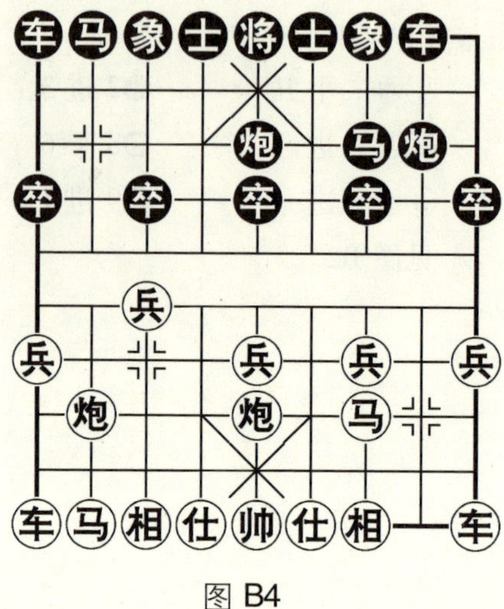

图 B4

第二节　以开局阶段分解规律

弈至四至十回合是开局阶段，开局犹如盖楼打地基，基础要打扎实。首先，要抢出大子，抢占攻防要道，为棋局的发展铺好基础，其次要注意子力部署的左右均衡。弈者要熟悉各种各样的开局变化，巧妙地将此种布局转向彼种布局，打乱对方的战略部署。一个好的开头，已是取得成功的一半。

一、预案延续

1. 接上图B1。

④马二进三　　炮8平9　　⑤马八进七　　象3进5
⑥炮八平三　　马2进3　　⑦车九平八　　炮2进2
⑧车八进四　　卒1进1　　⑨兵七进一　　卒3进1
⑩车八平七　　马3进4

至此，如图B5形势。

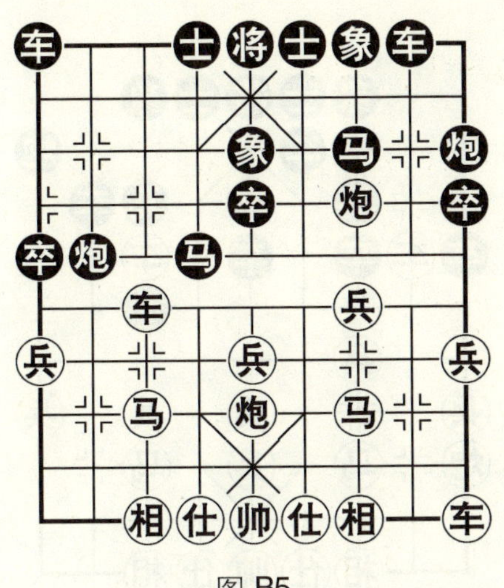

图 B5

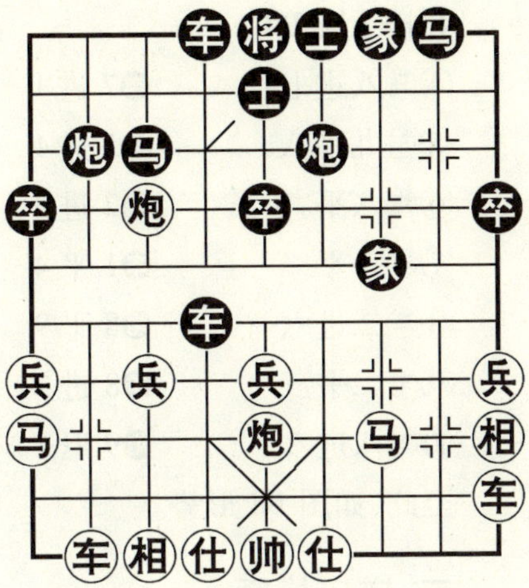

图 B6

2. 接上图 B2。

④车一进一	车9 平 4
⑤马八进九	车4 进 4
⑥相三进一	士4 进 5
⑦炮八平七	卒7 进 1
⑧兵三进一	象3 进 5
⑨车九平八	象5 进 7
⑩炮七进四	车1 平 4

至此，如图 B6 形势。

3. 接上图 B3。

④马八进七	马2 进 3
⑤兵七进一	车1 进 1
⑥炮八进二	车1 平 4
⑦兵三进一	车4 进 3
⑧马三进四	车4 进 3
⑨车九进二	卒7 进 1
⑩仕四进五	车4 退 6

至此，如图 B7 形势。

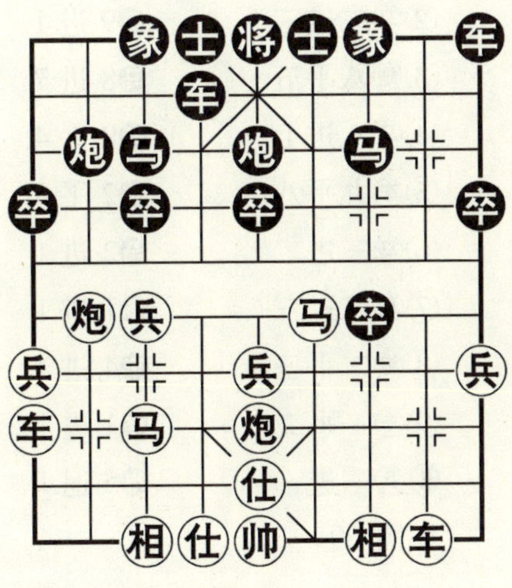

图 B7

4. 接上图 B4。

④马八进七　　卒7进1

⑤车九平八　　车1进1

⑥炮八平九　　马2进3

⑦车一平二　　车1平4

⑧车二进六　　炮8平9

⑨车二平三　　车8进2

⑩车八进六　　炮9退1

至此，如图 B8 形势。

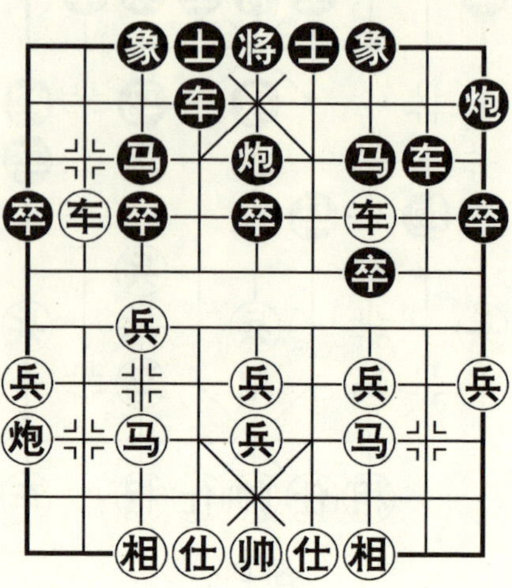

图 B8

二、逆应战区

开局阶段，后手方有顺应与逆应的问题。是顺应好还是逆应好，让我们来比较选择。

A. 顺应部分

1. 抗敌方案

①兵三进一　　炮8平5

②马二进三　　车9进1

③炮八平五　　马8进7

④马八进七　　车9平4

⑤车九平八　　炮2平3

⑥马三进二　　马2进1

⑦马二进三　　车1进1

⑧炮二平三　　车4进7

⑨车一平二　　卒1进1

⑩兵三进一　　炮5退1

如图 B9。

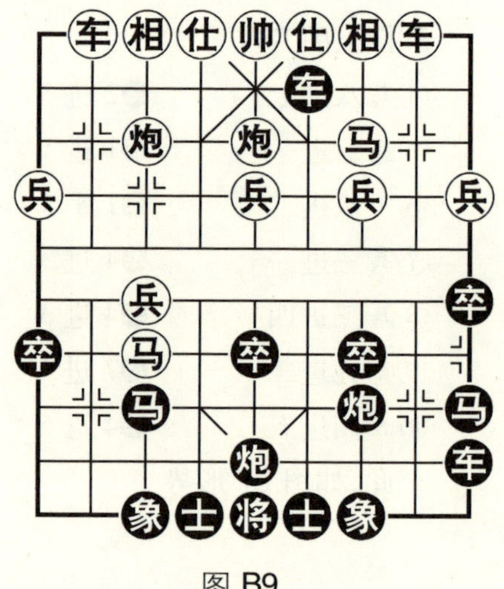

图 B9

2. 反向转换

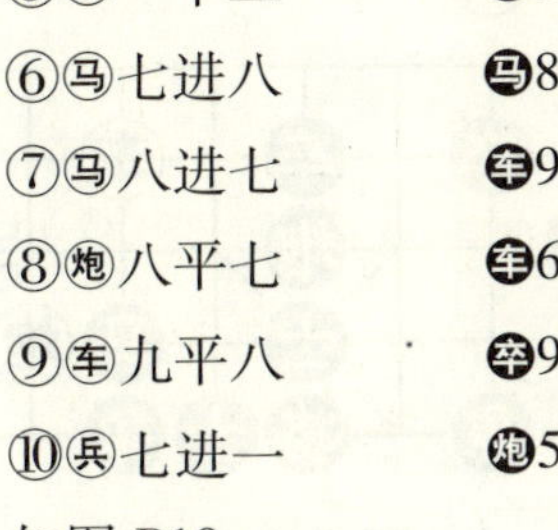

①兵七进一	炮2平5
②马八进七	车1进1
③炮二平五	马2进3
④马二进三	车1平6
⑤车一平二	炮8平7
⑥马七进八	马8进9
⑦马八进七	车9进1
⑧炮八平七	车6进7
⑨车九平八	卒9进1
⑩兵七进一	炮5退1

如图B10。

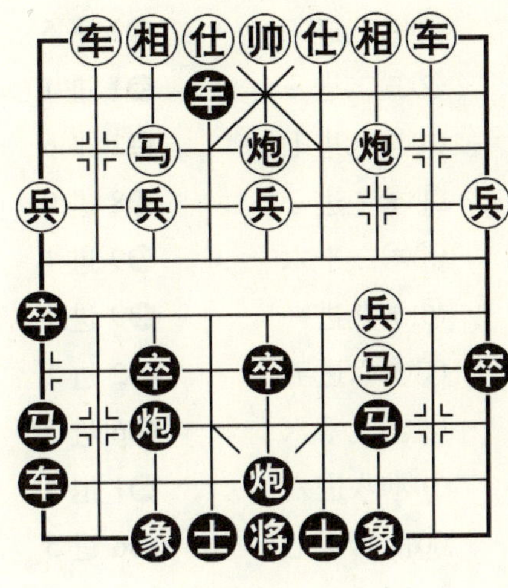

图 B10

B. 逆应部分

1. 对抗方案

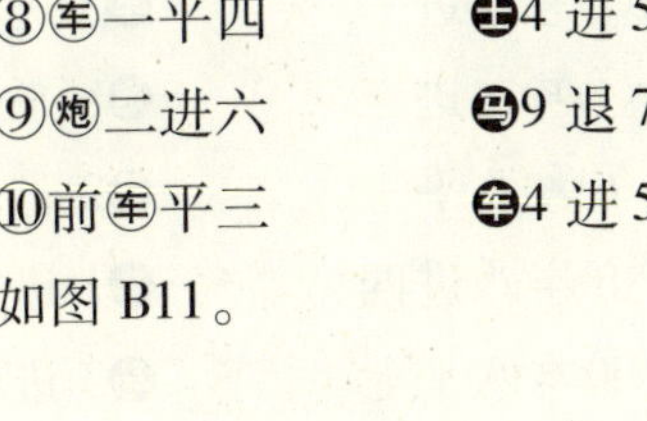

①兵七进一	炮8平5
②马八进七	车9进1
③马二进三	车9平4
④车九进一	马2进1
⑤车九平四	卒1进1
⑥车一进一	车1进1
⑦车四进五	马8进9
⑧车一平四	士4进5
⑨炮二进六	马9退7
⑩前车平三	车4进5

如图B11。

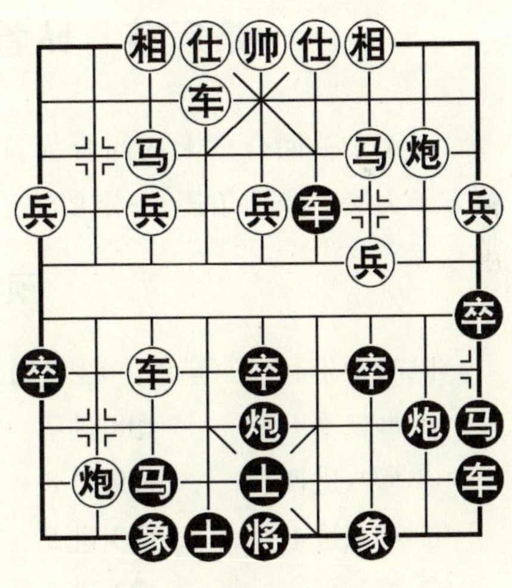

图 B11

2. 反向转换

①兵三进一　　炮2平5
②马二进三　　车1进1
③马八进七　　车1平6
④车一进一　　马8进9
⑤车一平六　　卒9进1
⑥车九进一　　车9进1
⑦车六进五　　马2进1
⑧车九平六　　士6进5
⑨炮八进六　　马1退3
⑩前车平七　　车6进5

如图B12。

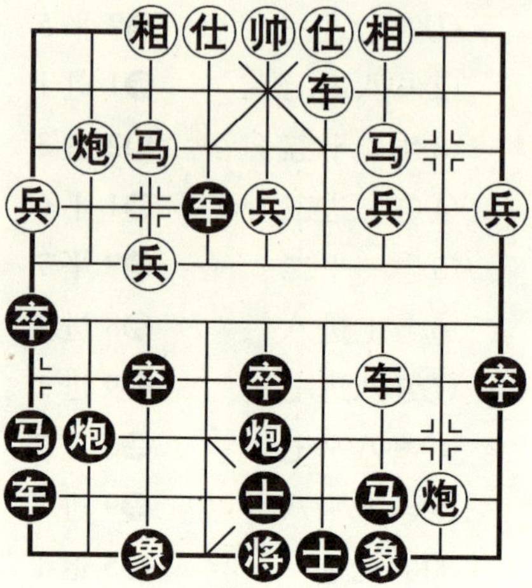

图 B12

小结：顺应比较好，逆应有反击能力。

第三节　以首战阶段分解规律

弈至十一回合至十八回合为首战阶段，也就是前中局阶段。这一阶段双方子力展开激烈角逐，一定要慎重，力争首战获胜。

预案延续

以胡荣华和杨官璘的一盘对局为例：

①炮二平五　　马8进7　　②兵三进一　　卒3进1
③炮八进四　　车9平8　　④马二进三　　炮8平9
⑤马八进七　　象3进5　　⑥炮八平三　　马2进3
⑦车九平八　　炮2进2　　⑧车八进四　　卒1进1
⑨兵七进一　　卒3进1　　⑩车八平七　　马3进4

至此，双方开局阶段结束。

接上图B5。

⑪马七进六　　车8进3　　⑫炮三进三　　象5退7
⑬车七进一　　炮2进3　　⑭车七平六　　炮2平7

⑮车一进二　　炮7退1　　⑯车一平三　　炮7平1

⑰兵三进一　　车1平3　　⑱兵三进一　　车8进5

如图 B13 形势。

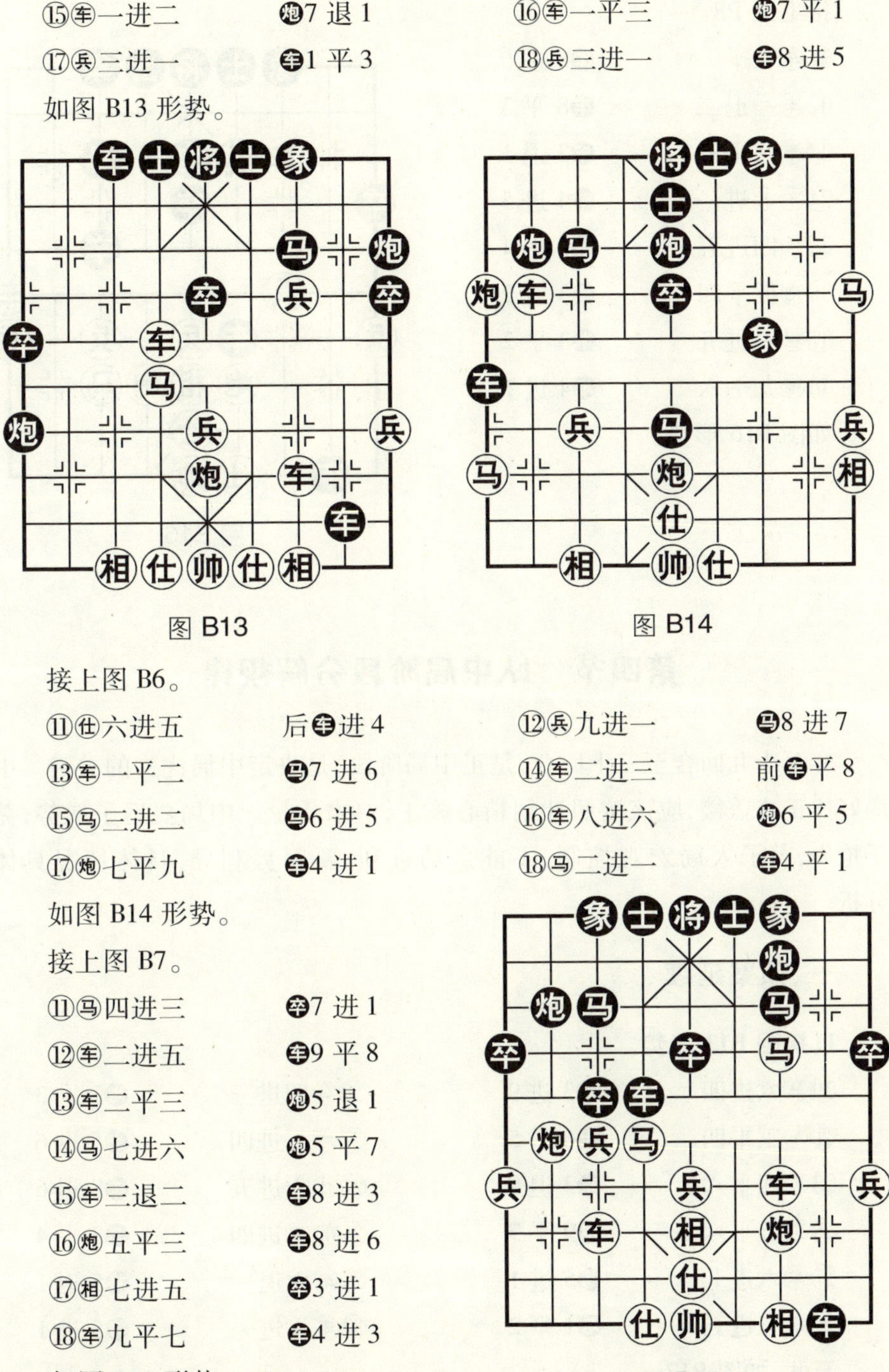

图 B13　　图 B14

接上图 B6。

⑪仕六进五　　后车进4　　⑫兵九进一　　马8进7

⑬车一平二　　马7进6　　⑭车二进三　　前车平8

⑮马三进二　　马6进5　　⑯车八进六　　炮6平5

⑰炮七平九　　车4进1　　⑱马二进一　　车4平1

如图 B14 形势。

接上图 B7。

⑪马四进三　　卒7进1

⑫车二进五　　车9平8

⑬车二平三　　炮5退1

⑭马七进六　　炮5平7

⑮车三退二　　车8进3

⑯炮五平三　　车8进6

⑰相七进五　　卒3进1

⑱车九平七　　车4进3

如图 B15 形势。

图 B15

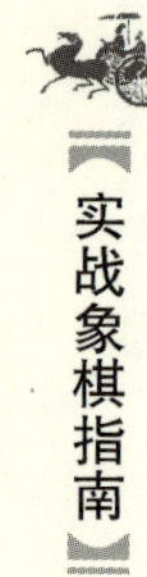

接上图 B8。

⑪车三平一　　车8进6

⑫车一退二　　车8平3

⑬车八平七　　车3退1

⑭车七进一　　车4进5

⑮仕四进五　　炮9平4

⑯炮五平四　　车3进2

⑰相三进五　　车3平2

⑱炮九平六　　炮4进1

如图 B16 形势。

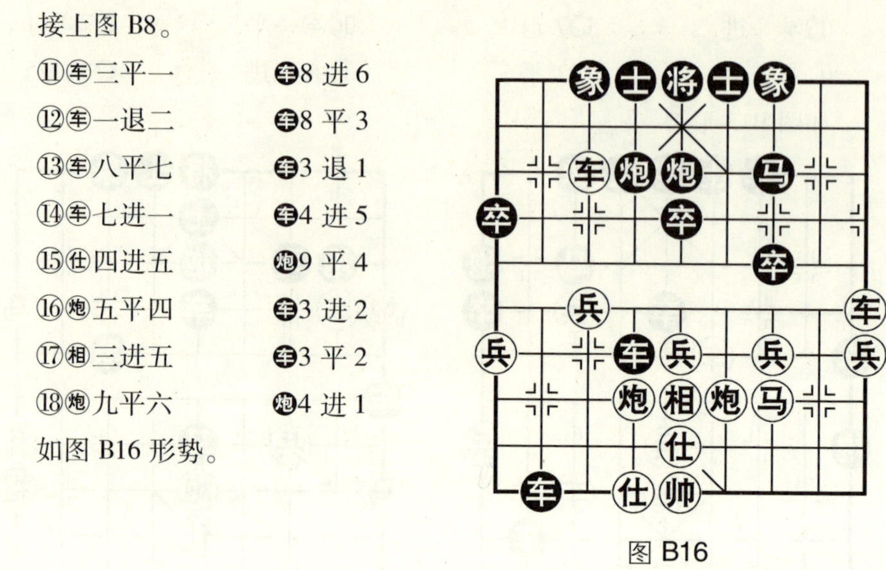

图 B16

第四节　以中局阶段分解规律

弈至十九回合至三十回合，是正中局阶段，是决定中局优劣的关键。中局好比正式盖楼，应该按照计划精心施工，追求质量。中局要运子取势，兑子抢先，弃子入局宏观控制，不能急功近利，要因势利导，具体情况具体分析。

一、预案延续

1. 接图 B13 形势。

⑲马六进四　　车3进9　　⑳马四进三　　炮1进3

㉑车三平四　　士6进5　　㉒炮五进四　　士5进6

㉓车四平六　　车3退9　　㉔仕六进五　　车8退6

㉕帅五平六　　炮9平7　　㉖前车进四　　车3平4

㉗车六进七　　将5进1　　㉘车六退一　　将5退1

㉙相三进五　　炮1平2　　㉚车六进一　　将5进1

至此，如图 B17。

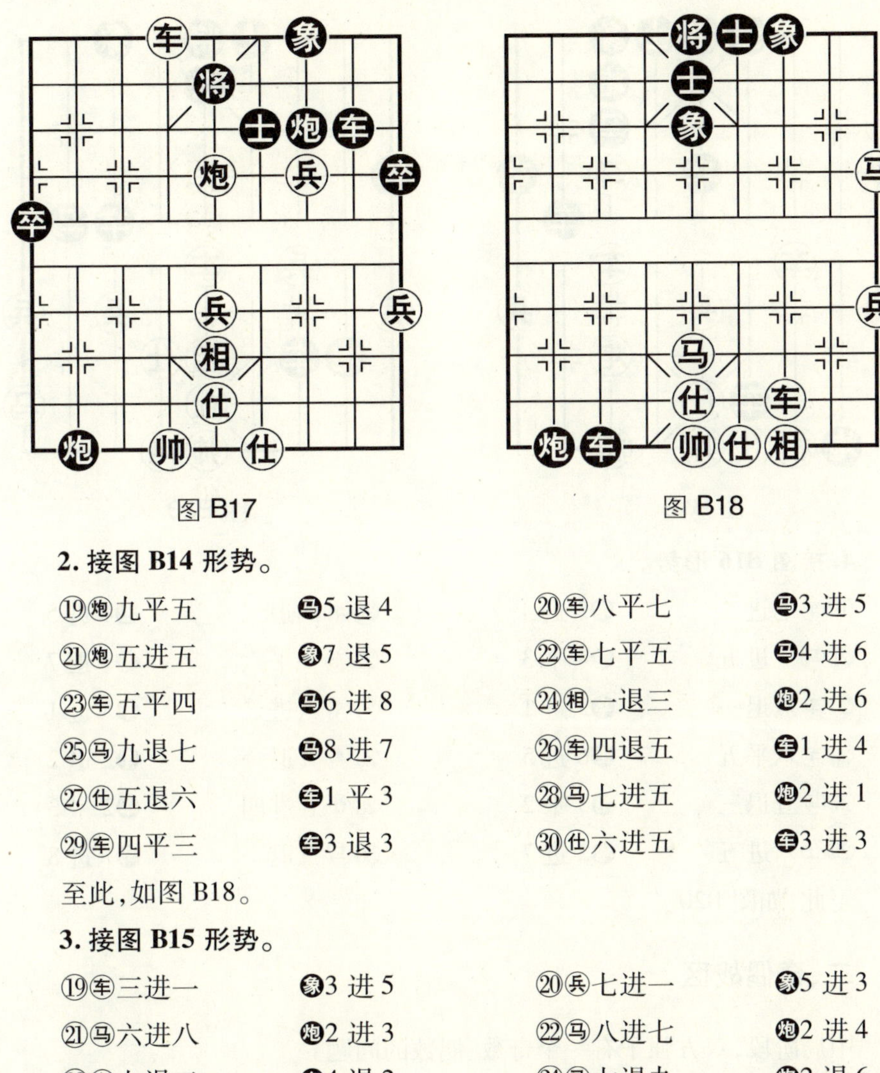

图 B17　　　　图 B18

2. 接图 B14 形势。

⑲炮九平五　马5退4　⑳车八平七　马3进5
㉑炮五进五　象7退5　㉒车七平五　马4进6
㉓车五平四　马6进8　㉔相一退三　炮2进6
㉕马九退七　马8进7　㉖车四退五　车1进4
㉗仕五退六　车1平3　㉘马七进五　炮2进1
㉙车四平三　车3退3　㉚仕六进五　车3进3

至此，如图 B18。

3. 接图 B15 形势。

⑲车三进一　象3进5　⑳兵七进一　象5进3
㉑马六进八　炮2进3　㉒马八进七　炮2进4
㉓车七退二　车4退2　㉔马七退九　炮2退6
㉕车七进五　车8退6　㉖马九进八　车4退1
㉗马八退七　车4进2　㉘车七退一　炮2进6
㉙相五退七　车8进1　㉚马七进九　车4进5

至此，如图 B19。

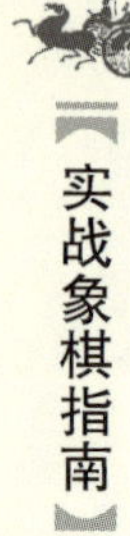

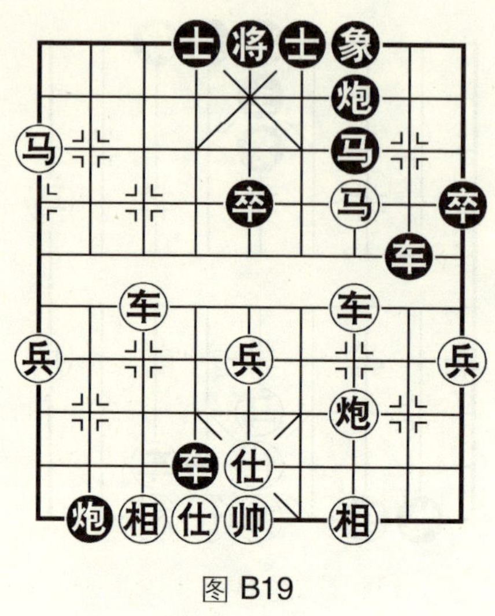

图 B19

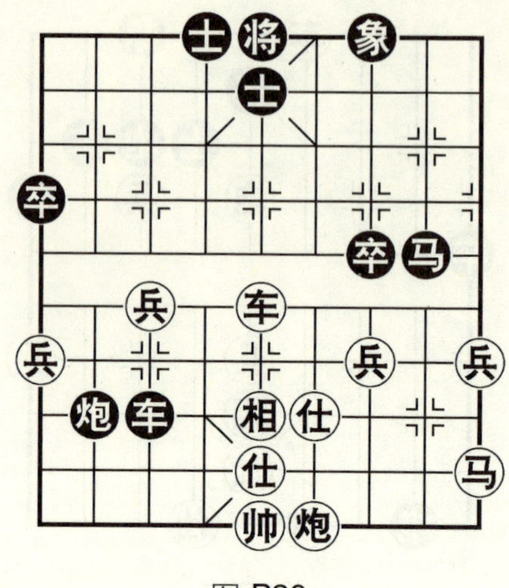

图 B20

4. 接图 B16 形势。

⑲车七进二	炮5 进 4	⑳炮四退二	炮4 进 5
㉑马三进五	炮4 平 3	㉒车一平六	炮3 退 7
㉓车六退一	卒5 进 1	㉔车六进二	卒5 进 1
㉕车六平五	士6 进 5	㉖车五退一	车2 退 2
㉗马五退三	炮3 平 2	㉘仕五进四	车2 平 3
㉙仕六进五	炮2 进 7	㉚马三退一	马7 进 8

至此，如图 B20。

二、奇偶战区

中局阶段，双方强子有一个奇数、偶数的问题。

棋形就是棋子组合成的一种形状。我们重点来讨论一下“10987”的棋形（即十大子、九大子、八大子、七大子组成的棋形）。中局虽然复杂，但有一定的方法可采用：双方兑换彼此一个车，局面上就不会出现“霸王车”；双方兑换彼此的一个炮，局面上就不会有“担子炮”；双方兑换一个马，局面上就不会显现“连环马”。“10987”实际上就是车和炮的工程。车的运用和炮的运用至关重要。实践证明属实。

该战区的技巧是兑掉敌方单兵种，我方获兵种优势。若我方是单兵种时，要尽量避免兑换。不过，这还要看在什么时候，在什么情况下。

A. 强子偶数

这种局面虽然大子相等，也有一个谁占先、谁占位好的问题，还有一个轮谁走的问题。

B. 强子奇数

这种局面有一个敌奇数我奇数的问题，还有一个谁占势的问题。

上接图 B5 形势：

⑪马七进六　车8 进 3　⑫炮三进三　象5 退 7

⑬车七进一　炮2 进 3　⑭车七平六　……

十大子战斗如下图 B21。

⑭ ……　炮2 平 7

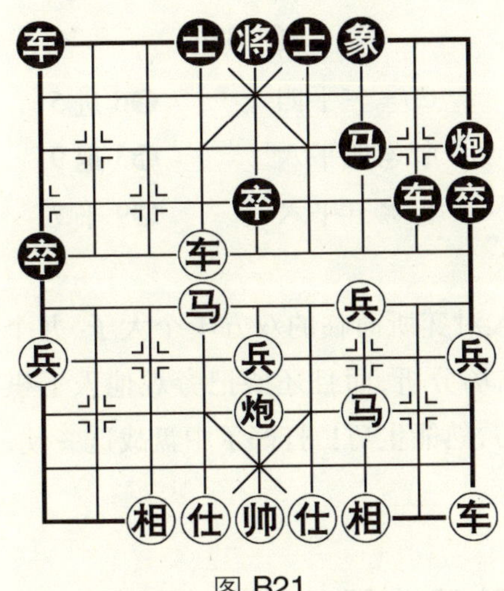

图 B21

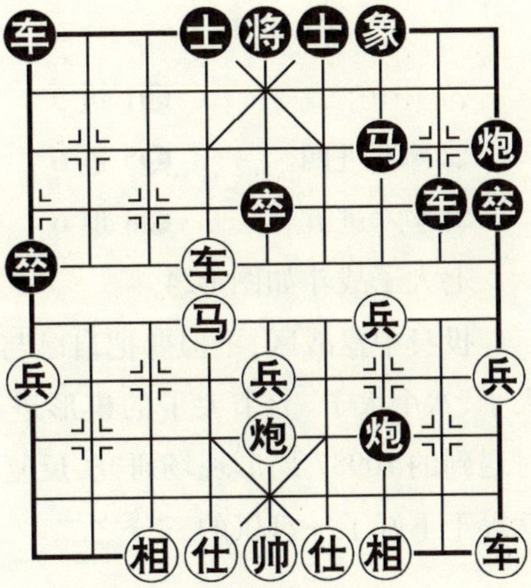

图 B22

九大子战斗如下图 B22。

⑮车一进二　炮7 退 1　⑯车一平三　炮7 平 1

⑰兵三进一　车1 平 3　⑱兵三进一　车8 进 5

⑲马六进四　车3 进 9　⑳马四进三　……

八大子战斗如图 B23。

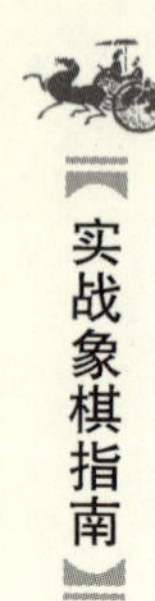

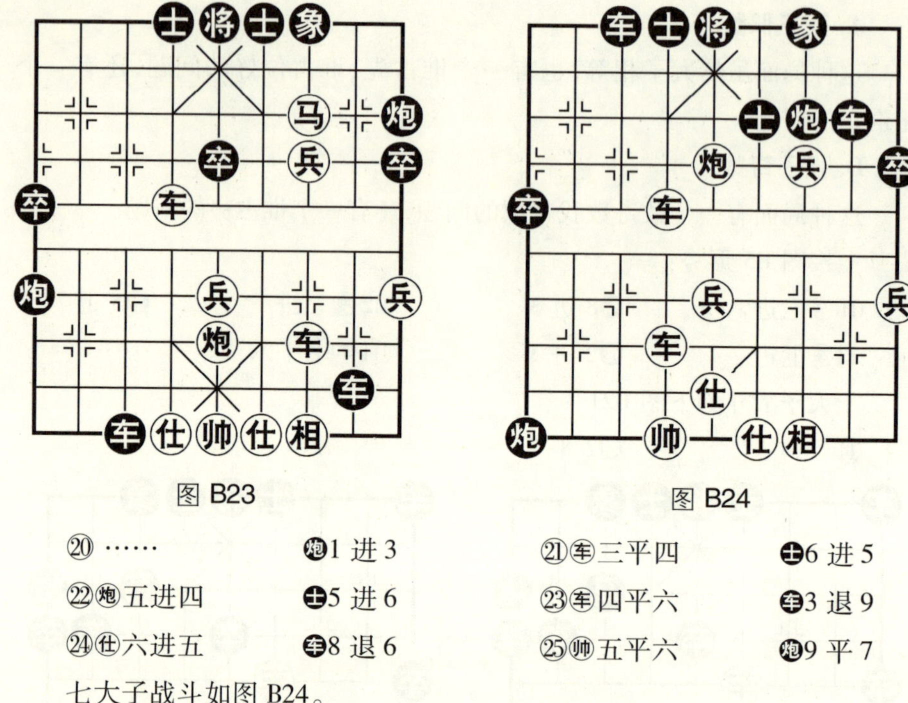

图 B23　　　　图 B24

⑳ ……	炮1 进 3	㉑车三平四	士6 进 5
㉒炮五进四	士5 进 6	㉓车四平六	车3 退 9
㉔仕六进五	车8 退 6	㉕帅五平六	炮9 平 7

七大子战斗如图 B24。

投身中盘战区，不但要把自己与他人对弈所面临的双方十个大子、九个大子、八个大子、七个大子的棋形进行临场分析，而且还要把旁观他人下棋时遇到的 10987 局形现场研究，反复练习，熟能生巧！打好了中盘战这一仗，就等于下好了一盘棋的三分之二。

第五节　以定格阶段分解规律

一、预案延续

弈至三十一回合至三十六回合可以认为是定格阶段，也就是后中局阶段，这时的优劣，为最终胜负，一锤定音。

1. 接上图 B17。

㊲车六平三	炮2 退 7	㉜车三退一	将5 退 1
㉝兵三平四	炮2 进 2	㉞兵五进一	炮2 平 7
㉟车三平四	炮7 平 6	㊱炮五退一	炮7 进 2

至此，见图 B25。

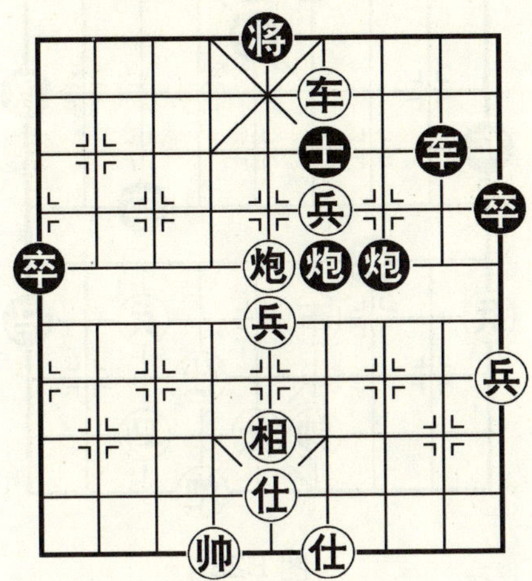

图 B25

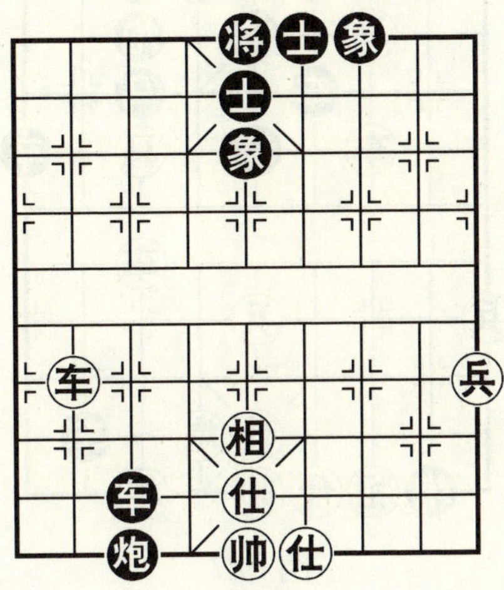

图 B26

2. 接上图 B18。

㉛仕五退六	车3 退 6	㉜仕六进五	车3 平 9
㉝车三进二	车9 平 1	㉞车三平八	炮2 平 3
㉟马五退七	车1 进 5	㊱相三进五	车1 平 3

至此，见图 B26。

3. 接上图 B19。

㉛炮三退一	车4 退 6	㉜马九进七	将5 进 1
㉝车七进二	车8 进 1	㉞炮三平四	车8 退 6
㉟炮四平三	车8 进 6	㊱炮三平四	车8 退 1

至此，见图 B27。

4. 接上图 B20。

㉛车五退一	炮2 平 5	㉜士五平六	马8 进 9
㉝马一进二	象7 进 9	㉞马二退三	炮5 平 4
㉟车五平六	炮4 进 1	㊱士六进一	车3 退 2

至此，见图 B28。

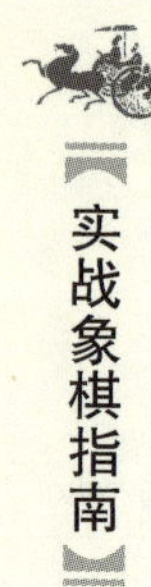

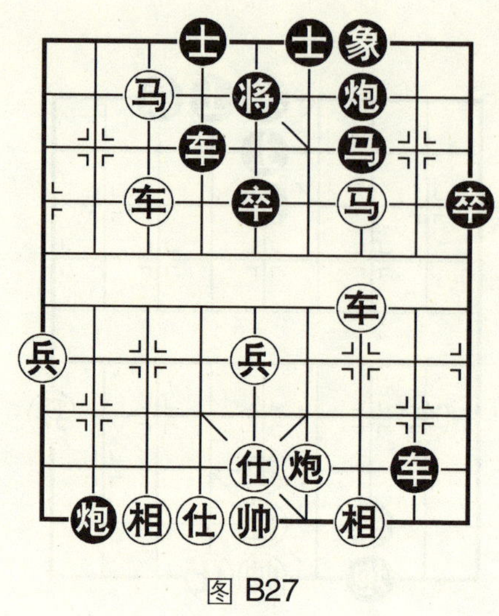

图 B27

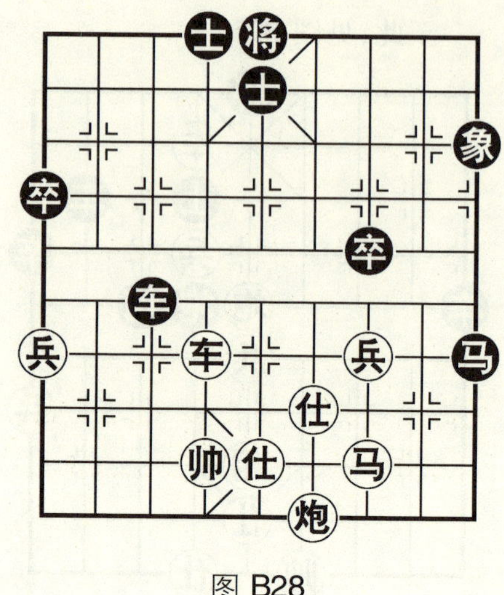

图 B28

第六节　以残局阶段分解规律

弈至三十七回合至全盘结束是残局阶段，这不过是大概的划分，请弈者不要过余教条化。

走好残局可谓“千锤打锣，一锤定音”。残局就是定音，音定不好，前面999锤算是白打。古人云：“行百里者半九十”。就是说，一百里路程，走九十里才算走完一半。比喻事情越到最后越难完成。做任何事，不到最后完成决不可松气，否则会功亏一篑，前功尽弃，下象棋也是同样的道理。

掌握残局杀法，必须掌握残棋的例胜、例和规律。笔者建议初学的爱好者先学习屠景明编著的《象棋实用残局》。这样，在实战中遇到如一马对单相的情况，相方若知道其守和窍门在于“门东户西”，马方则不能取胜。

知道了必胜必和、巧胜巧和残局，下棋到后中局时，就可以有目的的朝这一方向发展。

残局就是要根据具体的必胜残局、必和残局、巧胜残局、巧和残局来实施全盘棋的“临门一脚”。

一、预案延续

1. 接上图 B25。

㊲炮五平三　　车8 进 1　　㊳兵五进一　　车8 平 6

㊴兵五平四　　车6 进 1　　㊵炮三退三

至此，见图 B29。

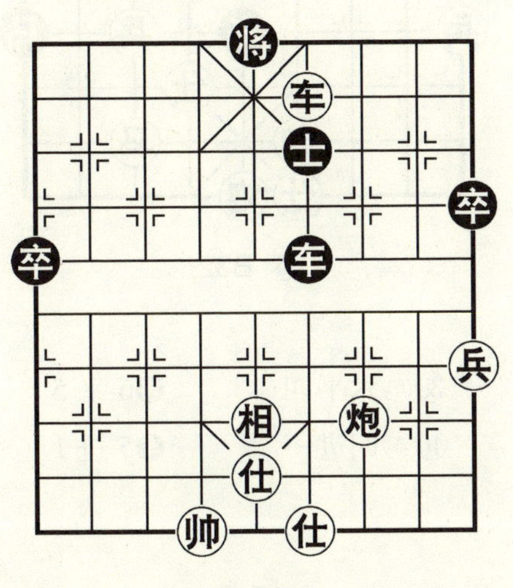

图 B29

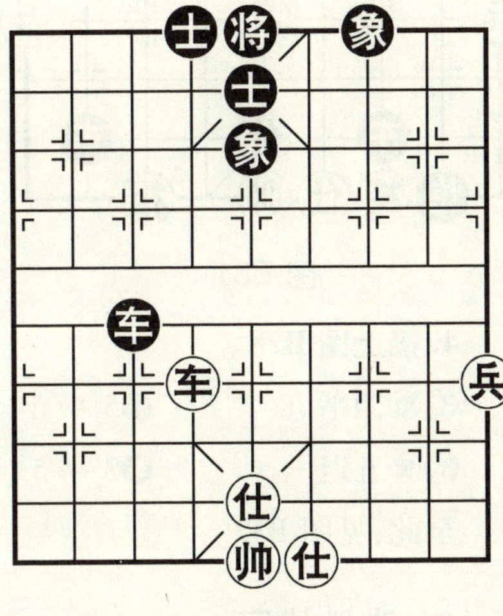

图 B30

2. 接上图 B26。

㊲相五退七　　车3 进 1　　㊳仕五退六　　车3 退 4

㊴仕六进五　　士5 退 4　　㊵车八平六　　士6 进 5

至此，见图 B30。

3. 接上图 B27。

㊲炮四进三　　车4 进 6　　㊲炮四平五　　象7 进 5

㊴车七平六　　车4 平 3　　㊵马七退五　　卒5 进 1

至此，见图 B31。

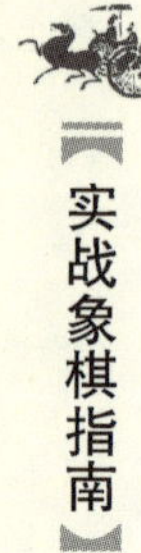

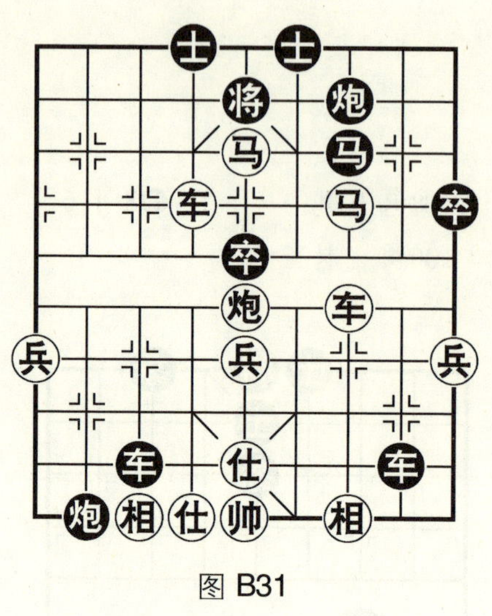
图 B31

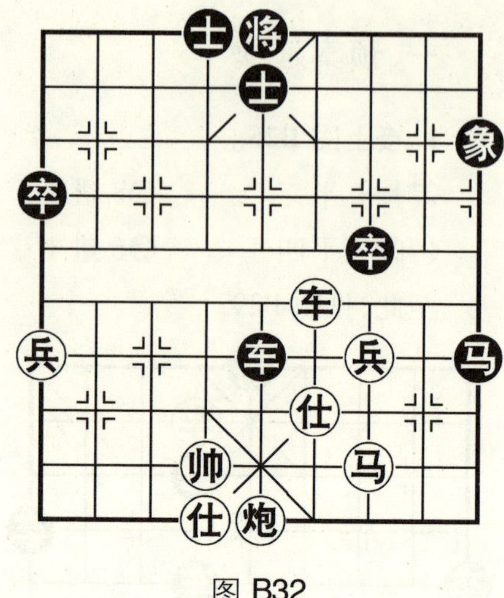
图 B32

4. 接上图 B28。

㊲炮四平五	将5 平 6	㊳车六平四	将6 平 5
㊴仕五退六	车3 平 5	㊵车四进一	车5 进 1

至此,见图 B32。

二、难胜战区

A. 必和巧和

象棋残局有必胜残局、必和残局、巧胜残局、巧和残局之分。现从屠景明编著的《象棋实用残局》一书中选录出难胜部分,供学习参考。需要指出的是,读者要了解什么棋形是必和,什么棋形是巧和;要知道怎么走才能和。

(1)卒类:一卒难胜仕,双卒难胜单仕相,双低卒难胜双仕,双低卒一高卒难胜仕相全,三卒难胜兵单缺相、难胜炮双仕、难胜炮仕相。

(2)马类:一马难胜单相。

(3)马卒类:马卒难胜仕相全、难胜炮双相,马双卒难胜马仕相全、难胜炮仕相全,马低卒难胜兵仕、难胜炮仕、难胜马相、难胜单炮、难胜单仕相、难胜单缺仕、难胜单缺相。

(4)炮类:炮士难胜双底兵,炮士象难胜单仕相,炮双士难胜兵仕、难胜单炮。

(5)炮卒类:炮高卒难胜单炮、难胜单仕相,炮高卒士象难胜仕相全,炮象低卒难胜单相，炮低卒单缺士难胜单马，炮低卒士象全难胜仕相全，炮双卒单缺士难胜马仕相全，炮双卒士象全难胜炮仕相全。

(6)双炮类：双炮难胜单炮、难胜双相。

(7)马炮类：马炮士象全难胜炮仕相全。

(8)马炮卒类：马炮卒士象全难胜双炮仕相全。

(9)车类：一车难胜三兵、难胜双马、难胜双炮、难胜马炮、难胜相双兵、难胜马双兵、难胜炮双兵、难胜马双相、难胜炮双相、难胜马兵相、难胜马双仕、难胜马单缺相、难胜马兵双仕、难胜双兵双相、难胜马双仕双低兵。

(10)车卒类：车卒难胜车炮、难胜炮仕相全、难胜炮双兵双仕，车卒士象全难胜马炮单缺相，车低卒难胜单车、难胜车兵、难胜车相，车低卒士难胜车仕，车低卒象难胜车仕，车双卒难胜车仕相全，车双卒士象全难胜车仕相全。

(11)车马类：车马难胜车双仕，车马士难胜车双相、难胜车单缺相，车马单士象难胜车双相，车马单缺士难胜炮双兵仕相全。

(12)车马卒类：车马卒难胜车炮单缺相。

(13)车炮类：车炮难胜车单仕、难胜车单相，车炮士象全难胜车马双仕。

(14)双车类：双车难胜车炮双仕、难胜车仕相全、难胜马炮仕相全、难胜炮双兵仕相全，双车双士难胜车马单缺仕。

B. 必胜巧胜

1. 炮辗丹沙

王国栋、方士庆、李燕贵编著的《象棋入门与攻杀技巧》，第45页说："用炮攻入对方底线，借助车力或其他子力，左右翻飞，辗转扫荡对方士（仕）、象（相），从而构成杀势称为炮车辗丹沙。"

如图B33，红先：

①炮一进七　　炮6进7

②炮一平六　　车2进1

③炮六退九

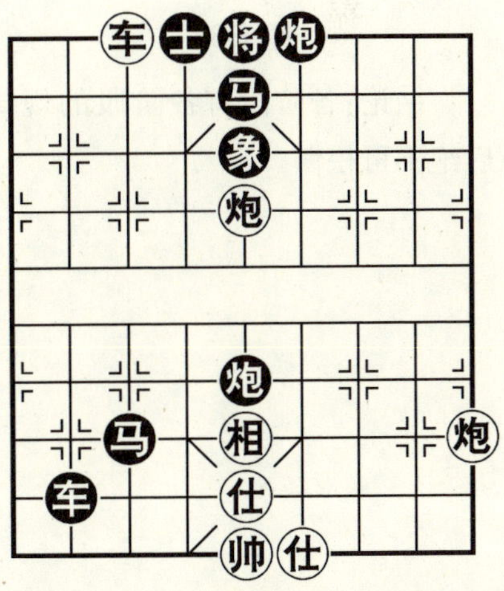

图 B33

2. 对面笑杀法

张文逸主编的《象棋入门与攻略》：

如图 B34，红先：

①车二平六　　士5 进 4　　②车六进一　　将4 进 1
③兵七平六　　将4 退 1　　④炮九平六　　车6 平 4
⑤兵六进一　　将4 退 1　　⑥兵六进一

3. 钓鱼马

同上书第 82 页：

如图 B35，红先：

①马五进七　　将4 平 5　　②车九进一　　士5 退 4
③车九平六

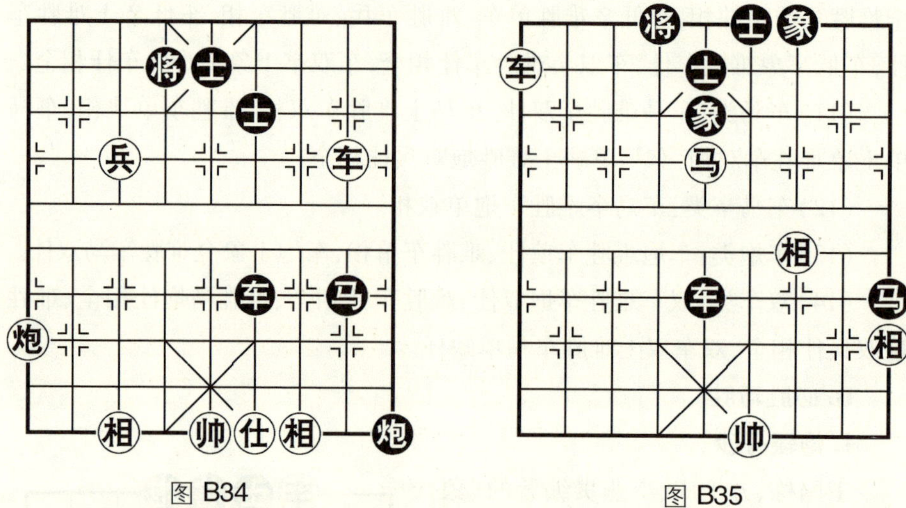

图 B34　　图 B35

结论：各阶段有各阶段的规律，持先要求胜，执后要保和。下棋不到最后绝不可松懈。

第3章　划弈区破解规律

——利用规律的重复性

指南提要：因为是对方持先，所以产生弈区，不同的弈区要有不同的对策。本章围绕先手方不同的开局，介绍执后手时如何应对。

欲穷其纷纭复杂的变化，破解规律，应该缩小范围，各个击破。划弈区破解规律是穷其变化的一个办法。当先手方第一步走㊝二平五，由此带来的复杂变化，属于当头炮弈区，进行介绍。若先手方第一步走㊡三进一、㊞三进五、㊝二平四、㊝二平六形成其他弈区，二至五节分别介绍。

第一节　以当头炮弈区分解规律

本节介绍执先方第一步走㊝二平五当头炮开局，执后方可采取的应对。一般可采取顺手炮、列手炮、屏风马、反宫马，现举例反宫马应对法。下象棋主要是下后手棋，下后手棋主要是下中盘棋。弈者要注重下好每一盘后手棋。

第一方案　以反宫马对抗当头炮

对方先走棋，走㊝二平五，我以反宫马对抗。

一、对抗方案

第一分路：对方出横车

①㊝二平五	❶马2进3	②㊋二进三	❶炮8平6
③㊍一进一	❶马8进7	④㊍一平四	❶车9平8

⑤马八进七	士4 进 5	⑥兵五进一	卒3 进 1
⑦车九进一	卒7 进 1	⑧车九平六	象3 进 5
⑨马七进五	炮2 进 2	⑩兵五进一	炮2 平 5
⑪炮五进三	卒5 进 1	⑫炮八平五	车8 进 3
⑬兵三进一	卒5 进 1	⑭炮五进二	车8 平 5
⑮车六进三	车1 平 4	⑯车六平八	象7 进 9
⑰兵三进一	象9 进 7	⑱马五进三	马3 进 4
⑲仕四进五	马4 进 3	⑳炮五进一	马3 退 4
㉑车四进二	炮6 进 1	㉒炮五退三	车5 平 3
㉓相七进九	炮6 平 5	㉔兵九进一	车3 退 3
㉕炮五进三	炮5 平 7	㉖相三进一	车3 进 3
㉗后马进四	炮7 进 2	㉘相一进三	车3 平 6
㉙车四平二	车6 进 1	㉚马四退六	马4 退 3
㉛兵一进一	马3 进 5	㉜相九退七	象5 退 7
㉝炮五退三	象7 退 5	㉞炮五平六	车4 平 3
㉟相七进九	车6 平 8	㊱车二进二	马7 进 8
㊲车八进二	马8 进 6	㊳马六进五	车3 平 4
㊴炮六进四	马5 进 7	㊵炮六平九	马7 进 9
㊶车八退二	马6 退 4	㊷车八平六	马9 退 7
㊸兵九进一	马4 退 3	㊹车六进五	将5 平 4
㊺炮九平七	卒9 进 1	㊻兵九平八	将4 平 5
㊼兵八进一	马3 进 5	㊽炮七进二	卒9 进 1
㊾炮七平九	马7 退 6	㊿炮九退三	马6 进 5
51炮九平五	马5 进 7	52炮五退二	卒9 平 8
53相三退五	马7 进 6	54帅五平四	卒8 平 7

结果：和棋。

第二分路：对方出直车

①炮二平五	马2 进 3	②马二进三	炮8 平 6
③兵三进一	马8 进 7	④兵七进一	车9 平 8
⑤车一平二	车8 进 9	⑥马三退二	车1 进 1

⑦炮八平七　车1平8　⑧马二进三　象7进5
⑨马八进九　车8平4　⑩车九平八　炮2平1
⑪车八进一　士4进5　⑫炮七进四　车4进4
⑬相三进一　车4平3　⑭车八平七　车3进3
⑮马九退七　炮1进4　⑯马七进八　卒7进1
⑰兵三进一　象5进7　⑱马八进六　象3进5
⑲马三进四　炮1平9　⑳炮五平三　马7进6
㉑炮七平一　士5进4　㉒马六进五　马3进2
㉓炮一平九　炮6退1　㉔马五进三　马6进4
㉕炮九平五　士6进5　㉖马三退二　炮6进3
㉗马二退一　马4退5　㉘马四进六　马5进4
㉙相一退三　马4进6　㉚仕六进五　马2进4
㉛马一进三　炮6退3　㉜马三退四　马4进2
㉝炮三退一　炮6进6　㉞仕五进四　马2进3
㉟炮三平六　马6进8　㊱相三进五　士5进6
㊲帅五平六　马3退4　㊳马六进八　士4退5
㊴马八进七　将5平6　㊵仕四进五　象5退3
㊶马七退六　象7退5　㊷仕五进六　马4进2
㊸炮六平九　象3进1　㊹兵五进一

结果：和棋。

第二节　以挺兵局弈区分解规律

第二方案　卒底炮抗敌仙人指路

敌先走棋，走兵七进一，我以卒底炮抗之。

一、对抗方案

①兵七进一　炮2平3　②炮二平五　象7进5
③马八进九　马2进1　④车九平八　……

对方如改走马二进三，则车1平2，车九平八卒3进1，车一平二卒3进1，

车二进四马1进3，炮五进四士6进5，炮八平四卒3平2，相七进五马8进7，炮五平四炮8平9，仕六进五卒2进1，前炮退三卒2进1，车八进二车2进7，后炮平八车9平6，炮四退一马7进5，兵九进一车6进5，黑方较好。

④……　　车1进1

⑤兵九进一　　车1平6

⑥马二进三　　……

红如改走马九进八，则车6平3，马八进九马8进6，车一进一车9平8，车八进一炮8平7，车一平四车8进5，马九进七炮7平3，兵九进一卒3进1，双方对抢先手。

⑥……　　车6进3

⑦车一平二

红如改走炮五进四则士6进5，炮八平五马8进6，兵三进一卒3进1，兵七进一车6平3，车一平二马6进5，炮五进四炮8平7红方多兵，黑方有先手，各有顾忌。

图 C1

⑦……　　马8进6

⑧马九进八　　车9平8

⑨马八进九　　炮3进3

⑩炮八进六　　炮8进4

见图C1。

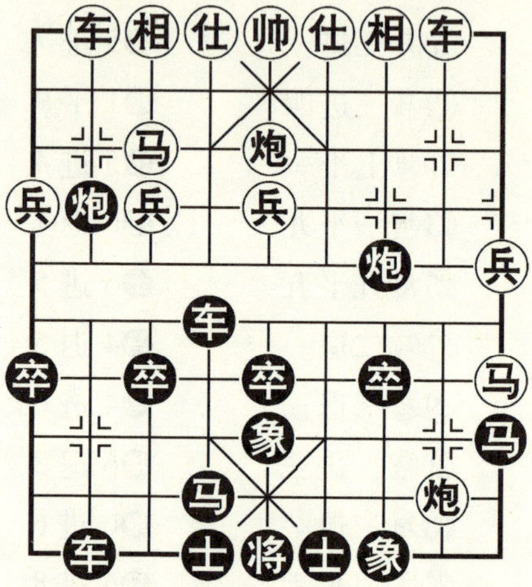

⑪兵三进一　　炮3进1

⑫车八进四　　炮8平7

⑬炮五进四　　士6进5

⑭车二进九　　马6退8

⑮相三进五　　马8进7

⑯炮五退二　　马7进5

至此，如图C2，双方对峙。

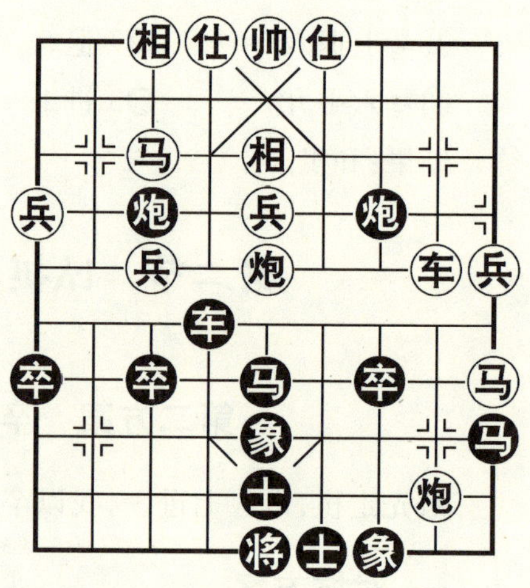

图 C2

注：以上取材于李来群编著的《仙人指路对卒底炮》和金启昌编著的《象棋布局新变》。

若红方在第十七回合的选择着法是仕六进五，推变延伸：

红如改走 1813，则 1613（1829、1627、3811、3728、1925、3813、7533、1712、4111、2516）、2331、1631、2113、3311、1829、3327，黑方胜势。

⑰仕六进五　炮3 进 1　⑱马三退一　车6 进 2
⑲车八进三　炮7 平 5　⑳车八平九　将5 平 6
㉑帅五平六　马5 进 4
㉒马九退八　炮5 平 1
㉓马八退七　马4 进 3
㉔帅六平五　车6 平 2
㉕车九进一　车2 退 1
㉖车九退二　车2 平 5
㉗车九平七　马3 退 2
㉘车七退二　车5 平 3
㉙相五进七　炮9 平 5
㉚相七进五　马2 退 3
㉛炮八退二　马3 进 5
㉜马一进三　炮5 退 1
㉝相七退九　马5 进 7　㉞炮八平一　卒7 进 1
㉟相九退七　马7 退 9　㊱马三进五　马9 进 8

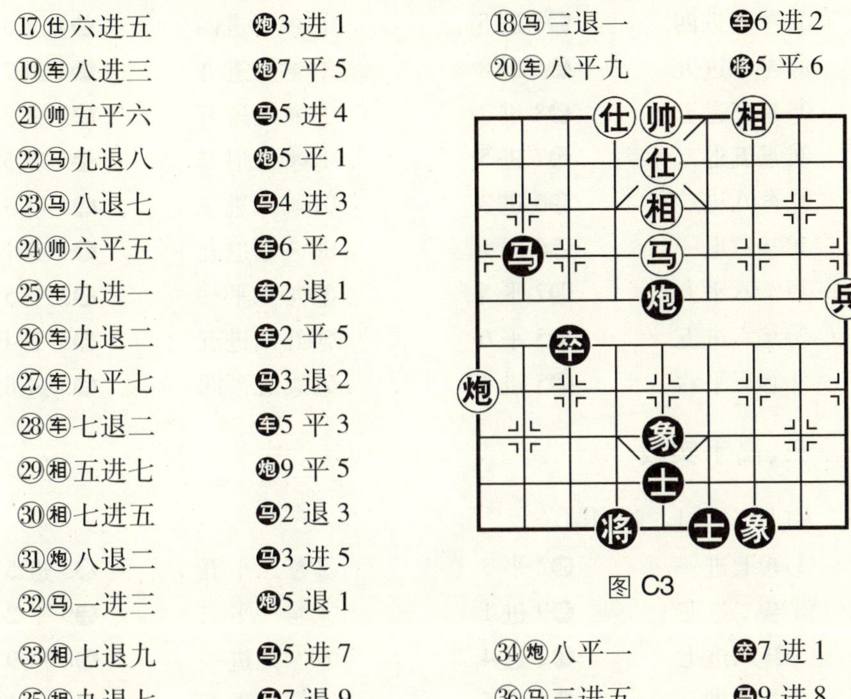

图 C3

至此，如图 C3，和势甚浓。

二、反向转换

红挺七兵　　红挺三兵

①兵七进一　炮2 平 3　①兵三进一　炮8 平 7
②炮二平五　象7 进 5　②炮八平五　象3 进 5
③马八进九　马2 进 1　③马二进一　马8 进 9
④车九平八　车1 进 1　④车一平二　车9 进 1
⑤兵九进一　车1 平 6　⑤兵一进一　车9 平 4
⑥马二进三　车6 进 3　⑥马八进七　车4 进 3
⑦车一平二　马8 进 6　⑦车九平八　马2 进 4
⑧马九进八　车9 平 8　⑧马一进二　车1 平 2
⑨马八进九　炮3 进 3　⑨马二进一　炮7 进 3
⑩炮八进六　炮8 进 4　⑩炮二进六　炮2 进 4

⑪兵三进一	炮3进1	⑪兵七进一	炮7进1
⑫车八进四	炮8平7	⑫车二进四	炮2平3
⑬炮五进四	士6进5	⑬炮五进四	士4进5
⑭车二进九	马6退8	⑭车八进九	马4退2
⑮相三进五	马8进7	⑮相七进五	马2进3
⑯炮五退二	马7进5	⑯炮五退二	马3进5
⑰车八进三	车6进3	⑰车二进三	车4进3
⑱马三退一	车6退1	⑱马七退九	车4退1
⑲车八平九	炮7平5	⑲车二平一	炮3平5
⑳仕六进五	将5平6	⑳仕四进五	将5平4
㉑帅五平六	马5进4	㉑帅五平四	马5进6

三、高手实战

柳大华　对　赵国荣

①兵七进一	炮2平3	②炮二平五	象3进5
③马二进三	车9进1	④车一平二	车9平2
⑤马八进七	马2进4	⑥车九进一	马8进9
⑦兵五进一	士4进5	⑧马三进五	炮8平6
⑨车九平六	炮3退2	⑩兵五进一	卒5进1
⑪车二进四	炮6进5	⑫车六进四	车1进2
⑬车二平六	车1退1	⑭前车平五	卒3进1
⑮车六平四	炮6平3	⑯马五退七	卒3进1
⑰车五平七	马4进5	⑱车七退一	车2平3
⑲车七进四	车1平3		

第三节　以飞相局弈区分解规律

红方先走棋，走相三进五，黑方以中炮抗之。

①相三进五	炮8平5	②马八进七	马8进7
③马二进三	车9平8	④车一平二	马2进1
⑤炮二进四			

红如改走兵三进一，则炮2平4，车九平八（炮二进四车1平2，车九平八

车2 进 6，兵七进一车2 平 3，马七退五车3 平 2，马五进七，各有千秋）车1 平 2，仕四进五车2 进 4，炮八平九（炮八进二车8 进 6，炮八平七车2 进 5，马七退八车8 平 7，车二平三卒5 进 1，炮七平六车7 平 8，车三平二卒1 进 1，黑优）车2 进 5，马七退八车8 进 4，炮二平一车8 平 2，马八进七卒1 进 1，车二平四卒7 进 1，车四进四炮5 退 1，兵七进一象7 进 5，车四平六炮4 平 3，车六进三炮5 平 6，兵三进一车2 平 7，马三进四士6 进 5，车六退二车7 进 2.，己方易走。

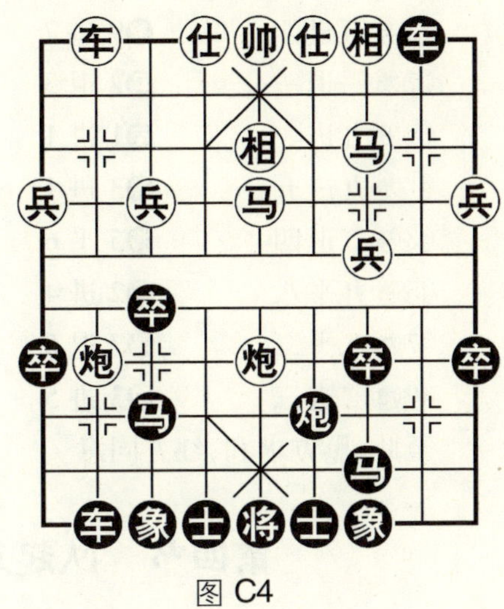

图 C4

⑤……　卒7 进 1　⑥兵七进一　炮2 平 4
⑦车九平八　车1 平 2　⑧炮八进四　马1 退 3
⑨炮八平五　炮5 进 4　⑩马三进五　车2 进 9

见图 C4。

⑪马七退八　马7 进 5　⑫马五进六　炮4 进 1
⑬炮二进二　马3 进 5　⑭马八进七　士6 进 5

至此，双方均势。

注：以上取材于金启昌编著的《象棋布局新变》。

若红方在第十五回合的选择着法是炮二退一，推变延伸：

⑮炮二退一　卒3 进 1　⑯马七进五　炮4 平 3
⑰车二进四　卒3 进 1　⑱马五进七　车8 进 1
⑲马七进六　将5 平 6　⑳车二退三　前马进 4
㉑车二平四　车8 平 6　㉒炮二进二　象7 进 9
㉓车四进七　将6 进 1　㉔后马退八　将6 退 1
㉕马八进七　马5 进 3　㉖炮二退三　马3 进 2
㉗炮二平四　马4 退 5　㉘仕六进五　士5 进 4
㉙炮四退五　士4 进 5　㉚马六退五　将6 平 5
㉛炮四平一　马5 进 6　㉜兵三进一　卒7 进 1
㉝相五进三　马6 进 7　㉞炮一进五　马7 退 9

㉟马五进四　象9进7　㊱相七进五　卒1进1
㊲炮一退一　马2退3　㊳炮一退一　马9进7
㊴兵九进一　卒1进1　㊵炮一平九　马3进2
㊶炮九进五　象3进1　㊷马四进二　象7退5
㊸马二退四　将5平6　㊹马四进三　象5进7
㊺炮九平八　马2进4　㊻炮八退三　象1退3
㊼炮八平二　马7退6　㊽马三退四　马4退5
㊾炮二进三　象3进5　㊿炮二退八

至此，黑方求和，红方同意。

第四节　以起马局弈区分解规律

红方先走棋，走马二进三，黑方以过宫炮抗之。

①马二进三　炮8平4
②车一平二　马8进7
③炮八平五　马2进3
④马八进七　车1平2
⑤车九进一　卒3进1
⑥车九平六　士4进5
⑦车六进五　炮4平6
⑧车六平七　象3进5
⑨炮二进五　炮6进5
⑩炮五退一　车2平3

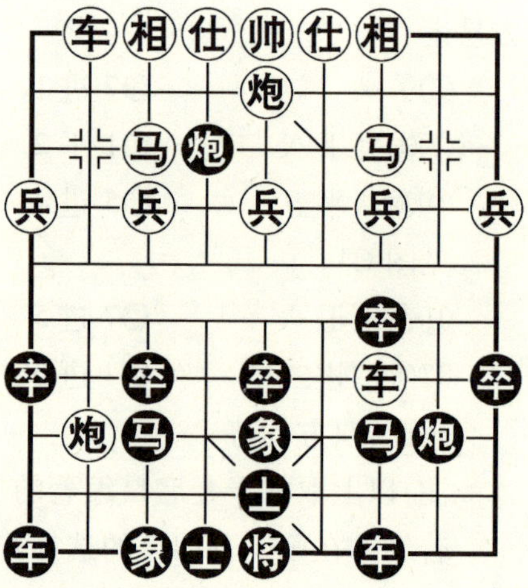

图 C5

见图 C5。

⑪车七平八　车3平2　⑫兵五进一　车9平8
⑬兵五进一　炮6退4　⑭车八退二　卒5进1
⑮马七进五　炮2进2　⑯车八平四　炮6平5
⑰兵七进一　车2平4　⑱兵七进一　车4进6
⑲兵七平八　炮5进3　⑳马三进五　车4平5

至此，如上图 C6，黑方满意。

注：以上取材于赵庆阁、陈瑞权编著的《进马局》。

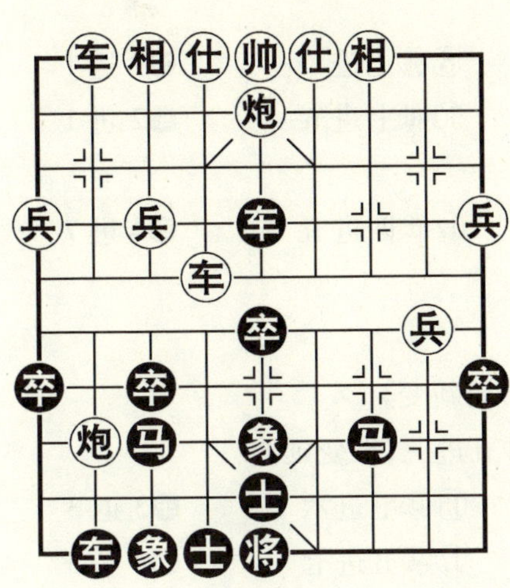

图 C6

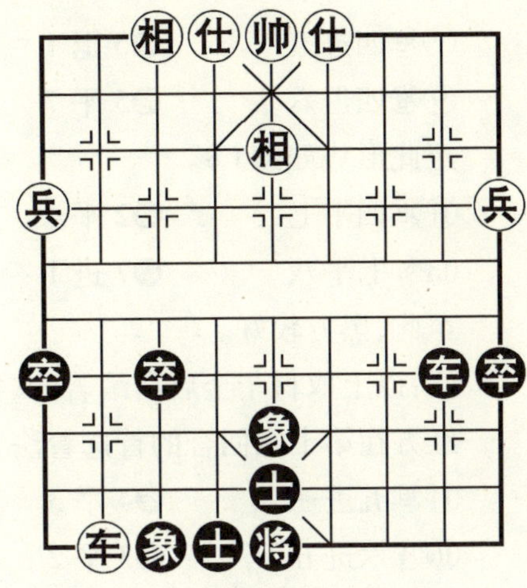

图 C7

若红方在第二十一回合的选择着法是兵八进一，推变延伸：

㉑兵八进一	马3 进 5	㉒车二进四	马5 进 3
㉓车四平七	马7 进 5	㉔相七进五	车5 平 7
㉕炮五进四	车7 退 2	㉖炮五退二	车7 平 5
㉗炮五进三	车5 退 1	㉘车七进一	象5 进 3
㉙炮二平五	象3 退 5	㉚车二进五	车5 平 2

至此如图 C7，和势甚浓。

第五节 以士角炮弈区分解规律

红方先走棋，走炮二平四，黑方以右炮平中抗之。

特别提醒：红方右士角炮黑方须右炮镇中，而不是顺炮镇中，这个布局逆应比顺应好。

①炮二平四	炮2 平 5
②马八进七	马2 进 3
③马二进三	马8 进 9
④车九平八	车1 平 2
⑤车一平二	车9 平 8
⑥炮八进四	炮8 进 4

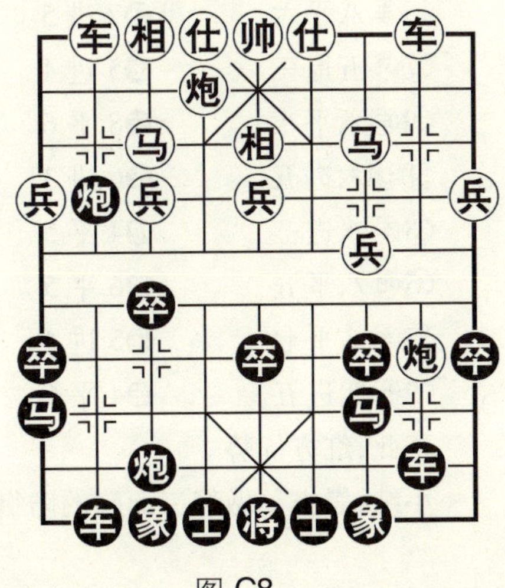

图 C8

⑦炮四进五　炮5退1　⑧兵七进一　卒7进1
⑨炮四退六　炮5平7　⑩相七进五　车2进1

至此形势如图C8。

⑪炮四平七　车2平4　⑫仕四进五　车4进7
⑬炮七平八　卒7进1

至此，黑方较好。

注：以上取材于金启昌编著的《象棋布局新变》。

红方在第十四回合的首选着法当是相五进三，推变延伸：

⑭相五进三　车4平3　⑮马七进六　车3退3
⑯马六进五　车3平2　⑰马五进七　炮8平5
⑱马三进五

假如红方改走相三进五，推演如下：

⑱相三进五　车8进9　⑲马三退二　车7平2
⑳马二进三　炮5退2　㉑车八平七　车2退2
㉒炮二退七　车2退4　㉓车七进六　炮5退3
㉔车七平一　车2进5　㉕马七退六　车2平1

至此，和势甚浓。

⑲仕五退四　士6进5　⑳马五退四　车2平5
㉑后炮平五　车8退5　㉒车八进三　象7进5
㉓炮八进三　马9进7　㉔马四进五　车5平6
㉕车八平六　马7进5　㉖车六进二　将5平6
㉗马五退三　士5进4　㉘马七进六　炮7平4
㉙车六平八　车8平6　㉚炮五进三　前车平5
㉛仕六进五　车6进3　㉜相三退五　车6平7
㉝车八进三　炮4平5　㉞马六退七　炮5退1
㉟炮八平五　将6平5　㊱车八退五　车5平4
㊲车八平七　马5进4　㊳马七退九　马4进5
㊴仕四进五　车4平6　㊵帅五平六　车6进3

至此，红方优势。

小结：黑方须做好三七路的防御，及时更改中炮所在的位置。

第六节　以过宫炮弈区分解规律

红方先走棋，走炮二平六，黑方以平左炮抗之。

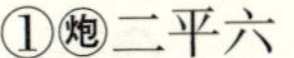

①炮二平六　　炮8 平 5

②马二进三　　马8 进 7

③仕四进五　　车9 平 8

④相三进五　　马2 进 3

⑤车一平四　　卒3 进 1

⑥马八进九　　车8 进 4

⑦车九进一　　炮2 平 1

⑧炮八进四　　车1 平 2

⑨炮八平七　　卒5 进 1

⑩车四进六　　卒5 进 1

至此形势如图 C9。

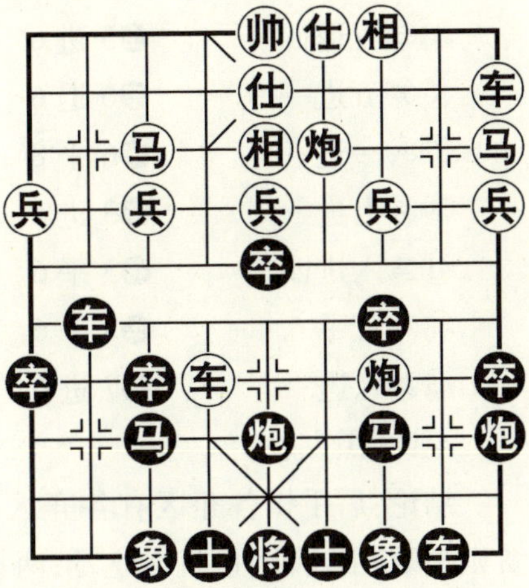

图 C9

⑪兵五进一　　马3 进 5

⑫马九退七　　炮5 进 3

⑬马七进六　　车2 进 3

⑭炮七平六　　炮1 平 4

⑮炮六进三　　将5 平 4

⑯马六退四　　炮4 平 5

⑰车九平六　　将4 平 5

⑱炮六进五　　炮5 进 3

⑲仕六进五　　炮5 进 5

⑳帅五平四　　炮5 平 7

㉑炮六退三　　士6 进 5

㉒炮六平五　　车8 平 5

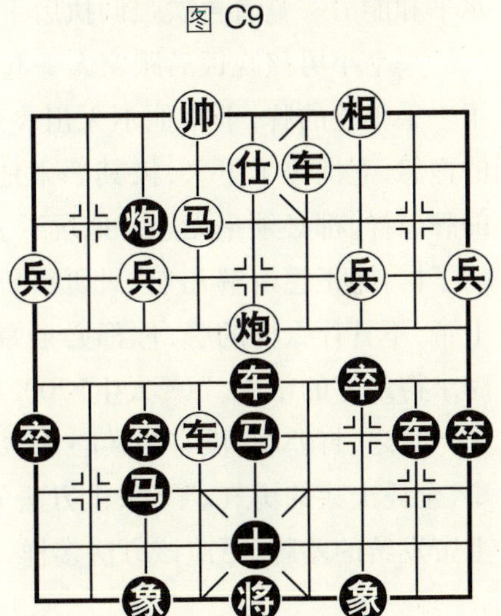

图 C10

至此，形势如右图 C10，黑方优势。

注：以上取材于金启昌编著的《象棋布局新变》。

㉓炮五进二　　车5 退 1　　㉔车四平五　　马7 进 5

㉕帅四平五	象3进5	㉖马四进五	车2进2
㉗马五进六	车2平8	㉘帅五平四	车8进4
㉙帅四进一	车8退1	㉚帅四退一	炮7平6
㉛帅四平五	炮6退6	㉜车六进四	车8进1
㉝仕五退四	士5进6	㉞车六平五	车8平6
㉟帅五进一	车6退6	㊱帅五退一	卒7进1
㊲兵一进一	车6平8	㊳相七进五	炮6平7
㊴兵七进一	卒3进1	㊵相五进七	马5退7
㊶马六进四	将5平6	㊷车五平六	炮7平5
㊸帅五平六	车8平6	㊹马四进三	车6进6
㊺帅六进一	马7进6	㊻车六进四	炮5退1

至此,黑方胜定。

结论:后手棋各弈区有各弈区的规律,总之,纵观棋坛,但凡下棋规律,贪则多败,欲占便宜,就会吃亏;两军交战,勇者有为。弈者要不断提高实战水平和能力。笔者再次强调执后手的弈者要善于打好差牌。

一个小男孩晚饭后跟家人一起玩纸牌游戏,可手气不佳,连续几次都抓了一手很差的牌,于是他不无沮丧地抱怨自己的牌运不好。妈妈听到儿子的抱怨,立即停了下来,极其严肃地对他说:“如果你要玩牌,那么无论手中的牌怎样,都必须毫无怨言地玩下去,即使那些牌再差也要玩下去!”小男孩愣了愣神,正想辩解几句,只听得妈妈继续说道:“人生也是如此,发牌的是上帝,不管什么样的牌,你都必须拿着。你能做的就是竭尽全力,用最差的牌求得最好的结果。”(《人生》2002 年第 8 期,“打好差牌”。)

总之,打差牌,没有骄兵心,需要提高的是弈者的勇气,“夫战,打仅这回事,全凭士兵的勇气。”下象棋方法欠缺,思维局限当然不行。走后手棋就是上帝发给的差牌,更应该方法多样,思维活跃,真正弈出水平来。

中篇

思想象棋实战

注重思想　　追求正确

拿破仑说:“世界上只有两种强大的力量,即刀枪和思想;从长远看,刀枪总是被思想战胜的。”思想有无穷的力量。

“人生的质量在于有思想”,象棋亦然。如何正确思想,必须思想正确。弈贵在正确思想。

第4章　实战象棋弈理

——理论支撑的重要性

指南提要:弈者明白了下棋的道理,自然会依理造势、以理行棋。该章主要介绍以理论支撑指导实战。

象棋理论对于指导象棋实践非常重要,这正是我们特别关注的原因所在。弈者明白了下棋的道理,自然会依理造势、以理行棋。

第一节　线路剖析研究

一、棋路繁杂

人的思想有路,人的一生有路。同理,下象棋也有路,而且蜿蜒曲折、繁杂多变。

“唐僧一行曾算棋局都数,凡若干局尽。予尝思之,此固易耳,但数多,非世间名数可能言之。”(沈括《梦溪笔谈》自然科学部分数学类)

沈括讲的是围棋,他的意思是说:“据小说记载,僧一行曾计算过围棋的棋局总共有多少种局面。我曾加以考虑,原来很容易算,只是数目太大,不是用现有的大数名称可以表达出来的。”(李群注释“《梦溪笔谈》选读”自然科学部分,第114页)

围棋如此,象棋亦然。笔者认为,象棋棋局概数,远远超过了围棋的棋局概数,比它的连写四十三个万字要大得多。而构成象棋的一切局面之所有着法,又是从先手开局的多条总路中分别孕育出来的。

同好皆知,下象棋有先手和后手之分。先手方面在第一回合里,不论优劣,只要能走的着法如㊀一进一、㊀一进二等计四十四种着法。先手方面必

须择一而行，可以称为一个总路。后手棋应此总路的着法之一，可以称为一个分路。进入第二回合，先手对此分路的着法之一，可以称为一个支路，这样逐推下去，饶不赘述。

棋路似树，其分枝甚多，枝上有枝，然亦不妥，树梢端过近，棋不能及。我们不妨打个比方来说明：张三和李四在古城西安的钟楼下开始对弈，张三持先手，取意向南，限制了李四也必须向南，但李四有向东南或西南之择。就是说，给张三以反限制。在充满限制与反限制的矛盾斗争中，两人从一条总路走到一条分路，从一条分路走到一条支路，从一条支路走到一条小路，从一条小路走到一条更小的路，如此这般，最后才在秦岭山里的一条羊肠小道上或分出胜负，或握手言和。

总而言之，路线分支有半途而别的，也有殊途同归的，到过省城都市的人，不一定就坐过369路公共汽车，看他往哪里去，看他坐哪一路车。这其间既有取意，又有选择，还有必须（先手棋路示意图见图D1）。

不论何时何地与何人下棋，只要你先走，首着立右中炮，那么，这盘棋就跑不出下面的树里。如果别人先走，就有可能出现㊣炮二平五、㊣马二进三、㊣兵三进一、㊣相三进五、㊣炮二平四、㊣炮二平六等其中的一棵树。所以我说，出门对弈得扛七棵“树”。必须是七棵，而不是六棵。

二、弈区限制

尽管棋路是那样的繁杂，尤如一位母亲生多个儿女，子又生子，子子孙孙，但这种子孙兴续，人口素质高的概率低。

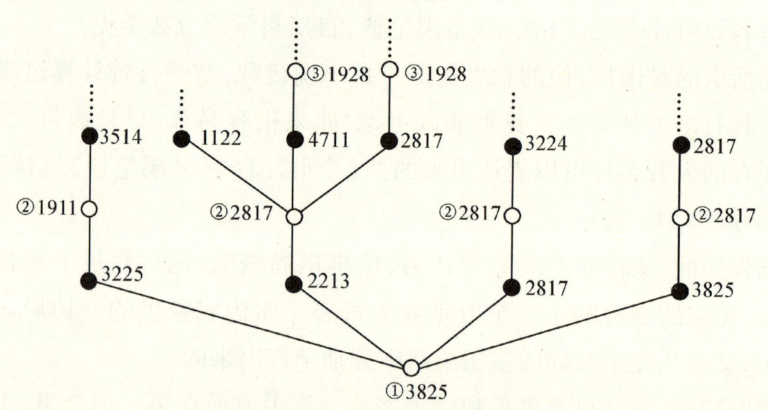

图D1　先手棋路示意图

如先手方第一回合走帅五进一，不论平时研究还是临场实战，都无可取之处。试想，一粒发了霉的种子，岂能生长出好的结果来？

应该限制弈区。缩小弈区战斗范围，有利于各个击破，穷其变化。

可以将不要的着法排出，一般常走的着法不过是起马局、士角炮局、当头炮局、过宫炮局、挺兵局、飞相局。即马二进三、马八进七、炮二平四、炮八平六、炮二平五、炮八平五、炮二平六、炮八平四、兵三进一、兵七进一、相三进五、相七进五。从事棋艺研究时大多数都是用右边的马二进三、炮二平四、炮二平五、炮二平六、兵三进一、相三进五这六条总路就进行介绍。因为棋盘是对称的，左边的马八进七、炮八平六、炮八平五、炮八平四、兵七进一、相七进五那六条总路则可以参照右边的着法。笔者认为，这只不过是左右之别，完全区别于后手还架中炮的左右之异。也就是说，左右之别没有顺手炮和列手炮之分。在六条总路中，弈者持先时，大多愿走炮二平五总路。事实也说：右中炮是最佳线路的起点站。先手方若取意炮二平五开局，后手方必须应以马2进3或马8进7或炮2平5或炮8平5或炮2进1或炮8进1或士4进5或士6进5或象3进5或象7进5。总之，要从保护中卒，防止空心炮着手，及时地采取正确的对策，给予先手以反限制。后手方从以上十种应着中，择一而行，先手方又有若干着法可供选择，这样演变下去，变化可观，揭晓其结果是一个特别困难而又迫使同好们亟待解决的课题。然不管怎么讲，我们缩小了弈棋战区的范围。但是还不行，应当继续予以限制。

有的棋类书籍以名手对局进行说教，我对此点之异是：以名著棋谱为素材且经过自己的推敲精选，力求画龙点睛地去说明问题，希望弈者举一反三，逐类旁推。大凡同类书籍，在双方变化各有棋路选择处（无论正确的或错误的选择）都加“注”，我对此点之异是：认真择我之优，竭力限制己方的着法，以我之不变或尽量少变，应敌之任何变化。同时仅给对方加“注”：对方如改走什么，会怎么样；又如改走什么，又会怎么样，反正于其不利才是。否则，将对我之着法予以怀疑。笔者认为，这是一个较好的办法。

当然，象棋是艺术之一，艺术的生命力在于变化，艺术是娱人的事业！如何才能在临场上不败，怎样才能在实践中取胜？这就需要平时的勤奋，熟能生巧！

三、演变推算

鉴于棋路的繁杂性，大家平时研究，应该重点突破，举一反三，各个分理。

首先，假设我方是后手，将先手方在第一回合里的可行着法（不是所有着法）记录下来，以其中的一种着法对我，例如炮二平五。再把我应此着的合适着法如马2进3、马8进7、炮2平5、炮8平5也记录下来，先用里面的一种着法抗衡对方右中炮，比如走马2进3，这样步步去掉双方其余的着法，逐步往下演算。待第一盘棋的结果出来后，回头逆水行舟，拾起就近回合我之另一着法，推演出第二盘棋。这一个回合演变完接着演变上一个回合，需要另外用纸整理，并注明胜负。

其次，拾起对方炮二平五总路我方马2进3分路的另一条支路，仍以上方进行推变，如此循环，螺旋上升。

再次，为了检验比较各个总路的优劣，证实炮二平五是否乃最佳线路，还须照上面的方法去运筹。

一个问题是，这不是一个人终身所能为的事情，即使他健康长寿，并有充沛的精力，也不可能完成，希望有一天，电脑能够帮助我们予以解决。

四、鹿死谁手

在我与他人对弈中，我持先手的概率约占二分之一，此时自然有选择走右中炮的权利，迫敌穷于应付。但若执后手，则不能也没有理由让对方遂我之意——不走中炮开局，如此何谓下棋？应当做好应对各种棋路的思想准备。作为后手，从个人主观愿望上来讲，我并不希望对方走当头炮开局，但是对方走此的可能一定大于其他的开局。可以这样说，在整个棋坛上，弈者以中炮开局占全部开局的四分之三，则应对中炮开局的屏风马变化也随之日新月异。多少年来，关于二者的雌雄问题，同好们在无休止地争辩着。

笔者认为，屏风马虽然比顺手炮和列手炮开局更加有弹性，更富有变化，可以给当头炮带来许许多多的阻力，增添不胜枚举的麻烦，但在当头炮方着法正确情况下，毕竟不如以后起之秀反宫马抗敌为好。尽管反宫马仅可弈成双方均势的局面，但实战效果还算可以。注重使用反宫马，对于提高求胜保和的几率不无积极的作用。

如果我们把当头炮方和反宫马方所弈成的一个均势局面，公正地循着正确的弈轨延伸下去，无疑和棋的趋势甚浓。如此说来，楚汉争霸谁也别争，然这不是实战，实战虽有和棋，但多有胜负之分。临场上，你若战胜了对方，不是你赢了，而是对方输了。所以，关键在于走棋的思想正确！弈者的主观思想一定要符合棋局的客观实际。

第二节　楚汉争霸策说

一、先手策说

一般先手开局，不外乎马、炮、兵、相。有些弈者侧重偏局冷门，企盼以奇制胜，即或果能如愿以偿，是他未遇到真正的强手。

试设以我为先，决定走炮二平五（为了迷惑对方，走炮八平五也一样），后手一般来讲有马2进3、马8进7、炮2平5、炮8平5四种着法选择。若对方走炮8平5的顺手炮应局，我取意车一进一，对方若炮打中兵，我以仕四进五应之，演成敌退炮巡河或退炮骑河的形势，我先手并未易手；对方若不打中兵，则由我选择“单边封锁”或“迟封锁”等变化，对方仍然不利。后手棋总是迟慢一步，如果双方都无失误，互相控制的结果，我可能多兵微优（此句系刘道平同志亲笔删改）。最低限度达到双方均势，双方对峙，双方对攻，不能让对方大占先手或小占优势。

我以当头炮开局，对方应以单提马、列手炮或后补列炮更属下策。但我方须步步紧逼，不可有一步软着才是。敌若走反宫马，进攻缓慢，我能与之弈成均势局面。

在当头炮对屏风马布局系列里，须掌握进攻型和稳健型两种取向选择。依据进攻是积极的防御之理，当选择进攻型。可推变结果说，仅五九炮过河车能使先手方占得优势，但后手方可以采取反限制，中途弈成双方对峙的形势，不过，为了不拘泥于一着一变，也可走巡河炮、过河车等。

由此看来，当头炮带来的变化更为复杂多变，且具有一定的主动性。象棋是十分公正的，若给你一步先行之利，同时你也要做好对敌的各种变化的应变准备。在实战中，不是光执先手棋，也得持后手棋。

以愚之见，应该知难而进！持先者还是走当头炮好，牢牢地把握斗争的

主动权。彼此一样多的兵力,先行者总是占主动的!

二、后手策说

后手开局,由于处于被动地位,存在着一定的困难。"从历届全国赛对局统计来看,先手胜局总是比后手胜局为多,这是合理的。因为先手棋处于主动进攻地位,获胜的可能性大些,先手棋走软一着,尚可落到平先或失子地位,而后手棋走错一着,则有可能陷入劣势。"(黄少龙编著《象棋开局战理》第174页)。后手棋应该也必须走得非常谨慎才是。

一般的情况下,先手棋较后手微强。当然后手棋方也欲抢先占优,然双方不可能同时领先,如此不是吾矛亦能戮破吾盾,吾盾亦能挡住吾矛自相矛盾了吗?但双方在主观上不可避免地要出现这样或那样的错误,一定会有失误及不妥之处(当然正确的态度应该是不希望对方走错),我方则努力提高自己的思想素质,提高自己具体着法的正确程度,争取少出错误或不出错误。对局伊始,就要在思想上高度重视起来,有意识地打乱对方的兵力部署,巧妙地将此种布局转向彼种布局,在变化中求进步,图发展。

比如对方走㊊二平五开局,我以㊋2进3应之,不走顺手炮等变着,就摒弃了敌"单边封锁"或"迟封锁"等一系列不利于我的变化。若对方走右炮过宫,我以左炮当头策应较妥,布好己方阵势,不贸然进攻。若对方走仙人指路开局,我以卒底炮策应较妥,可弈成双方对峙的局面。若对方飞右相开局,我以左中炮策应较妥,可弈成双方均势的局面。若对方走起右马开局,我以左炮平士角炮策应较妥,结果对我有利。不怕棋后手,只怕不会走。

总之,我虽居后,但在棋路选择上却比对方容易些。若问敌执后手也能与我雷同,怎么办?殊不知矛盾本身就包含着自我解决的因素和成分,矛盾是发展的动力。

三、中局策说

弈者皆晓,象棋对弈有开局、中局和残局之分。在中局阶段,战斗异常激烈,变化最为繁杂,没有双先可言。毫无疑问,中局是决定全盘胜、和、负的关键。

关于如何走好中局的问题,不少弈者不得要领。笔者认为,要走好中局,微观是十分必要的,但首先的和主要的是宏观。就是说,要有大局观,一定要有大局观。

“大局观就是正确的形势判断”。([日]赵治勋著《快速判断形势法》第61页)

每一位弈者都要努力地去提高形势判断的能力。也就是说,在一局棋的某一阶段,某种形势下,通过双方力量的对比,和对子力位置及其棋型结构等的观察分析,判断出局势优先情况,决定采取何种下法,提高制胜的几率。

我若占先,勿忘乎所以。要继续努力,毫不松懈,不断争取更大的胜利。进攻是硬道理,要坚持进攻的原则。应该利用运子取势,通过兑子抢先,借助弃子入局等手段。把主战场放到对方阵地上去,蚕食鲸吞对方的子力,尽量避免己方子力的损失,为残局奠定一个好的基础。

我若居后,勿悲观气馁。当保持复杂多变的局面,引诱对方犯急于求成的错误,而己方不可出现失误,根据对方的着法随机应变,《孙子兵法·虚实篇》云:“……能因敌变化而取胜者,谓之神。”被动的形势下,不要被对方牵着鼻子走,否则,便会穷于应付,被动挨打。要充分发挥自己的主观能动作用,采取你打你的,我打我的战术,与对方比勇气、比智力、比速度、比韧性,寻隙伺机变被动为主动;在遇到劲敌确实不能反先时,也当佯攻,竭力拖对方进入残局,战斗到最后一刻。

四、劣势策说

优势棋谁人不会走呀?问题是劣势棋,也应该会走。

劣势是具体的、复杂的、可变的。当处于兵种劣势时,可设法兑换棋子,取得兵种的平衡;若是空间控制劣势时,己方棋子要有献身精神,可采取以弃子换空间的手段;当失先劣势时,敢于与对方展开反争夺的战斗。在失先劣势中,不但不能气馁,反而应心平气和提高自己的着法质量,不给对方可乘之隙。同时,找寻对方的破绽所在,抓住稍纵即逝的战机乘隙而入,积极反先。当面临失子劣势时,要借先手之势予以追回,然后再去扩先夺优。面临子先皆失的劣势时,要调整好心态,临危不惧,逐步改观。比赛中利用对方思考着法的时间,站在对方的角度去观察和分析棋局,以便了解对方的最佳选择,思想我方的最佳对策。

第三节 下棋着法选择

选择是非常重要的,选择大于努力。

一、比较选择

下象棋,有些着法是必须走的,但大多数的着法还是通过棋手临场选择走出来的。这时选择的高低好坏,决定了对弈的优劣胜负。

棋战中时常会遇到这样的情况:一步棋面临着多种走法,有的似是而非,有的似拙实巧,有的凶吉难测。当局者在有限的时间内要作出正确的选择,既要在有限时间内选择出着法,又要确保着法的正确。在这关键时候,采取比较的方法,把某步棋的几种走法,罗列在头脑里,将其往下推变三步,然后加以比较,筛选优佳方案可使其选择的方向正确。

贵在比较。比较是为了筛选,筛选则必须比较。没有比较,就不能显出差别;没有比较,就不能判断是非;没有比较,就不能找到优佳。为了胜利,弈者要善于比较,特别是对一些关键棋的着法之比较。

二、子先选择

子与先,就是实力与主动权。实战中当遇到失子与争先时,原则上应采取弃子抢先!但不要教条,应该根据具体情况活用。

实力非常重要。象棋对弈也是实力的较量。实力是夺取战斗胜利的物质基础,是迫使对方投降的必要条件。在敌我短兵相接的肉搏战场上,我方某人杀死或杀伤对方一人,就可以迅速去增援另一战友,随即两人又可以分别去增援其他战友,如此以多打少积小胜成大胜。大家在选择着法时,要考虑有效地歼灭敌人,同时注意保存自己的有生力量。

主动权更加重要。“军队失掉了主动权,被逼处于被动地位,这个军队就不自由,就有被消灭或被打败的危险”。对弈者,一般宁愿失子不愿失先,宁愿失子也欲抢先。弈者在选择着法时,要记住:紧紧地抓住主动权。

记住:存子失先,子先皆失;失子抢先,子先皆得。

三、战略选择

什么是战略?《新华字典》上讲,战略的含义有三:第一,指导战争全局的计划和策略。第二,有关战争全局的。第三,比喻决定全局的策略。"战略的奥妙就在于集中兵力"。

战略选择,就是对棋局发展的选择,是至关重要的。有时是一步棋一种选择,有时是几步棋一种选择。棋局形势是在不断地变化,战略原则也必须依据当前形势进行调整。"战略原则明确以后,战术上调配子力,就能抓住主要矛盾。进攻时,攻杀子力与牵制子力,进攻子力与留守子力的配合;防御时,坚守子力与牵制子力,防御子力与反攻子力之配合;对峙时,集结子力与机动子力的配合等等,都能部署处理得好。"(黄少龙编著《象棋实战中局谱》第59页)

战略选择要有超前性,要思想先行。就是说,要谋划在前边,作全面周到的考虑。例如,双方无车,就要谋卒渡兵。双方对杀时,就要根据兑子、得子或失子以后的形势来选择着法。具体战术应该围绕既定的大方面展开。挪、抽、捉、兑、牵、拦、逐、运、弃、杀要恰如其份,恰到好处。总之,战略战术要灵活机动,战略选择当随棋势而变。

四、捷径选择

象棋竞赛,有一定的时间限制,在这有限的时间里要力争选择当时的最佳着法。这个最佳着法不仅从己方的进攻考虑,还要从对方的角度考虑,这就需要捷径选择。好比说,当对方兵临城下时,是考虑直接进攻,还是采取围魏救赵的战术就要择优选择。

在实战中,双方都无车的局面,比较平稳,走弱子,甚至对一些细棋锱铢必争是无可非议的。当棋盘上有车的存在,那就不能过于计较一兵一卒、一城一地的得失,必须抢大势。弈者应该从繁琐的棋路变化中解放出来,掌控局面要紧,这是经济思维。

注意经济思维,不在比对方想的多,而在比对方想的早;不在比对方想的早,而在比对方想的好。经验告诉:下象棋必须包含对方思维,必须抓矛盾焦点,必须找弱处突破。要弄清棋局情况,围绕棋局展开针对性的下法。"劈柴不顺纹,累死劈柴人"这个道理,大家都懂,然在棋战中,不乏蛮干的"苦力者"。

第四节　摸索改革创新

一、指代记录

我们的祖先,创造了象棋艺术,但迄今,我们尚不能穷尽其奥妙。身为一名热衷象棋活动的爱好者,深感有责。笔者曾利用业余时间,将象棋双方着法明显劣着摒弃。进行演变推算。过程中发现传统记录法会影响研究速度,从而悟出了数码指代汉字的速记方法。

即用 1、2、3、4、5、6、7 分别代表车、马、炮、兵、帅、士、相;用 1、2、3,分别代表进、平、退。如炮二平五或炮2 平 5,不分写法区别,均记:3225;左边第一位数代表“炮”,左起第三位数代表“平”。

棋战中有时会出现像前车进二、后马退 5 等情况,可用 8 来表示“前”,可以 9 去表示“后”。

过去为了速记,曾有以 A、B、C、D、E、F、G 七个英文字母分别替代车、马、炮、兵、仕、相、帅七个兵种汉字,笔者认为不如以阿拉伯数字替代更为简单。

同时,这里还牵扯到下面要探索的优劣计算问题。

毋庸置疑,数码代号记录法是笔者从多次失败中找到的可行方法。熟练掌握了此种方法,有利于速记着法和复盘分析研究。每一位弈者最好能学会此种速记法,并且养成这种记录习惯。

笔者相信,已向全世界推广的象棋,最终会以立体模型代替汉字棋子,数码着法记录会是今后棋着记录的发展方向。

二、优劣计算

马克思是人类划时代的思想领袖。他认为,一种科学只有当它达到了能够运用数学时,才算是真正发展了。笔者试图将数学也运用于对弈,其实二者已早有良缘。如何借助计算来帮助思考,去弥补临场有限的时间,获得克敌制胜的效果和利益?关于这个问题,我还在实践中。考虑如何求胜的方法,的确是一门很深的学问。

拙作以数码指代的速记方法,如果熟练了会觉得更方便些。那么,若将其投入运算,其结果又会怎么样呢?让我们来尝试一下吧!

例如随意抽出的一种布局是：中炮缓出车对列手炮跳左边马局。（杨官磷编著《弈林新编》）

公共主路：

①3225	3225	②2213	2819
③2817	2213	④1928	1911
⑤4711	1924	⑥1122	3827
⑦1214			

至此，后手有 1122、4711、1413、1415、6415 五种变化供选择。限于篇幅，将其发展过程予以省略。我们不妨以先手加后手减的方法来尝试计算，结果告诉我们：第二种变化和第五种变化都是先手大占优势，而数值却甚小；第一种变化和第三种变化都是先手获得优势，然数值倒较大；第四种变化是先手稍占优势，则数值理应更大，但度数只有 16.5 个回合，能够讲得过去。由此推出，后手走 4711 的着法最劣。

因为我们用来表示兵种的代号在千位数上，对数值有相当的影响，由此看来，先手大占优势的原因是动车、马、炮的次数多些，加入之数往往不够后手所减（从后手选择 1413 的着法最佳也可得到反证）。这便证实了"三步不出车，着棋容易输"的棋谚的正确性，符合开局战理。无论前面所言的优劣计算是否完全合理，仅此亦颇使人满意。

如果我们在开局阶段有意识地专走大子行吗？肯定不行，其弊病在于出现重复动子。这岂不是十分矛盾吗？但"分析，要很客观，从分析中去找寻结论，不可先有结论，然后去拿分析来证明；否则，常常陷入主观主义"。（1986 年《毛泽东思想研究》季刊）一盘棋中先走大子或有目的的多走大子是根据局势需要而行的，数条的走大子则是错误的。

三、空间控制

象棋棋盘共有九条纵线，每条纵线上各有十个站点。双方角逐时，三十二个棋子活跃在这九十个位置上。对弈是很考水平的，它不像打麻将或打扑克，要靠运气拿好牌，下象棋靠实力。棋盘里除了所有棋子本身所占之位，空席是五十八个，每方实际控点十五个，剩余二十八个为盘内非控点。如红方一路车控制两个点，其中一个点与二路马和三路相共控，可谓内部公控点。另外，激战中还会出现一些双方公控点。

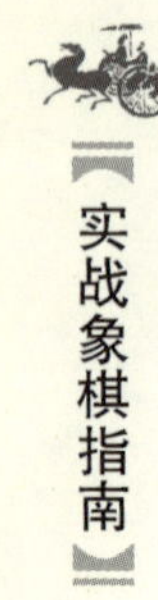

在残局尾声,空间控制超过对立面三个点以上者,胜势甚浓。如低兵胜独将,单马擒王等。如此说来,某方失去一个大子,同时也就失去了这一大子的空间控制区。导致一方兵败,是失去主动?还是因失去大子?还是因失去空控权呢?笔者认为三者息息相关。

值得深探的是:一马可以巧胜一象,然象方"门东户西"时,马方则无能为力,能否说"门东户西"扩大了象方的空控范围,缩减了马方的空控能力?

有必要顺提一下,好比先手首着走中炮,瞄准了对方的5路卒,可以认为是实位控制。当其进攻子力大于后手防御子力时,才能去占领这一战略要地。道理虽然简单,临场切莫忽视,事关全盘得失。

空间控制随着形势的发展在不间断的变化。一般地讲,从空间控制的多少,特别是针对对方主帅的空间控制,以及从保护自己老将的控制多少,可以分析出形势的优劣。读者要努力提高自己的综合棋力,对弈中有意识地与对手竞争空间控制。但应当清楚:空间控制是为战略战术服务的,决不能为了空间控制而盲目的进行空间控制。

四、棋型模式

象棋是千变万化的智力游戏,但就每一盘棋来讲,独具一种变化。不论它怎样像万花筒那样变换,都有基本的棋型模式。当一个棋型模式向另一个棋型模式转化时,弈者要跟着客观走,随棋应变。

己方当执后手棋以反宫马对抗中炮开局,无论对方怎么走,己方走的那么几步棋,乃我之棋型模式。对方展开以攻为主的着法,形成了中炮对反宫马激战前的棋型模式。发展至中、残局,会形成数个基本的棋型模式,如双方车、马、炮俱在,如双方双车消失,如车、马、炮对车、马、马等,善弈者能驱使形势导向利己方面发展。

利用棋型模式,省时省力,只是根据对方的变化注意己方着法的先后次序,把主要的精力集中到后面的棋上,走在敌人的前面。若敌亦然,那就要看谁的速度更快些了,犹如智力测验中抢答题一样。

总之,棋型模式是值得探索的一个课题。弈者要有意识地制造有利于己方的棋型模式,做到不墨守成规,力求主观思想符合客观实际,积极开创新的局面。

第五节 弈林遨游随笔

一、观棋不语

"艺术能使人变得聪明"。象棋日益受到越来越多的人民群众特别是广大青少年的喜爱。下象棋的人往往爱看下棋,看下棋的人一般也会下象棋。有的弈者自己下棋时不容他人发言,可是当看别人下棋却畅所欲言,致使棋局外的矛盾比棋盘上的斗争还要激烈。有的棋盘河界上竟然写着:"观棋不语真君子,见死不救是小人"。令人啼笑皆非。如何正确地对待围观者或对弈者的问题也提出来了。

下象棋的人应该善于对待围观者说棋,不受他人影响,从中吸取营养,独立思考,坚持主见。

看下棋的人应该认真分析当前形势,设想双方的每一步棋,尤其是关键性的着法,借此测试自己的棋力。假如我来走这一步棋,我会怎么走?等弈者走后,再与自己的想法加以比较,从中得到提高。要尊重别人,不要发表自己的意见,更不能强迫人家接受你的见解。即就是非常精妙的着法,也待弈后再提,相互交流棋艺,共同向上提高。

总之,不管是下象棋还是看下棋,都要有虚心进取的态度,才能处理好二者之间的矛盾。

二、知己知彼

象棋比赛中我们都有一个经验,那就是:"知彼知己,百战不殆;不知彼而知己,一胜一负;不知彼不知己,百战必殆。"(《孙子》卷三《谋攻篇》)下象棋和打仗一样有许多相似之处,对弈也要求知己知彼。知己知彼是象棋比赛取胜的前提。

知己先于知彼。知己,就是要了解自己方面的情况:如主力的分布位置,它们的道路畅通不畅通,协同作战的能力怎样,进攻的力量够不够,防御的力量强不强,以及薄弱环节在哪里等等,竭力对诸种情况了如指掌。

知彼难于知己。知彼,就是要了解对手方面的情况:如对手持先一般爱采取急攻型还是稳健型;执后喜欢对攻型还是固守型。了解了对手的长处,

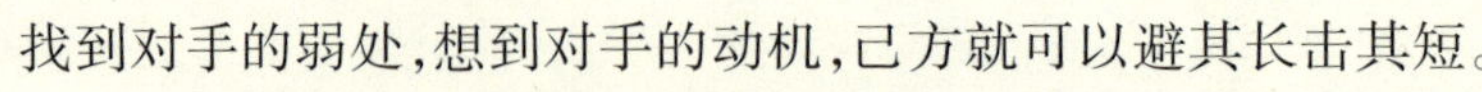

找到对手的弱处，想到对手的动机，己方就可以避其长击其短。

知彼比知己更加重要，善弈者既注重知彼，也善于知己。

三、失败原因

一是，随手行棋欠思考。一般对弈，大约五十个回合左右就决定优劣甚至胜负。我们不妨给每一着棋评定为 2 分，好着便加分，劣着则减分。最终判定形势时，积分多的一方优于积分少的一方。除了思考的正确性以外，思考的多与少，也是影响棋局的一个重要因素。倘若行棋随手信步，则给对方可乘之机；如能做到每步，质量上乘、攻守方向正确，就会给对方增添困难和阻力。弈者要尽量不犯或少犯错误，每步棋都要深思熟虑。

二是，骄傲自大太轻敌。轻敌和畏敌都是致使的错误。轻敌比畏敌还可怕，畏敌不至于就一败涂地，轻敌则会导致自我扼杀。一定要虚心，千万不可轻视他人。棋战中善于主动出击，“两军相逢勇者胜”！

三是，心怀杂念患得失。常言道旁观者清。为什么旁观者清？因为旁观者往往思想松弛，不患得患失，不懊悔走过的错漏着法，容易客观对待棋局的发展。所以弈者不要把胜败看得太重，否则难以发挥出自己的实际水平。

四是，不能成杀急求胜。“胜棋要胜到底不容易”一样，维持优势是一件困难的事情。”（［日］石田芳夫著《围棋形势判断基础》第 122 页）一般来讲，应该从早胜的方向去努力，但不能早胜时，则不可操之过急。

四、附首拾遗

1. 值得重视。“自从 1912 年策墨洛在第五届国际数学会议上发表著名的论文《关于集合论在象棋博弈理论中的应用》之后，象棋与现代数学就结下了不解之缘。”（黄少龙编著《象棋实战中局谱》第 18 页）翻开古今中外的历史，不少出色的人物都精通棋道。世界上有的国家，早在多年前就在中学开设了象棋课。事实证明：下棋有利于人才的培养，希望有关方面予以关注。

2. 间接推进。童辉是我国古代一个聪明的孩子，他曾以两面镜子折光照井，帮助其母捞出了银簪。镜子折光的办法是这样的：一面镜子斜放在井台上，另一面镜子拿在手中，井台上的镜子把阳光反射到手中的镜子上，手中的镜子再把阳光反射到井底。"（蔡崇武《益智故事》第168页）下棋也同理，由于人的思考力跟人的视力一样，一次达不到的距离，需要往前走往前想，走此步棋时，要预想到走彼步棋，要为走下几步棋作准备。

3. 灵活运用。"伯乐是我国古代相马的专家。他根据自己相马的经验写了一部《相马经》。伯乐的儿子看了父亲的著作，就以为会相马了，他按照《相马经》上说的，到马群里去挑选千里马，结果并没有找到千里马，而找到一匹性情凶悍的劣马，连载重、驾车都不行。伯乐知道了，对儿子说：'像这样按图索骥，是找不到好马的！'"（《作文指导报》中学版，1997，6，6）不识通变，当然不对。笔者常常自勉：忌做书本的奴隶，勿让活书到脑子里变成了死的教条！据说中国过去那位叫花木兰的女将军曾经说过，用兵之道，随机应变，哪有一成不变的事物。

4. 明确目的。"历史的发展已经证明了'知识就是力量'；现实和未来必将证明人类新的认识深度与高度的路标：智慧比知识更有力量。"（《科学的读书·记忆·思维》第127页）

提示：下象棋并不是为了满足欲胜的人之恒情，而是要借助对弈争雄，来提高人的智力水平和思想素质，增强学习与工作的实际能力。

结论："理字没多重，万人抬不动。"下象棋要讲道理，以理服人。

第5章　实战象棋道术

——国弈道术的巧妙性

指南提要：不学无术，自己学才能心领神会，举一反三，融会贯通。该章主要介绍国弈道术的手段利用。

第一节　楚汉争霸术

一、虚拟远程

下象棋，应特别注意规划中盘那些关键的着法，这些着法决定着以后的局势发展。不论对方是否跟着走，起码可以事先胸中有数，即使规划没有变化快，多思多想总不吃亏。

虚拟远程着法，首先是横向扫描，把棋局审视得全一点，找到主要的矛盾；其次是纵向深入，推变主要矛盾的发展结果，准确地找出主要的矛盾，谨防似是而非，牢牢掌握主动权。

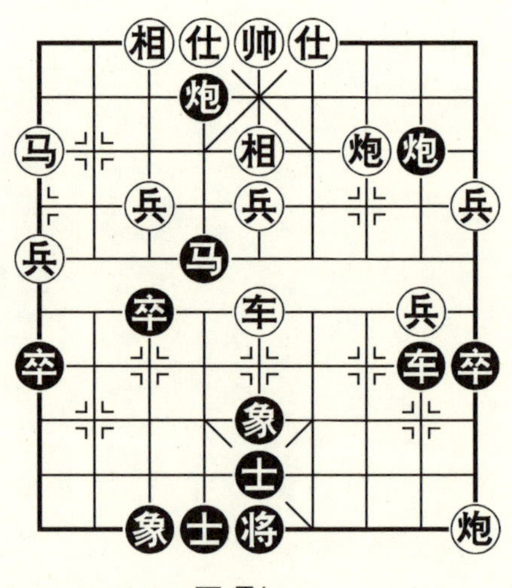

图 E1

虚拟远程着法，要不断地横向扫描，纵向深入，找到主棋路，向下一步棋思考。下一步棋也要横向扫描，纵向深入，再找主棋路，再往下考虑，如此类推。由于对弈时间的限制以及人脑的算度能力等原因，一时很难算清一些复杂多变的局面，但有一个大概的估算，七分把握即可。请看图 E1：轮黑方走棋。

面临目前形势，黑方有两种走法可供选择：

1. 车2 平 3，先逃车挡炮；

2. 马6 进 5，弃车要杀。

第二种走法比较积极：马6 进 5，炮七平六车2 平 4，仕六进五（车五平七则车4 进 4，车七进四车4 退 7，车七退七车4 平 1，车七平八马5 进 3，帅五进一炮6 平 9），炮6 退 1仕五进四，车4 进 4相三进五，炮2 平 5车五平四，炮5 平 9，黑多双象易走。

二、变以应变

对弈是两个人的事情，一个问题两个方面。我方费尽心机制定的战略战术，往往会受到对方的拦截成破坏。对方那虽不十分成立但出乎意料之外的冷着，会使形势突变。弈者的主观思想必须适应已经变化了的客观情况，勇敢地面对现实，灵活善变才是。

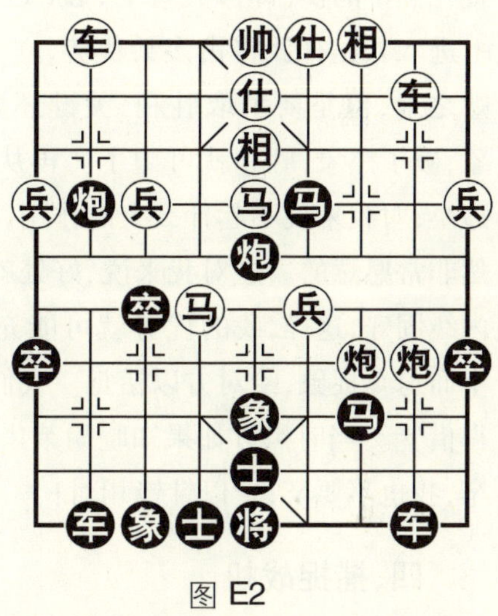

图 E2

请看图 E2：轮黑方走棋。

右图出自李海鸣、林秦编著的《象棋战术初步》第 92 页。此系名手对局中的一个局面。黑方车2 进 3 弃车吃炮。该书作者认为这是奇勇大略，红方如果车八进五吃了所弃之车，则黑方有炮8 平 5 挪炮打马再弃一车的凶着，石破天惊！所以红方不敢吃车，只有走车八平六以屈求伸。

三、破解敌意

跟谁下棋就要弄明白他的意图，但实际上有时很难做到，不少弈者吃的就是这个亏。只有真正知道了对方的目的，他走这一步是想干什么，他下一步甚至下几步棋要干什么，最终才能根据敌情确定正确的方略，或将计就计，或防患于未然，或我行我素，才能立于不败之地去争取胜利。请看图 E3：轮红方走棋。

此乃名手战例，结果黑负。

1976—1977 年《中国象棋对局选》第 89 页有这样一段介绍：“胡荣华在下基层讲评这局棋时说：现在战局逐渐简化、平稳，这种状况继续下去，胜利就没有希望。这时我认真分析了战局的形势，猜测了彼此可能考虑的问题，确定要努力抓住主要矛盾，创造对局的胜利条件。现在从棋盘上看，我有马九进七捉死黑卒的棋（即马九进七，卒1 进 1马七进八），这样我将占多兵优势，立于不败之地，但是要争取胜利，关键还要破象，破了黑象，胜利就可望了。再从双方的一些想法考虑，我觉得留下黑方边卒，对我来说不起什么大的作用，而黑方能保住小卒，并让它活跃起来，显然非常愿意的。这对我来说，好处就是使双方都有些希望，不致把兵力撤到内线固守，这样，我的优势就可能充分发挥，乃至取得胜利。所以我决不吃卒而退车捉象，给对方以错觉。我们认为胡荣华在残棋阶段的战略思想，值得借鉴。”当时黑方如果知晓胡荣华的心思，就会集全力固守求和，你不吃我卒，我也不要卒，予以针锋相对！

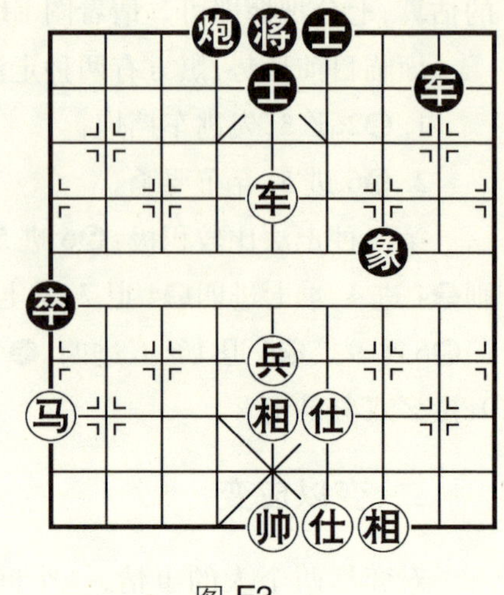

图 E3

四、捕捉战机

棋战中战机稍纵即逝，虽然不是每一步棋都有战机可乘，但是每一步棋都要有意识地去捕捉战机，只有提高了象棋理论知识，提高了博弈的水平和能力，方可及时地捕捉和利用战机。反之，就是战机出现在你的眼前，你也会眼睁睁地看着它溜掉。请看图 E4：轮黑方走棋。黑方此步车2 进 2 就是战机。棋理撑腰，大胆吃炮，使对

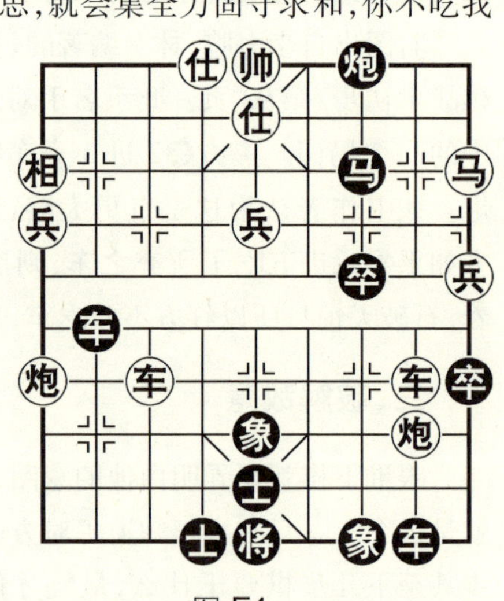

图 E4

方陷入吃车不吃车都不好走的两难之中。

五、组织调配

当领导要能出主意会用人，下象棋要善想点子会用子。棋子是由人来指挥的，弈者要学会组织战役，调配子力，把自己的兵力进行部署，及时运往利于攻防的位置上去。

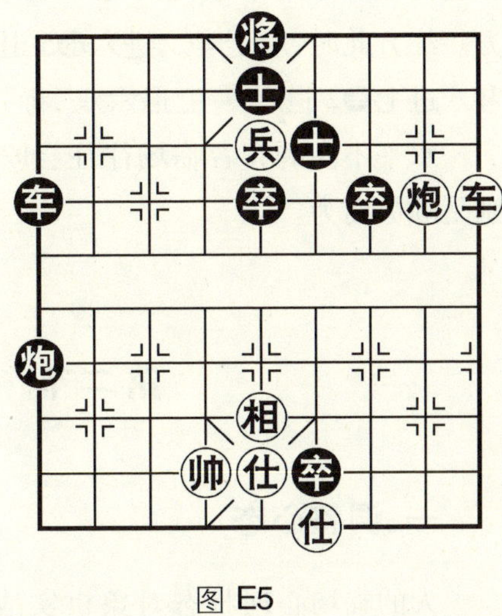

图 E5

运子首先要保障子路畅通，排除对方的拦截阻挠，有针对性地引蛇出洞，调虎离山。有时可利用反复叫"将"调运子力；有时则不"将"倒好；有时能一次性成功；有时在中途还要重新组织，另行调运。请看图 E5：轮红方走棋。

右图取材于王相、张自文等汇选，屠景明诠注的象棋古谱《韬略元机》第182 页。红方借车炮打将的机会，调运"炮"的位置以便于弃兵杀王，局中杀法点题"捐生决胜"。黑士自碍，红胜。

六、权衡定夺

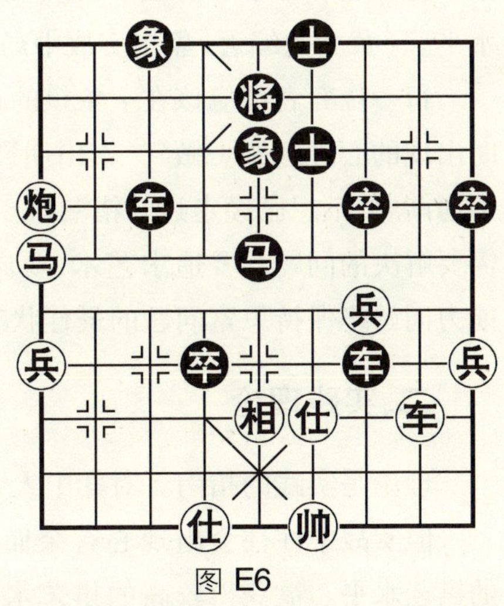

图 E6

对弈是双方智力的角逐，也是彼此实力的竞争。能够有效地歼灭对方的子力，当然十分重要，可谓不吃白不吃，吃了也白吃。但要充分分析吃子以后的棋型结构，有时候不吃反弃也是必要的，这就要看棋势最终会发展成什么样，未来结果对谁有利。勿陷入一种非此即彼的思维定势之中，应该灵活权衡定夺，把自己的力量特别是车、马、炮大子集中在对方的弱点上，往往会产生很大的攻杀效益。请看

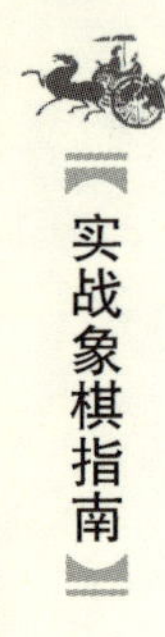

图 E6：轮红方走棋。

E6 图出自李海鸣、林秦编著《象棋战术初步》第 104 页。红方现在若马九进七吃黑方的车，则马5 退 3，红方虽吃了车，但失去了马，其势还不如黑方。红方此时，应走车二进六将5 退 1，炮九进三象3 进 1，马九进八车3 平 2，马八进七车2 退 3，马七退六双“将”杀！

水平不高的弈者临场往往会吃车，殊不知贪小而失大。高手过人之处则是顺势而为。

第二节　临场践行谈

一、调整心态

人的临场心理状态对象棋实战有很大的影响，尤其是在中局阶段，若“心理胆怯，不敢进攻，会错过战机；心情急燥，贪胜冒险，容易失败。在劣势时后悔走失，心绪烦乱，下不出好棋；在优势时沾沾自喜，麻痹大意，也会功败垂成。怕输棋，处处过于谨慎，反而容易输；怕和棋，勉强求攻，反为受困，结果连和也和不了。对强手，过于紧张；对弱手，随便应着，都发挥不出应有水平。”（黄少龙编著《象棋实战中局谱》第 139 页）

每一位弈者都应该在下象棋的过程中，不断地调整自己的心态，更正随时出现的心理问题。做到“泰山崩裂，两耳如不闻”，心中不怀任何杂念。不追悔前非，不想已经走过的错漏棋。处理好眼前怎么办，集全力解决当前最需要解决的问题。要追求艺术，要向往正确，要专心致志，为形成突破性的能力而始终保持思索问题的最佳状态。

二、实践理论

理论是实践的指南。对弈中人人都有强烈的求胜心。

但实战中往往会出现心有余而力不足的情况。这个力，就是具有较高的棋艺水平。欲获得较高的棋艺水平，就要经常性的多看些棋书、期刊、棋报、网络电视讲座，提高理论知识，指导对弈实践，减少盲目性。还要注重复盘分析，总结经验，虚心向他人学习。

象棋爱好者中不少人读过《三国演义》,其中“马谡拒谏失街亭”,“孔明挥泪斩马谡”的故事值得深思。“孔明大惊曰:‘……今司马谡出关,必取街亭,断吾咽喉之路。’便问:‘谁敢引兵去守街亭?’言未毕,参军马谡曰:‘某愿往。’孔明曰:‘街亭虽小,干系甚重:倘街亭有失,吾大军皆休矣。汝虽深通谋略,此地奈无城廓,又无险阻,守之极难。’谡曰:‘某自幼熟读兵书,颇知兵法,岂一街亭不能守耶?’……”结果蜀军一败涂地。马谡虽然深通谋略,但缺少实际的操作经验,所以理论一定要联系实际,一定要和实践相结合。“如果有了正确的理论,只是把它空谈一阵,束之高阁,并不实际,那末,这种理论再好也是没有意义的。”(《实践论》,《毛泽东选集》第一卷第281页)

总之,我们既要认真学习博弈理论,又要积极深入到对弈实际中去。

三、勇猛顽强

用兵之道,须智勇兼之。下象棋就是要“勇敢+技术”,两者缺一不可。用兵者,其优柔寡断所引起的弊害,远比胆力不足所引起的弊害为大。重要的是弈者的决心,而不是强求弈者步步棋都绝对正确。“两军相逢勇者胜。”勇者无畏,“敢”字当头。要选择好突破口勇猛攻杀,并且不给对方以反扑的机会,确保临场正常发挥。

同时要顽强,要有坚韧性。一方面当勇猛进攻受到劲敌的顽强抵抗时,贵在坚持;另一方面,己方防守时也要顽强。对方春风得意之时,也是他最容易犯错误之时,要利用这个弱点去削弱对方。总之,勇猛顽强是临场必须做到的一点,如此才能蓄势谋胜。

四、珍惜度数

一盘棋是由对弈双方一步一步的着法汇集而成的。每次一方只能走一步,一步棋虽然在许多情况下有众多着法可供选择,然只有一种着法是最正确的。走好每一着棋是奠定完成一盘高质量棋的基础,也只有具有一盘棋的全局思想,才能走好每一着棋。实战中因出现一步之差而先、后或优、劣易手的例子屡见不鲜。纵观实战,先手胜局比后手胜局的几率要高得多,这说明执先一方多为主动方;后手方迟缓一步,也可出现弈平或反先。所以,下象棋不在你的步子多,而在你走的步子效率高。所以,实战中要与对方比

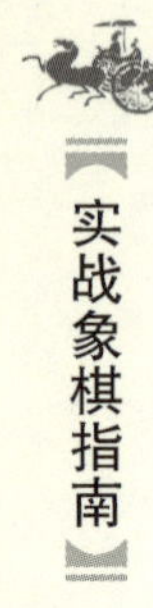

着法质量，一步到位决不两步到位，两步成杀决不三步成杀。要有质量观念，要善于采用弃子吸引，弃子引离手段夺得度数，也可以通过兑子手段，在度数上占对方的便宜。

总之，弈者必须强化着法质量意识，注重自己走的每一步棋，不随手走一步棋。

五、观察思考

观察的重点在全面审视形势。你看那街头巷尾，时有对垒，旁观者多偏向棋势弱的一方，其中一个原因，就是希望集中大家的智慧，帮助棋势弱方摆脱困境。你一言我一语，就可能看得全一点，争取提高每步棋的正确程度。观察形势，既要看到己方，又要看到对方。必须学会换位思考，设身处地的替对方想一想，以便从中悟出己方的正确着法来。

思考重点在深入，要发展地看棋势。应该对棋局形势进行深入细致地分析，尤其是对全面观察所找出的主要矛盾作多方位深层次的分析。既要坚持进攻的原则，又要兼顾必要的防守。既要看到塞翁失马的坏处，又要看到塞翁因为失马而带来的好处。透过现象看本质，把各个棋路逐一演变，善于从逆境中找出有利于己方的正确变化。

六、思想程序

下象棋，我们追求走官着，而不走期着；追求局势的主动，而不被对手所制约；追求一个个战术目标的圆满完成。在有限的时间内，弈者要完成这些追求，就要使自己的主观认识符合棋局的客观实际。所以，思想很重要，在思想过程中，一定要有个程序，其最重要是中局阶段，必须丝丝如扣。

黄少龙在《象棋实战中局谱》一书里专章论述了“审局”。“所谓审局，是指对棋局形势进行观察分析。”其思想程序，首先，当比较双方棋子的固定价值和变动价值；其次，当观察棋子道路的畅通情况；第三，当考虑子力的配置；第四，当注意薄弱环节，随着棋局的发展变化，薄弱环节也在发生变化，薄弱环节是对方进攻的主要目标。弈者要有意识地制造对方的薄弱环节，有意识地修正己方的薄弱环节；第五，当分析将（帅）的安全，一般来讲，将（帅）不宜外露。

请看第二章第五节“以士角炮弈区分解规律”第40回合：

马九退八车6平5，车七平四车7进1，马八退七车5平3，帅六平五车7平4，马七退九车4平5，帅五平六。

车七退二车7进2，帅六进一车7平5，帅六进一车5平2，兵九进一车2退2，帅六退一车2平5，帅六退一卒3进1。

车七退二车7进2，帅六进一车7平5，帅六进一车6退2，帅六退一车6平4，仕五进六车5平8，车七进五车4进1，帅六平五车8退1，帅五退一车4平5，帅五平六车8平5。

车七退二车7进2，帅六进一车7退3，帅六退一车6平8，马九退八车8进1，帅六进一车7平2，车七进五车2退1，仕五进四车2进3，帅六进一。

车七退二车7进2，帅六进一车7退3，帅六退一车6平8，马九退八车8进1，帅六进一车7平2，车七进五车2退1，车七平六车2进3，帅六进一车2平5，车六进一。

车七退二车7进2，帅六进一车7退3，马九退八车7平2，帅六退一车2退1，帅六平五车2平8，帅五平六卒3进1，兵九进一车8平1，车七平六。

红方回天无力，投子认负。虽如此，但这种思考路线值得大家学习。

七、发想技巧

什么是发想？“发想，又曰联想、想象，是‘制造’主意、‘生产’办法的根本”。

象棋竞争是脑力之争、智力之斗。“人的大脑是聪明还是愚笨，很大程度上取决于是否具备并善于利用发想的技巧”。

发想的技巧众多，其中“反过来试试”“更换一下看看”值得读者在实战中应用。

“反过来试试”，是从与众不同的相反方面发想的办法。诸葛亮使用的“空城计”，发想之术登峰造极。“强兵压境，或全力拒之，或一走了之，这是常见的想法，可对诸葛亮说来，这两种办法都不行，无论哪一个办法，都只能兵败被擒。于是，他便反过来想想，既不走，又不拒，反其道而行之，装出若无其事的样子，高台端坐，抚琴自乐。以一座空城吓退了司马大军。”（宋锦绣、张雅琴著《竞争术》第8页）俗话说：“推推不成，拉拉看。”发想，有时一定要更换思考的角度。

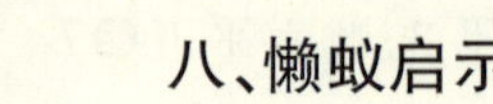

八、懒蚁启示

不少弈者，下棋非常认真，可没有少动脑子，但想的太多，忙忙碌碌，碌碌无为。今后当改变此弈法。

2005 年 3 月 8 日，《华商报》刊登著名经济学家、北京大学经济学院副院长郑学益的文章——"成功女企业家需一个'懒'字"。文中说："何谓懒蚂蚁？研究蚂蚁的专家告诉我们：在每个辛勤忙碌的蚂蚁群中，总有那么几个无所事事、游手好闲、从不干活的蚂蚁。它们并非剥削者和寄生虫，而是专司组织、思考和指挥，它们的存在保证蚁群的生存与发展。蚂蚁专家曾经把蚁群中的懒蚂蚁拿走，结果是要么蚁群中又产生了新的懒蚂蚁，要么是蚁群就此莫辨东西，最后趋于衰亡。"同理，弈者在下棋时，千万不要陷入不分主次的局面变化的计算里，应当从中解脱出来，要有大局观，"想大事""想未来"、"想例外"，谋划具体战术。

九、审核检验

面对形势，轮到己方走棋，在全面周到地进行了一番观察后，既看到了己方的薄弱环节，又看到了对方的可乘之隙，通过"具体地分析情况"，悟出了己方走那一步棋大一点，还要进行深化地超前考虑，思考演变下几步棋的发展变化，看看结果对谁有利，确定欲走着法后，不要急于行棋，还要反复考虑，在头脑中做实验，检验自己欲走着法是否成立，是否忽视了什么。时常有这种情况：因为不经检验或检验不周而导致先手易手，优势倒戈，该胜反败。特别是弃子入局，一步棋的先后秩序也会影响胜负。确认欲走着法，核准无误，即可动子走棋，再不要有所犹豫。

十、学习对手

我国古代有个历史典故叫作"请君入瓮"。周朝时，酷吏周兴，以善于制造"谋反"罪而著称，横行得意之时，有人告他"谋反"，武则天令酷吏来俊臣审理周兴案。来俊臣深知周兴老奸巨猾不好对付，便想出一计。来俊臣受命后，就请周兴吃饭并假装向他求教："有个罪犯不肯认罪，你看应该采取什么办法呢？"周兴说："这事容易，拿来一个大瓮，四周燃起炭火，把囚犯装入瓮中，还怕他不认罪吗？"来俊臣于是叫人抬过来一口大瓮，按周兴说的办法，用炭火围住烧烤，然后站起来对周兴说："有人告你谋反，圣上有令，叫我审讯老兄，就请君入瓮吧！"周兴恍然大悟，惶恐不安，只好叩头认罪。即以其人之道还治其人之身，用他的办法对付他。

下象棋亦然。张三下不过李四，李四下不过王麻子，张三用李四的办法对付李四，不多久与李四的棋艺水平相当。之后，张三又与王麻子下棋，也是用王麻子的办法对付王麻子，又不多久与王麻子的棋艺水平相当。张三返回来又与李四下棋，结果战胜了李四。如此这般，久而久之，终于周围全无敌，张三也成了高手。笔者心悟，向对手学习，这个方法切实可行。

第三节　秘笈备忘录

一、相关弈话选辑

（1）比赛是谜语的一个宝库，考虑必胜法，则是相当高级的一种猜谜。

（2）科学地分析形势的目的，不是别的，只是为了驾驭形势，促使形势向有利于好的方向发展。

（3）要真正做到实事求是地估量形势，策划未来。

（4）打仗讲究的是战术和配合，下象棋亦然。

（5）如何正确地观察形势，这是一门大学问。

（6）弈者的主观指导正确与否，直接影响到形势的优劣变化。弈者当有战略头脑，注重策划未来。

（7）向高手学弈，用他的办法去对付他，即"以其人之道还治其人之身"。

（8）"指挥作战，权力必需高度集中"，我下棋我做主。

（9）"要学会游泳，就必须下水"。学弈要投身于实战，要找高手对局，要不怕输，要不服输，久而久之则熟能生巧。

（10）象棋易学难精，但"事难更显英雄像，天寒才见松柏青。"

（11）理论指导实践的作用，就在于它可以帮助我们避免行动中的盲目性和发挥自觉的能动性。

（12）下象棋要能计算，要预知形势动态的发展变化，要讲稳、准、狠。

（13）机械加工使用的一个工具叫"顶牛"，我想，自己与人下棋也要具有顶牛精神。

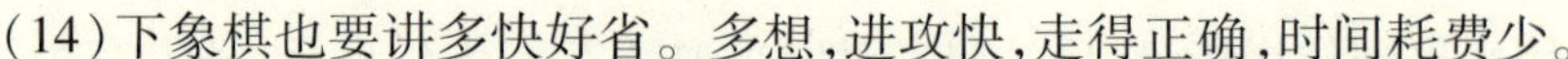

(14)下象棋也要讲多快好省。多想,进攻快,走得正确,时间耗费少。

(15)在对杀中要争速度,以快打慢夺取胜利。

(16)要注意到一个问题的两个方面,不要被一种倾向掩盖了另一种倾向。

(17)以我之长,击敌之短;避敌之长,护己之短。

(18)人要文化,山要绿化,思想要科学化。下棋要正确化。

(19)“审局的主要目标是发现薄弱环节”。发现敌人的薄弱环节,当乘隙而入;发现己方的薄弱环节,要及时加强。

(20)勿轻视对巧胜、巧和的关注,巧胜巧和体现出棋艺水平如何。

(21)人不能言过其实,但人当有攀峰的雄心,移山的决心,必胜的信心,下象棋亦然。

(22)才须学也,非学无以广才,非志无以成学。

(23)“艰难困苦,玉汝于成”。艰难困苦可以磨练人,使人最后得到完满的成功。下象棋一定要有吃苦精神,正确着法往往来自再考虑一下之中。

(24)下棋要胆大心细,着法出人意料,善于险中求胜。

(25)应该大胆的设想,必须小心的求证。

(26)计划没有变化快,如果计划被对方打乱了,要保存实力,重新组织,再造辉煌。

(27)一个有抱负的人,难道没有胜负之心,为什么非要求个和局呢?

(28)要懂得兵静如山(霍文会说:“象棋比赛除了斗智斗勇外,在某种意义来说,它也是比谁失误少,尤其是关键时刻不失误的一种智力竞赛。谁失误少,谁关键时刻不失误,谁取胜的机会就越多。”所以应该寻敌弱点,在其运动中将其歼灭)的道理。有时面临形势,一动不如一静,非动不可,则一定要经得起推敲。如果这样走,对方会怎么走,有效益再动手。

(29)与人对弈,着法客观正确是第一位的,异想天开是第二位的。客观正确就是实事求是,科学应对,在这个前提下,奇思怪想才可能制造出有利我的棋形或胜利。

(30)“在人生的战场上,我们应当选定一个攻击点,并在这一点上集中我们的力量”。下象棋亦然。

(31)不同走法,结果不同。如何选择,这是一门很深的学问。

(32)集中大家的智慧,做到会集中、能集中,变你能为我能。

(33)下象棋机会不是步步有,但步步都要找,焦奇惨败于猫,避弱就强,发挥你最大的潜能。

(34)当时的选择比平时的努力更为重要。虽然说平时的努力作用于当时的选择。

(35)正确的认识,常常是通过不同情况和不同意见的比较得出来的。

(36)“兵贵神速”,说明机动性的重要,而首要条件是道路畅通。下象棋是两人交替走子,谁也不能多走一步,这就有一个度数、质量与效率的问题。

二、数码下棋研究

大凡事物,都有一定的规律,数码下棋也不例外,这是令人感兴趣的事情,抛砖引玉,让我们共同来深入研究。

页码	回合 查询 变化	(1)		(2)		(3)	
1	一	111	111	112	112	113	113
		3225	2817	2213	1928	1122	4711
1	二	121	121	122	122	123	123
		3225	2817	2213	2213	1122	1928
1	三	131	131	132	132	133	133
		3225	2213	2213	3826	1122	2817
1	四	141	141	142	142	143	143
		3225	2213	2213	2819	1122	1928
1	五	151	151	152	152	153	153
		3225	2213	2213	2819	1122	1911
1	六	161	161	162	162	163	163
		3225	2817	2213	2211	1122	1928

续表

1	七	171	171	172	172	173	173
		3225	2817	4311	1928	2213	3829
1	八	181	181	182	182	183	183
		3225	2817	2213	1928	4711	3829
1	九	191	191	192	192	193	193
		3225	3825	1111	3514	6415	3225

（未完待续）

三、指代记录例解

关于指代记录解读，前面已有说明。为推广指代速记的实际运用，摘录胡荣华和杨官璘的一盘对弈中局之着法记录，引入数码代号，以资同好对照操练。

接图 B13 形势。

⑲马六进四	车3 进 9	⑲2614	1319
⑳马四进三	炮1 进 3	⑳2413	3113
㉑车三平四	士6 进 5	㉑1324	6615
㉒炮五进四	士5 进 6	㉒3514	6516
㉓车四平六	车3 退 9	㉓1426	1339
㉔仕六进五	车8 退 6	㉔6615	1836
㉕帅五平六	炮9 平 7	㉕5526	3927
㉖前车进四	车3 平 4	㉖8114	1324
㉗车六进七	将5 进 1	㉗1617	5511
㉘车六退一	将5 退 1	㉘1631	5531
㉙相三进五	炮1 平 2	㉙7315	3122
㉚车六进一	将5 进 1	㉚1611	5511

四、着法称谓代号

同好皆知,卒子是不允许倒退的,且在过河后方能横行。它前进的着法不外是卒1进1、卒2进1、卒3进1、卒4进1、卒5进1、卒6进1、卒7进1、卒8进1、卒9进1。它横行的着法无非是卒1平2、卒2平3、卒3平4、卒4平5、卒5平6、卒6平7、卒7平8、卒8平9、卒9平8、卒8平7、卒7平6、卒6平5、卒5平4、卒4平3、卒3平2、卒2平1。不论何方,只要动卒(兵),其着法称谓是超不出这25个的。由此及彼,车、炮的着法称谓各是234个;马的着法称谓是60个;将(帅)的着法称谓是10个;士(仕)的着法称谓是8个;象(相)的着法称谓是16个。每一方所有兵种的所有着法称谓,计587个。

李时珍《本草纲目》搜有药物1892种,远比中国象棋的这587个着法繁杂。但常用的药物却不多,最常用的则更少。同样的道理,我们常走的着法也不甚多,其称谓记录可用99以内的数码分别替代。如3225,人为地默约为“1”。由于棋路的繁杂性,是使它在平时的实战中尤显价值,就是在棋艺研究上,也有可用之处。

五、锁定敌先首着

己方若持先手,决定走3225,对方屏风马、反宫马、顺手炮、列手炮、单提马、补列炮六种应法。因为先手棋易走,所以不应该是研究的重点。

己方若执后手,对方无非是在3225、4311、7315、2213、3224、3226六种着法中选择其一。前三种着法明显优于后三种着法,实战开局的比例也证明了这一点。打开窗户说亮话:对方多在3225、4311、7315这三种着法中选择。

以我之见,对对方的这三种开局,都应该也必须有所准备,因为后手棋难走。对方若走当头炮开局,我以反宫抗之,能弈成双方均势的局面;对方若走挺三兵开局,我以卒底炮抗之,能弈成双方对峙的局面;对方若走飞右相开局,我以左炮平中抗之,能弈成双方均势的局面。主要锁定对方首着走当头炮,予以重点对付。

六、目前焦点掌控

“棋眼”就是目前的焦点,是牛的鼻子,是主要矛盾。“棋眼”在哪里?要找对抓好,难能可贵。

虚拟左中炮横车对屏风马横车交锋，请看第一章第一节，三、海选路线2. 左中炮横车对屏风马横车，第四支路、第五支路。两条支路在第三回合因敌变而分道扬镳。比较二者，我方应侧重对付其第五支路。第五支路与第七章第二节第二预案左中炮横车对屏风马横车，前三个回合雷同，第四回合又分道扬镳，倒是后者是劲敌，就研究后者。延至三十回合，虽然是电脑求和我同意，但这盘棋的“棋眼”有多少，又抓住了多少，让我们追究一下，以便提高。

①炮八平五　马2进3　②车九进一　车1进1
③车九平六　卒7进1　④兵七进一　车1平6
⑤马八进七　车6进4　⑥马二进一　车6平3
⑦车六进七　马8进7　⑧车一进一　炮8平9
⑨车一平八　炮2平1　⑩兵五进一　士6进5
⑪车八平四　象7进5　⑫兵三进一　卒7进1
⑬马七进五　车3退1　⑭炮二平三　卒7平8
⑮马一进三　车9平7　⑯兵五进一　卒5进1
⑰马五进六　炮9退1　⑱车四进七　车7平6
⑲车四平三　士5进4　⑳车三退一　车3平4
㉑炮五进五　马3退2　㉒炮三平七　炮1平5
㉓车三平五　士4进5　㉔车五进一　士4退5
㉕车六退三　炮9平7　㉖马三退五　卒5进1
㉗车六平三　车6进1　㉘炮七进七　卒3进1
㉙马五进七　卒5平4　㉚马七进九　卒3进1
㉛马九进七　将5平6　㉜炮七退一　马2进4
㉝仕四进五　卒8进1　㉞车三进二　车6进3
㉟马七进九　车6退3　㊱马九进七　将6平5
㊲炮七平九　车6进1　㊳车三平四　士5进6
㊴炮九平三　卒8平9　㊵兵九进一　卒4进1
㊶兵九进一　后卒进1　㊷兵九平八　后卒进1
㊸兵八平七　后卒平8　㊹兵七平六　马4退6
㊺兵六进一　马6进7　㊻炮三平九　士6退5
㊼炮九进一　士5退6　㊽兵六进一　马7进5

㊾马七进九	士6进5	㊿兵六平五	将5平6
(51)兵五进一	马5退4	(52)马九进七	马4退2
(53)马七退六	马2进4	(54)兵五平六	将6平5
(55)马六进八	卒3进1	(56)马八进六	

第四节　矛盾关系论

一、一着棋与一盘棋

一盘棋是由对弈双方一着一着的走法汇成的。走好一着棋，为了一盘棋；要有一盘棋的全局思想，才能走好一着棋。

一着棋有攻、防、退、守、杀、闲、等、吃等诸多走法，但一次只能走一步棋，一步棋只能择一种着法，非此即彼，是依据对形势的正确分析和判断作出决定的。仅仅因一步之差，而引发先、后或优、劣易手的例子屡见不鲜。“没有全局在胸，是不会真的投下一着好棋子的”。我们要胸怀全局，步步考虑下一步，若能考虑下两步或下几步更好，考虑得越多越深越好。一定要十分珍惜每一步棋，以特别认真的态度走好每一步棋，使每一步棋为每一盘棋服务。

为了下好一着棋，要全面观察棋形，客观分析矛盾，正确判断形势，巧妙处理问题，只有下好了一着一着的棋，才会收获一盘棋好的结果。

为了下好一着棋，平时就要积蓄力量，多读棋书，多看棋报，走理论与实践相结合的道路，提高实战的认知能力、分析能力、计算能力、攻杀能力、掌控能力、求衡能力，实战中才可能调整好心态，挑战棋局逆境。

为了下好一着棋，就应该明白一着棋该怎么走就怎么走，并有意识的争取己方争优的机会和制造对手局势的混乱。

为了下好一盘棋，要做大体，要有战略眼光，兼顾长远利益与当前利益。要找准、抓住棋眼，抓住主要矛盾，抓住主要矛盾的主要方面，全力解决一个又一个矛盾。要有客观的、科学的、公正的正确思想，防止一种倾向掩盖另一种倾向，不能顾此失彼，不能重复已经犯过的错误。每盘都有新的进步，天天向上，要有新的突破性的进展。每一步棋都要思前想后，这样不行那样行不行？在对弈的自始至终始终保持清醒的头脑，每一步都要有所停顿，即

使非走不可的棋也要这样,为下一步、下几步积蓄力量,积蓄精力。

为了下好一盘棋,应该有灵活机动的战略战术,必须有像霍文会说的那样运用兵法,攻击时兵贵神速、调虎离山、出奇制胜、声东击西、避虚击实、擒贼擒王;防御时围魏救赵、金蝉脱壳、釜底抽薪。

为了下好一盘棋,要头大如天、天容万物,头大如海、海纳百川。为此,要求我们在思想上重视各方面的问题。双方的空间优势不可忽视,双方的薄弱环节不可忽视,双方的对弈度数不可忽视,双方的防卫力量不可忽视,双方的兵卒不可忽视,双方的实战机遇不可忽视,必要的防守不可忽视,进攻的速度不可忽视,着法的质量不可忽视,连消带打的情况不可忽视,进攻的先后次序不可忽视,特定的局面不可忽视,以攻为主的原则不可忽视,弈者的综合素质不可忽视,发展方向、未来走势不可忽视,对方的意图不可忽视,以往的经验和教训不可忽视,心理因素不可忽视,集中精力排除干扰不可忽视。总之,要头大如天才能下好每一盘棋。

千言万语汇成一句话:要下好每一盘棋,就要下好每一步棋。

二、进攻与防御

进攻与防御是每一位弈者在下棋时必然会遇到的又一个问题。

下棋时要以进攻为主。进攻不但能夺得主动权和优势,而且是一种十分积极的防御。只有进攻,才能大量地歼灭敌人;只有进攻,才能有效地保存自己。但是千万不可一味进攻,致使顾此失彼被人所算。必须牢记:攻不忘守。

下棋时必须兼顾防御。防御是为了保存自己,伺机反扑。防御也应考虑进攻型防御。记得一位军事家曾说过这样的话:看上去是我在进攻,实际上我只是为了防守。弈者即使在对方兵临己方城下时也要围魏救赵,利用对方棋胜不顾家的弱点去打击对方。决不能一味消极防御,致使己方城陷人亡。汽车司机要防御性驾驶,弈者要防御性进攻。应该做到:守不忘攻。

总之,弈者既要进攻,又要防御。

三、抓目前与超前考虑

抓目前与超前考虑是每一位弈者在临场时必须兼顾的又一个问题。

一定要抓好目前。一局棋是由对弈双方众多着法组成的,无论任何一方的任何一着都要经过目前走向将来，尔后形成最终结果。只有抓好一个一个的目前，才能促好长远；只有促好一个一个的长远，才能下好一盘棋。抓目前有着非常重要的意义，犹如一个人他今天不注意安全，违犯交通规则，脚或手受伤致残，他明天就不能当长跑运动员。

超前考虑是十分重要的，遇事应该也必须想在对方的前面。巴尔扎克曾说过："全法国嘲笑拿破仑扎营在布洛涅时布置的胡桃壳般大的小艇，而十五年之后，我们才懂得英国从来没有像当时那样更接近于毁灭的边缘。全欧洲只在这个巨人垮台之后才认识到他最大胆的图谋。"由此联想到我们下棋，对方早有预谋，被人家算计了以后才觉悟过来，这是多么的可悲。如果埋头只顾眼前，心中就没有大方向。善于超前考虑，规划未来，准备若干对策，可以"防患于未然"。犹如天气预报，明天要下暴雨，出门就要带雨具。超前考虑还有助于弈者迅速找到对方的着法失误，及时捕捉稍纵即逝的战机。再说谋划以后会使目前走的更好，所以下棋一定要注意面向长远。

当抓目前与超前考虑在时间上发生矛盾时，超前考虑必须服从于抓目前，优先解决当务之急，然后未雨绸缪。二者的目的是一致的，都是为了战胜对方，应该很好地结合起来。

总之，抓好目前，脚踏实地；超前考虑，胸有成竹。

四、骄兵与哀兵

"骄兵必败，哀兵必胜"。这是被实践已经证明了的真理，每一位弈者都要予以重视。

乌龟和兔子比赛的故事，虽在小学的课本里就读过了，但在实际生活中，我们不少同好仍是五十步笑百步。兔子轻敌，结果名落孙山；乌龟正视困难，笨鸟先飞，虚心向前，荣获胜利。棋坛上亦然，常常是弱手击败了强手，劣势战胜了优势。轻敌和畏敌都是同样错误的，轻敌比畏敌更加可怕。千万不要当骄兵，万万不能看不起哀兵。

总之，"骄傲往往与优越性结缘，悲哀时常和劣势交友"。处于优势，勿忘乎所以；处于劣势，须提高勇气。

五、棋谚与棋艺

了解棋谚对于提高棋艺是有一定帮助的。一个棋艺较高的弈者，他总是会自觉不自觉地应用棋谚。

棋谚曰:“马不入边陲。”马在棋盘的中央地带能跳的地方最多,可是一到边陲或角落,则“英雄无用武之地”,容易被对方捉死。

棋谚又曰:“有炮须留他方士”。炮是隔山吃子,残局时往往吃掉对方活动范围狭小的士,反倒削弱了己方炮的威力。这一点,初学者是不明白的,他们只顾一味地吃子,根本不晓其中之理。

棋谚还曰:“贪多则败,怯则少功”“残棋炮归家”“残棋马剩炮”等等,都深其棋理。运用棋谚,切莫教条,不可机械搬用,要视其具体形式而定。

总之,弈者一定要多了解一些棋谚,并能学以致用,借以增强自己的棋艺。

六、临场发挥与平时训练

临场发挥要有平时训练的放松和胆量,平时训练要有临场发挥的谨慎和认真。

临场发挥一定要高于平时训练的水平,一定要使平时训练的知识和能力反映到临场上来,在棋盘上真正活跃起来。不受一盘棋的输赢,不受比赛名次的影响,集中精力进行临场思考,注重脑中试验,注意变更后的空间控制,看好以后再走目前。走好一步一步的眼前着法,好的成绩自然就会出现。《人生》2008 年第七期第 54 页,刊登骆霞的文章:“谨防目的颤抖,导致事与愿违。”意思是说,一个人做事的目的性过强,反而不容易成功,而且,超过一定程度,目的性越强,越不容易成功。“传说中的神射手后羿,原本有百发百中的功夫,却在夏王面前射靶心时以失败告终。这正是因为他太在乎夏王那黄金万两的赏赐了,导致自己双手颤抖。”

平时训练一定要围绕为临场发挥服务,一定要使平时训练的成果在临场发挥得心应手。坚持从难从严要求自己,练就一手过硬的本领。

不论是临场还是平时,都应当重视事中的错解分析。“错解分析一般包括下述内容:①答错的题目。②各种错误解答。③错误原因分析。④正确答案。⑤应接收的教训及对解题规律的总结。其中,搞清错解原因是错解分析的核心,总结教训、探讨规律则是错解分析的目的。”(《中学生学习报》1987.6.13,第四版)作者庆丰说的是:三谈化学解题能力的提高。我想大家在复盘分析时,是可以予以借鉴的。

总之,弈者既要注意临场发挥,又要加强平时训练。

第五节　子势逻辑学

一、子

1. 子的位置与作用

(1)子的位置

根据当时的具体棋形,选择子力的位置。一般来说,其位置如下:

①车的位置:明车、巡河车、卒林车、肋车,明车最好,车忌低头。

②马的位置:卧槽马、挂角马、钓鱼马、盘河马。

③炮的位置:当头炮、海底炮、士角炮、巡河炮。

(2)子的作用

①车的作用

车行纵横,力量最大,最多可控制 18 个站点,有"一车十子寒""三步不出车,着棋容易输"之说。

对弈经验告诉我们:车在中局应占通畅的路线,从纵线来说是双数的纵线有利于活动,特别是两条内肋更有助于控制及进击;从横线上来说占据自己的前二线(上二线)利于守,占据对方的上二路和下二路利于攻。以上纵横四条线的十六个交点,其中两条内肋和四条横线的八个点常成为车的战略要点。当然,河界前哨也是攻守咸宜的横线,另外尚需注意一条:"车不立险地。"否则主力的安危必然会影响到先后得失和局势优劣。

②马的作用

棋谚说,"马有八面威风",还有"残棋马胜炮"之说,马在棋盘的中心地带作用最大,马忌入边和角。

③炮的作用

炮为军中之胆,炮不轻发,炮在开、中局作用较大,残局时退回己方阵地防守较好。

屠景明编著《象棋实用残局》一书说:"炮可遥控对方,联系各子,使前后左右呼应连贯,易于成势。一般认为马、炮各有所长;但马行缓,炮行速,马系主一方,炮关乎全局。故开、中局时,非得先手不宜轻易以炮换马。"残局马胜炮是指攻方而言,守方还是炮好。

④兵(卒)的作用

过河兵(卒)比未过河兵(卒)作用大,九宫兵(卒)作用更大。

⑤象(相)的作用

象属守子类,中局主将受威胁时发挥防守作用。棋谚云:"伤车、马、炮者其势弱,伤象者其势危。"防守时注意双象联络。

⑥士(仕)的作用

士亦属守子类,作用仅限九宫,弈战过程宜静不宜动,还可用来遮将脸、蹩马腿、当炮架。

⑦将(帅)的作用

将是决定一盘棋输赢的棋子,可以助攻。

2. 子的价值与合力

(1)子的价值

固定价值:与同好认为稍有不同,笔者愚见,车9分,马4.5分,炮4.5分,卒1分,士2分,象2.5分,将50分。

【(车9分+马4.5分+炮4.5分)×2+未过河卒1分×5+士2分×2+象2.5分×2+将50分=100分】,随着棋子的不断走动,固定价值会发生不同的变化,如车被对方困死,它的变动价值就是零,如果小卒占据了对方九宫的花心位,它的变动价值就是9分,如图E7。

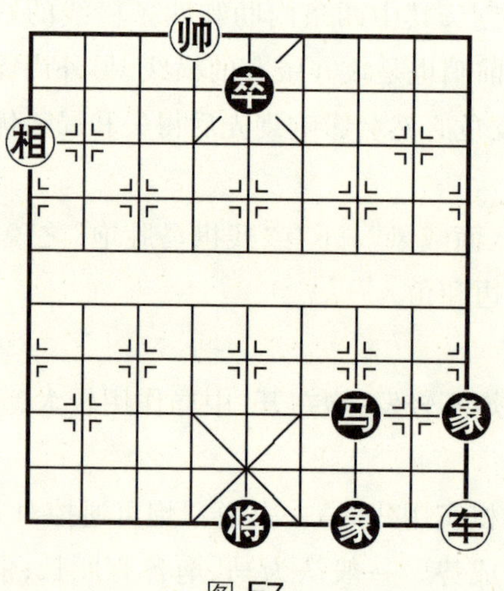

图 E7

(2)子的合力

小学生作文里有个钢笔零件吵架的故事,笔尖、笔帽、笔杆、皮管都各自夸大其功能,它们吵得不可开交的时候,空中飘来一位纸先生,它说谁能在我身上写出字来,谁的本事最大,结果谁也没写出字来,纸先生说,联合的力量最强,它们团结起来,终于写出了美丽的文字。

象棋亦然,尤其是车、马、炮主力的合力,要善于组势。

二、势

1. 势的定义与分类

①势的定义

尚威在他的《象棋争势妙算》一书里讲述了势的定义:势是指局势一方的子力位置及子力间联系所构成的攻势程度。子力所占据的空间和有效性,往往是衡量占势与失势的依据。

子是棋战的物质基础;势是棋局的形势,它包括子的有效性、灵活性、相互联系性及所占据的空间。子和势是统一体,子多势强,子少势弱;势是全局的核心,失势则全局处于被动,得势则主动。"宁失子不失势"是棋战的基本原则。

有一则故事的生活经验告诉:"有三个旅行者住进了一家旅店,早上出门时,一位带了把伞,一位拿根拐杖,第三个人则两手空空。

晚上回来时,拿雨伞的人淋湿了衣服,拿拐杖的人跌得全身是泥,而空手的人却衣不湿,身无泥。拿伞的和拿拐杖的就问这个人为什么。

这个人反过来问拿伞的人:'你为什么淋湿了却没有摔跤呢?'

下雨了,我很高兴有先见之明,就撑开伞大胆地在雨中走,以为不会被淋湿,可衣服还是湿了不少。当我走到泥泞难行的地方,想想自己没有拐杖,所以就格外小心,结果一路走回来反而没事。拿雨伞的人回答。

问拿拐杖的人为什么没有淋雨,反而摔得满身是泥呢?对方这样回答:下雨时,没有伞我就拣能躲雨的地方走或停下来避雨。泥泞难行的地方我便有拐杖拄着走,没想到反而跌了跤。

空手的人哈哈大笑说:下雨时我拣能躲雨的地方走,路不好走时我就分外小心,所以我没有淋着也没有摔着。"

必须指出:"所有的优势都是相对的,而不是绝对的,只有根据客观环境

不断的变换自己，调整自己去创造优势，才能取胜。”(《金秋》2005.7 第 1 页“曾经沧海”优势/东海)

势在开局的作用：

开局的势，是指在双方交战 15 个回合前所争得到的空间和各子间联系的程度。在开局中争得优势，对全局的进程将起到决定性的作用。

势在中局的作用：

中局是指交战双方已进入到强子种类和数量有变化及所弈的步数已到 15 回合之后。在中局阶段中，一方子力所占据的空间和有效性，具有决定优劣的作用。

势在残局的作用：

残局是指交战双方子力已趋于较少的状态，双方优劣已较明显。它是棋局的最后阶段，谁得到了势，谁就能获得棋局的胜利。

注：以上内容取自尚威编著的《象棋争势妙算》一书。

②势的分类

势的子力类型是：车取势型、炮取势型、马取势型、卒(兵)取势型、双子取势型、多子取势型。

2. 势的转换与组合

①势的转换：“势的优劣转换、势的实质转换、优势转化成劣势、优势转化成均势、优势转化成胜势、优势转化成败势、优势转化成对攻势、均势转化成胜势、均势转化成优势、均势转化成劣势、均势转化成败势、败势转化成均势、败势转化成优势、败势转化成胜势。”

②势的组合

在医学上，把人体几个器官共同完成一项任务称为一个系统，同样的道理，中国象棋的进攻子力车、马、炮、兵要有系统性的组合，而这种组合应该顺理而动，顺势而为，随棋应变。

三、子与势

子与势是相辅相成的。虽有“势大于子”、“宁可失子不失势”之说，但子少力量就小，子是棋盘的物质力量，没有子水平再高的棋手也是束手无策，“巧妇难为无米之炊”。

一位革命导师在谈到物质的重要性时说：“人不能拿思想当饭吃，不能单靠精神恋爱生孩子。"就象棋对弈无补充兵源来说，尤显其贵。我们不否认技巧的重要性，所不同的是，棋战无夜袭，是明摆着的，不能暗里使招。

子与势是相互影响相互关联的，子多的得势强，子少的得势弱，换言之，势强则子多，势弱则子少。借势谋子，借小势谋大势，借势扩展，力求捷径取胜，全盘考虑，做到万无一失。下象棋就是要与对手抢先夺势，首先是要取得阶段性的胜利。当子与势不能兼得时，要权衡利害，一般说来，子要服从于势，必须树立大局观思想，顾忌长远，提高弈者组势的本领。下象棋要借理造势，造势要全面考虑，考虑要一分为二，一分为二要符合辩证法。

结论：同好下棋，运用道术的前提一首先看双方的薄弱危机棋，其次看弃杀进攻棋，再次看创新创意棋。

第六章　实战象棋举措

——多措并举的必要性

指南提要：弈者要有举措，多措并举好。该章主要介绍弈战过程中的策略办法。

第一节　解拆棋路练为战

爱好是人的第一老师，刻苦实践是最佳的学习途径，解拆棋路是很有滋味的劳动。只有不知疲倦地探索，平时训练的知识和能力才能犹如百川汇海一样，汇集到临场上，在棋盘上真正活跃起来。

一、弈前演习推变

回溯拙作，不难看出，笔者已经道出了解拆棋路的具体办法。虽系愚见，但愿同好不妨一试。

以名著棋谱来借代，认真择我之优，演拆变着，延伸求果（敌若不轨，也要追究变化）。熟悉了各战区的主路正变，掌握了其中的几十盘棋，临场才能以变应变，得心应手。

当一种战略战术被普遍采用，达到路人皆知的地步时，为了击败对方，自然而然地会推出新的方案来。有矛就有盾，有坦克就有反坦克的武器，下象棋就是这样的斗争。演习解拆不要徘徊在过去既得的成绩里，应该把主要的注意力集中在对未来的开拓上。

二、弈中超前考虑

一位名人曾经说过："最蹩脚的建筑师从一开始就比最灵巧的蜜蜂高明

的地方，是他在用蜂蜡建筑蜂房以前，已经在自己的头脑中把它形成了。”（《马克思恩格斯选集》第 23 卷第 202 页）。这不由使我联想到中国古代一位叫与可的人，他在画竹以前，胸中已有成竹。走棋亦然，不能盲目而动，要先打个腹稿，还要删改充实。就是说，要思想领先，解拆诸路阶段性的变化，及时地捕捉稍纵即逝的战机，以便驾驶战局奔向有利于我方好的局面。

因为在对弈中，超前解拆会受到时间的限制，这就需要充分利用对方的思考时间。大凡弈者下棋，都非常关心自己的优劣胜负，或者说是成败得失，这不能说是不对的。我劝大家还是应该多替对方考虑。笔者认为，对于己方的情况固然应该了解和掌握，但关键在于：必须想到对方会干什么，找出他最正确的走法（当然他不如此对我更好），考虑到对我最大的不利，作出一个预断，给自己提出一个十分明确的方向和行动要求。

替对方考虑，一是可以弥补己方有限的思考时间；二是可以站在对方的立场和角度去观察问题；三是可以悟出自己最正确的着法来。

替对方考虑，还可以帮助同好解决知彼难于知己的困难。

三、弈后复盘分析

同好要养成弈后复盘的习惯，解拆已方错了的地方。寻找己方输棋的原因，重视对事中的错解分析，则有助于提高自己的棋艺棋力。

“错解分析一般包括下述内容：①答错的题目；②各种错误解答；③错误原因分析；④正确答案；⑤应接受的教训及对解题规律的总结。其中，搞清错解原因是错解分析的核心，总结教训、探讨规律则是错解分析的目的”。（《中学生学习报》，1987.6.13，第四版）作者庆丰说的是：三谈化学解题能力的提高。我想大家在复盘解拆棋路时，是可以予以借鉴。若能真正如此，则战时的效果和利益将截然不同。

第二节　环绕造势做文章

中国象棋之局面，错综复杂。犹如万花筒的花样，千变万化。双方均势、双方对峙乃过眼浮云，只不过是暂时的现象；甲方先手、乙方后手，甲方优势，乙方劣势也不是一成不变；双方对攻迟早也是会有个结果的。谁能紧紧抓住左右形势的集中点，谁就能牢牢掌握矛盾斗争的主动权。善弈者在

对弈的自始至终围势而转。

一、综合棋力抢先

传统多是研究残局，我在实战中特别注重开局，并集全力于中局，争取不进入残局，在此之前将对方拿下，迅速结束战斗。不得已进入残局起码以己方优胜进入。若遇劲敌，不能如此，则残局没有真功夫，会很快败北。不少弈者偏重防守，我是主张进攻的，如实战中缺少防守，固执地一味进攻，时有进攻受挫，大后方却被他人所算计，我输了的棋就是例证。

今后，应该提高自己的综合棋力，使彼此相互作用相得益彰。抢先是造势的前提。抢先需要各种技巧和多种手段，不综合棋力是行不通的，提高综合棋力，既要提高进攻的能力，又要提高防守的能力；既要提高开、中局的能力，又要提高残局的能力；既要提高弈棋的基本能力，又要提高灵活的善变能力。提高综合棋力，必须要有全局思想。"没有全局在胸，是不会真的投下一着好棋子的"。应该胸怀全局，细致观察，深入考虑，珍惜度数，不随手走每一步棋。提高了综合棋力，也就提高了着法质量；提高了着法质量，也就赢得了对弈的先手。

二、运动子力夺优

造势，就是抢先手、夺优势、争胜利。造势不象小学生造句那么简单，造势要看得全面，要考虑得深远，要付出艰辛的脑力劳动。与此同时，还要阻挠破坏对方的组势、造势。

夺优是造势的关键。夺优是通过运子、兑子、弃子等子力运动来实现的。运子，就是调运子力到攻防急需的位置上去，同时要克服对方的阻拦。兑子，一般是固定价值相等的子力之间的交换。除被迫无奈的兑子外，兑子要考虑子力的变动价值，要有利可图，或能在着法度数上占到便宜亦可。兑子要为抢先夺优服务，兑子后的形势当优于兑子前的局面。否则，还是不兑为佳。弃子，通常有先弃后取、弃子取势、弃子入局等。弃子要计算精确，特别要注意着法的先后次序。更重要的问题是，弃子后能否真正获得优势或真正成杀，起码能追回失子才是。

弈者要巧妙地利用运子、兑子、弃子夺得优势。优势的局面非常众多：有车对无车是一个优势，残局多卒是一个优势，兵种齐全是一个优势，子力占位好是一个优势，处于攻势是一个优势，借势谋利是一个优势，优势串联优势多多则胜利在望。

三、战术突破取胜

战术突破，就是组织力量不惜牺牲子力向对方弱处强攻。一般是炮轰士、马踩象，出其不意，攻其不备，使对方防不胜防。

取胜是造势的目的。取胜往往实施战术突破，战术突破是为了获得快速取胜。战术突破要视其具体情况，不同的局面，当使用不同的战术。有时候可以这样走，有时候可以那样走，但必须建立在取得优势的基础上。

战术突破须“勇”字当头。中国古代有位叫曹刿的人说过：“夫战，勇气也。”他的意思是说：打仗这件事，全靠士兵的勇气。下象棋和打仗有许多相似之处。勇气是克敌制胜的先决因素。

战术突破应再接再励。毛泽东主席在与儿子毛岸英的一次谈话中，忆起 1945 年黄炎培先生访问延安时的谈话。毛泽东主席说：“他说一人、一家、一团体、一地方乃至一国，总有一个周期率的支配力，真所谓：‘其兴也勃焉，其亡也忽焉’。就是要兴旺，就蓬勃而起；要灭亡，也很快，一忽儿的事。”（初级中学课本《语文第五册补充材料》第 43 页）联想到我们下棋亦然，应该始终保持低调，谦虚谨慎。有些同好走棋开始时还聚精会神，一旦形势大好，则惰性滋生，不肯用心。殊不知棋无双先，犹如拔河比赛，我方即便获得了压倒优势胜利在望，但毕竟不是已经胜利，轻敌松气就会使对方有喘息的机会，甚至反先。每一位弈者一定要否定自我，战胜自我，完善自我。一定要树立好棋当坏棋走的思想，不断跳出周期率的支配，继续努力，毫不松懈，不获全胜，决不收兵！

第三节　别出心裁避常套

胡荣华能连续十届蝉联全国象棋冠军，不会没原因。笔者跟踪研究，发现他的着法并非每步都最优，有的着法甚至不成立，但却能给对方增添不透明度，迫对方大量耗时，增加其心理压力，冲击其指挥系统。如此常常获得标新立异，怪着获胜。高手善于求异思维，抓住主要矛盾，活用弈理原则，大多数着法特别是一些关键性的着法是正确的或者是比较正确的。

一、善于求异思维

要别出心裁,就要善于求异思维。“所谓求异思维,就是依据一定的知识或事实,打破思维定势,大胆质疑探索,以求得某一问题的各种可能答案的思维方法。”求异思维包括逆向思维和发散思维两个方面。

逆向思维指的是对司空见惯或不成定论的事物或观点“反过来想一想”的思维过程和方法。司马光击缸救友的故事,在我国广为流传。“一般人面对这样的问题总是想让人离开水,而他却反过来想:让水离开人。”(蔡崇武《益智故事》第173页。)

发散思维就是以某一事物或现象为中心,将思维指向各个方面,提出多种设想或判断的思维方法。这是一种多方面、多角度、多层次的思维方法。该方法具有大胆创新,不受现有知识和传统观念局限和束缚的特点,它可能从已知导向未知,从而获得创造性成果。诸葛亮考试出师的故事,说明他有发散思维的能力,首先是用计激怒水镜先生,被赶出水镜庄,而后又负荆请罪,智胜出师。

司马光、诸葛亮用求异思维取得好成果。同理,下象棋亦然。走大家都熟悉的棋步不算高明,也很难取胜。应该也必须别出心裁,注重非常规弈法,以奇招怪着,出其不意,攻其不备,打对手一个措手不及,防不胜防。

别出心裁还存在一个如何用计和怎样防计的问题,同好务必予以关注。用计必须高于对方一招,使其防不胜防;防计应该早于对方一步,使其不能得逞。用我计时防敌计,防敌计时用我计。

二、抓住主要矛盾

要别出心裁,就要抓住主要矛盾,采用牵牛鼻子的方法,确保大方向正确。

对弈的许多形势,都存在着错综复杂的矛盾群。在这些矛盾群中,仅仅只有一个最主要的矛盾。这个最主要的矛盾,犹如牛的鼻子,牵牛要牵牛鼻子,不要拉牛头。因为主要矛盾影响着整个全局,且随着形势的发展在不断地变化,所以谁能及时地找到和抓住关键性的问题,谁就能获得优势,立于不败之地。牵牛鼻子,事半功倍;拉牛头,事倍功半。

下象棋要讲轻重缓急,分主次先后,争胜负高低。弈者人人愿意牵牛鼻子,但错误总是不可避免的,即便是高手也不例外,只不过是大小多少上的区别而已。牵牛鼻子与拉牛头时常交织在一起,往往是理智地牵着牛鼻子走此步,又不自觉地硬拉着牛头走彼着。难就难在能够适时找到和紧紧抓住矛盾的焦点。贵就贵在能够适时找到和紧紧抓住矛盾的焦点,特别是另辟蹊径、别出心裁的时候。

三、活用弈理原则

要别出心裁,就要活用弈理原则,摆正理论与实践的辨证关系,在实践中摸索进取。

1944 年 11 月,毛泽东在延安中央大礼堂接见八路军南下的三五九旅干部时,教导大家学会两种本领:一种是松树的本领,一种是柳树的本领。他说:"松树发育成长,不怕刮风下雨,严寒之中也能巍然屹立。松树有原则性。柳树插到哪里都能活,一到春天,枝长叶茂,随风飘扬,十分可爱。柳树有灵活性。"

对于弈者来说,也有一个原则性和灵活性的问题,同样是缺一不可的。比如按棋子的固定价值,车比卒要大九倍,丢卒保车,这是个原则,应该坚持也必须坚持。由于棋子不停地走动,是使形势不断发生发展变化。卒子到了对方的九宫重地,又有兄弟部队的协同作战,胜利已经在望,车却被对方围困或捉死,此时的变动价值是卒比车大若干倍,需要通盘考虑,重卒轻车,根据当前的实际情况活用原则。

第四节　记住错误不重复

对弈出现错误不可避免,它是因弈者受棋局深度和广度认识的局限等原因造成的。即便是棋艺非常高的人,主观对客观的反映也有歪曲的地方。但是不能因为错误难免,就不去避免。应该追求正确,尽量不犯或少犯错误,特别要警惕犯一次性的错误。记住错误,不重复错误,尤其"不要重犯胜利时骄傲的错误"。探究错误、限制错误、降低错误的发生率。

举措程序是:汇集各种错误,找寻主要原因,今后引以为戒。

一、汇集各种错误

与人对弈时，必须养成良好的记录习惯，以便复盘，从中搜集错误，并记入备忘录。己方的错误要搜集，对方的错误也要搜集；输棋的错误要搜集，赢棋的错误也要搜集；即便是和棋，双方各自也可能出现失误的地方，还有旁观他人下棋时出现的错误等等也要搜集。

如此久而久之，则收集的错误多多，并将其分类整理，汇集成册，找寻个中的主要原因。错误是有教导性的，“失败是最伟大的老师”。失败孕育着新的更大的胜利，并从失败中学会许多胜利时学不到的东西。

二、找寻主要原因

每一位弈者在下棋的时候都会出现这样或那样的错误，只不过是因人而异，或多或少或大或小而已。有了错误，就要找寻其中的主要原因，认真总结经验教训，以利再战。

常见的错误较多，难以述尽，然主要的原因无非是：

1. 忽视理论。认识不到理论对于实战的指导作用，不读棋书，不看棋报，临阵磨刀，即使勤思苦想，也想不到问题的关键点上。

2. 棋艺平平。有些该胜的棋下和了，该和的棋下输了，甚至一些可以弃子造成连杀速胜的好棋，被对方兵临城下给唬住了，倒向对方认负。

3. 缺乏经验。要想下好棋，就要多练习，熟能生巧。经验是靠一点一滴积累起来的。吃人家嚼过的馍没有味道，那些旁观者怎么说，他就怎么走的人，肯定只知其然，不知其所以然，难有个人的心得体会，很难长进。

4. 观棋片面。以偏概全、走极端、一刀切是初级象棋水平的人常见的问题。宋代诗词大家苏轼所写的《琴诗》说：“若言琴上有琴声，放在匣中何不鸣？若言声在指头上，何不于君指上听？”（《琴诗》，《苏轼诗选》人民文学出版社 1957 年版，第 175 页）妙趣横生地批评了两种认识上的片面性：一种只讲“琴上有琴声，一种只讲声在指头上”。

5. 不看本质。纵观人类认识史的经验教训，“凡是主观认识与客观不一致而发生的错误，往往与没有掌握事物的本质有关；而认识的深度，又是与人们对事物本质理解的程度紧密相连的”。（黄洪基著《错误与认识》第 49 页）下象棋亦然，弈者不要被表面现象、假象所蒙蔽。

6. 无视发展。以静止的目光看形势，无视棋局的发展变化，当然对眼前着法作不出战略的选择，所犯错误应该说是方向性错误。

三、今后引以为戒

为了正确，我当向错误学习，对于自己，过去从宽，今后从严。

人最好不要跌倒。人可以在一个地方跌倒一次，但人不能在一个地方跌倒两次。下象棋也一样，决不能容忍对错误的重复，重复犯错误是最大的错误。我们汇集错误，找寻原因，就是为了引以为戒，注重走好今后的棋路。

马克思说："假如没有小偷，锁会达到今天这样的完善吗？假如没有假钞票，钞票的制造会有这样精美吗？"（《马克思恩格斯论艺术》第 1 卷第 308—309 页）错误对事物的发展从反面起某种促进作用。犯错误不可怕，怕的是犯同样的错误，我们要不忘错误，决不重复的错误。

第五节　抓住紧棋别松手

象棋的实战趋势值得思想，棋局的"战争"应该现代化。许多弈者缺乏的是与人斗胆的精神。"七分把握，三分冒险"是很有见地的。应该崇尚紧张形势，制造紧张形势，利用紧张形势。

一、崇尚紧张形势

记不清是谁说过这样的话："我们应该明白任何战术的运用，取得的优势机会愈多，相对的对方反击的机会也必然增多。在'风平浪静'中，创造优势地位，往往是不可能的。"风平浪静的棋，一般人都会走，问题是在惊涛骇浪中拼个你死我活，则迷津多多。然只有将形势导向错综复杂、尖锐激烈，才能更好地进行力量的角逐，智慧的竞赛，速度的较量。

笔者崇尚紧张形势，愿意与同好在风口浪尖上武打，在矛盾斗争中互抢先手，互夺优势，互争胜利。"一将无能累千军"。弈者当不断提高自己的思想境界、理论水平、技巧能力，适应各种形势，特别是紧张形势，从而增加克敌制胜的几率。在对弈的过程中，遇到紧张形势不能惊慌，要怡然自得。即便是不利于己方的紧张形势，也有对己方逆境摧人奋起的好处。

总之，紧张形势好。翻开全国象棋比赛的记录，大凡先手、优势，大多都

是在紧张形势下获得的。因此，可以说，效果和利益来源于紧张形势，为了胜利，还必须有意识地去制造紧张形势。

二、制造紧张形势

怎样制造紧张形势呢？笔者认为，主要是通过运子、兑子、弃子、谋子等手段，特别是弃子攻杀，杀王造势，一紧到底，使棋局形势迅速白热化。

"最高明的行动是别人没有意料到的行动，最好的计谋是别人一时还难以认识的计谋。"（宋锦绣、张雅琴著《竞争术》第60页）弈者要想他人不敢想的棋，走他人不敢走的棋。如果用众所周知的办法取胜于敌，不算有真本事。

兵家的秘诀是以速取胜。有速度才有优势，有速度就有优势，出奇制胜，是社会竞争的普遍方略，因而也是棋艺竞争的普遍方略。出奇兵，凭胆力。"难得的是时间，易失的是机会，行动一定要迅速，迅速啊"！

事实说：众多棋局的紧张形势都是善弈者自己制造出来的。善弈者绞尽脑汁制造紧张形势，无非是为了利用紧张形势。

三、利用紧张形势

在棋坛上，要想争霸称雄，就必须见机而动。紧张形势给有利方和不利方都带来了机会。"抓住机会，见机而动，历来为军事家所重视。著名军事家们，都将放过有利时机，看作犯了'战争中不能犯的最大错误'。美军新版《作战纲要》明确规定，各级指挥官，要随时准备果断地利用战场上的一切机会。"（宋锦绣、张雅琴著《竞争术》第49页）抓住紧棋别松手，激烈的局面比高低。

当机会到来的时候，切勿患得患失，前怕狼后怕虎犹豫不决。下棋需要决策，然而很多决策都是有风险的。如平平稳稳的决策也算不上真正的决策。通常七分把握即可，要拿出三分冒险去当机立断，利用紧张形势与对方争夺主动权，争取时间和效益。

第六节　富有三力胜棋多

下象棋你仅有不服输的精神，敢于棋坛竞争还不够，还应当富有胆力、巧力、合力才行。真正做到胆力过人,巧力攻杀,合力取胜,可不是一件简单的事情,这需要勇气,需要技巧,需要力量。

首先当有胆力

有些人过份夸大胆的作用当然不对,但是不能没有胆,特别是下象棋要有胆,胆力还要大。思考棋局时我们可以大胆地设想,小心地去求证。

常言道:“艺高人胆大。”胜利来源于弈者的真才实学,来源于弈者对形势的正确判断,来源于弈者对未来前途的必胜的信念。决不能象猪八戒那样有勇无谋,只会用耙子去拱人家的大门。在严格科学态度指导下的胆量,乃是胜棋的基本保证。

炮为军中之“胆”。开、中局不要轻易失掉己方的炮,若到残局,则宜与马兑换,不是有“残局马胜炮”之说。不过,这当视其具体形势,看是在什么样的情况下。己方立中炮开局要及时发出,以防影响自己的棋型结构,暴露双相没有联系的弱点,给对方以可乘之隙。总之,贪则多败,怯则少功。敢冒风险,敢于斗争,是应该也必须提倡的,如此才能造出好势来。若胆力不够,则该弃不弃,该杀不杀,贻误战机,其势必弱。要“敢”字当头,当机立断,不要犹豫不决。

其次要有巧力

下象棋不能机械教条,要灵活运用理论知识。多思苦想,一窍通则百窍通,聆音察理,随机应变,学以致用。学会与自己的对手打太极拳,采取以柔克刚,借力打力的办法则事半功倍,尤如杠杆原理,内行使的是巧劲,外行出的是蛮力。

一定要重视子力位置。肋车、卒林车、巡河车、象口马、卧槽马、挂角马,中炮、士角炮、沉底炮等都是比较好的位置。棋到残局,时有巧胜、巧和局面,此因巧和方子力占位优越。下象棋有个“棋眼”问题,及时找到和紧紧抓住棋眼,则省去你多少的麻烦。下象棋跟下围棋一样,都是在择点。择点就是择位置,择眼前着法理想的位置。为此,就要在棋盘这个统一体里,注意观察各个子力之间的相互联系,以便从中去动脑子、想办法、抓关键。如此巧力,可将全局激活。

再次应有合力

一个棋子的力量毕竟有限，不说其固定价值，即便是变动价值再高，所发挥的作用也是有限的。只有诸多棋子联合起来，共同执行一项任务，力量才大，这就是合力。“团结就是力量，这力量是铁，这力量是钢，比铁还硬比钢还强。”强强联合，优势互补。“集中优势兵力，各个歼灭敌人”，集中优势兵力，向对方的薄弱环节攻击。握紧的拳头才有力量，要重拳出击。

弈者要学会组织战役。有人说：天下没有不好的兵，要看谁来带。此话不无道理。我们下棋，不会用子，何谈下赢棋？进攻子力与防守子力的配合，左翼子力与右翼子力的配合，两翼子力与中线子力的配合，必须在掌握之中。要学会组织，要善于组织，提高协同作战的能力。下象棋和打仗不同的是，打仗可以分进合击，下棋则不能，因为一次只能走一步棋，不可以同时动作。然连贯是弥补的办法，着法要承上启下。

强调我之合力，对方也会合力，这就是矛盾，这就有斗争。要防止对方破坏己方的合力，要干扰阻挠对方的合力。象棋变化虽然高深莫测，但说直白一点，就是子力以大欺小，以多胜少，以强击弱。只要注重合力去各个击破，要注重合力去攻击一点，就能取得好的效果。

第七节　心悟摄像是要求

下象棋要有思考技巧，眼前形势如何才是，成败得失往往在于再考虑一下之中。

一、全面看深入想

全面看就是要周到观察，周到观察就是要全面地看问题。中国古时候有个寓言叫做盲人摸象：从前，有四个盲人很想知道大象是什么样子，可他们看不见，只好用手摸。胖盲人先摸到了大象的牙齿。他就说：“我知道了，大象就像一个又大、又粗、又光滑的大萝卜。”高个子盲人摸到的是大象的耳朵。“不对，不对，大象明明是一把大蒲扇嘛！”他大叫起来。“你们净瞎说，大象只是根大柱子。”原来矮个子盲人摸到了大象的腿。而那位年老的盲人呢，却嘟囔：“唉，大象哪有那么大，它只不过是一根草绳。”四个盲人争吵不休，都说自己摸到的才是真正大象的样子。而实际上呢？他们一个也没说对。以后人们便以“盲人摸象”比喻看问题以偏概全。

“盲人摸象”的寓意是讲不能只看事物的一部分，而应看事物的全部。

周到观察，就是要全面地看问题。既要看到对方，又要看到己方；既要看到主要的矛盾，又要看到次要的矛盾；既要坚持进攻的原则，又要兼顾必要的防守；既要抓好目前，又要进行超前考虑……观察得越周到越好，不能顾此失彼，不要忽视了与主题无关的细节。如图 F1，轮到黑方走棋，若走炮1进5，红方有炮七进九，连消带打的反击手段。

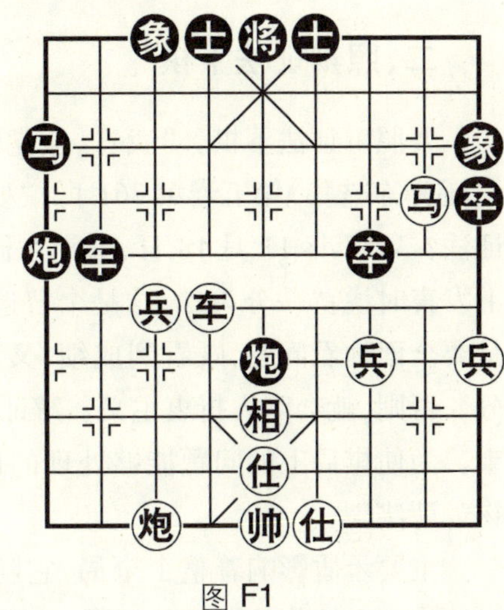

图 F1

深化考虑，就是要发展地看问题。既要看到塞翁失马的坏处，又要看到因为失利带来的好处；既要看到得子的好处，又要看到因为得子造成的坏处。要透过现象看本质，善于从逆境中找出正确的变化，把各个棋路作尽可能深的推变，考虑得越深越好。还要与时间田径比赛，平时能帮助战时。

全面地看问题是许多弈者都可以做到的，问题是发展的看问题，就有一定的难度了。中国古时候有个寓言叫做刻舟求剑，说的是船在河中行进时，船上一个人不慎将剑掉进了水中，他掏出刀在船上刻了一个记号，认为剑是从船这里掉下去的，等船到了目的地才从船上刻着标记的地方跳下去捞剑。我们有的同好下棋时就不能发展的看问题，笔者曾在街头地摊看许多人围着下棋，棋形见图 F2，现轮红方走棋，笔者建议马一进二，有一人说：

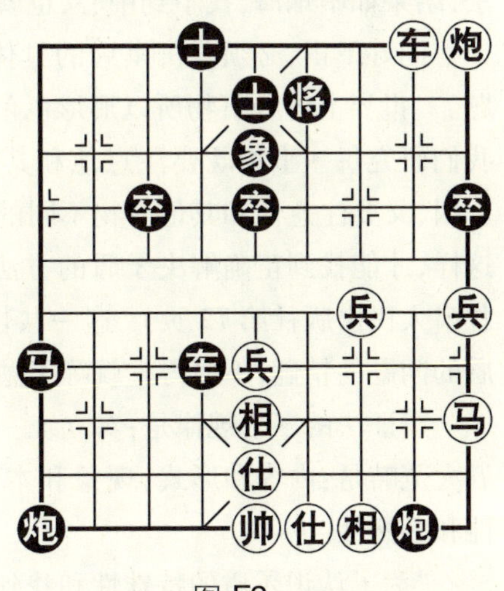

图 F2

"你不懂棋,人家不是把你车打了?"看来他没有往深处考虑,没有发展的看问题。

二、照辩证法下棋

要照辩证法下棋。"我看,全党都要学习辩证法,提倡照辩证法办事。"(《毛泽东选集》第五卷第361页)"要照辩证法办事",首先要弄清什么是辩证法? 1957年11月18日,毛泽东同志在莫斯科共产党和工人党代表会议上发言时说:"一分为二,这是个普遍的现象,这就是辩证法。"一分为二,就是要全面地看问题,既看到成绩,又看到不足。还要有主有次,不能等量平分。否则,就会陷入折衷主义。辩证法是我们分析问题、解决问题的一个法宝。为使棋局上的问题能够处理的比较正确,弈者应该也必须学好用好唯物辩证法。

主要矛盾影响着整个全局,它随着形势的发展在不断地变化。谁能及时地找到和抓住关键性的问题,谁就能获得优势或立于不败之地。

对弈中的许多形势都存在着错综复杂的矛盾群,在这些矛盾群中,总有一个主要的矛盾。这个主要的矛盾,犹如牛鼻子。牵牛要牵牛鼻子,不要拉牛头。

抓主要矛盾这是一个好方法。"万千的学问家和实行家不懂得这种方法,结果如堕烟海,找不到中心,也就找不到解决矛盾的方法"。

同好下棋,必须分析棋局的具体特点寻找正确的方法去恰当的解决问题。"世界上各种事物所以形形色色、千变万别,是由矛盾的特殊性决定的。我们研究每一事物既要注意他和其他事物的共同点,发现事物发展的普遍原因,又要注意他和其他事物不同的特点,发现事物发展的特殊原因。只有这样,才能找到正确解决矛盾的方法。"(朱叙培编写《辩证唯物主义浅说》,甘肃人民出版社第72页)"这一共性个性、绝对相对的道理,是关于事物矛盾的问题的精髓,不懂得它就等于抛弃了辩证法"。(《矛盾论》)

辩证法的三个规律是:对立统一规律,量变质变规律,否定之否定规律。五大范畴是:内容和形式,现象和本质,原因和结果,可能性和现实性,偶然性和必然性。

"为了认识矛盾的特殊性和找到正确解决矛盾的方法,必须对具体事物做具体分析"。(朱叙培编写《辩证唯物主义浅说》第74页)

常言道:"劈柴不顺纹,累死劈柴人。"下棋亦然。何种情况这个"纹",约束着何种下法这个“劈柴人”,何种下法须根据何种情况而定。

对弈自始至终都存在着一个何种情况与何种下法的问题。因为对手的不同,即便是同一对手,每一盘棋的走法也有所不同,再说也不能以己不变或尽量少变之策应敌。如要给对方以较大的困难,就要拓宽自己的棋路,如此则形成了各种各样的局面。有时是一步棋一种情况,有的是几步棋一种情况。一种情况虽有诸种下法,但最正确的下法只有一种。例如,已经进入中局,双方处于对峙状态,皆因无车势稳而谋卒渡兵,是十分正确的。若一方急于求成或偷袭大子,就犯了方向性的错误,说明他对敌情、我情以及整个形势的判断是有误的。毛泽东主席说过:“大家明白,不论做什么事,不懂得那件事的情形,它的性质,它和它以外的事情的关联,就不知道那件事的规律,就不知道如何去做,就不能做好那件事。”(《中国革命战争的战略问题》,1936 年 12 月,《毛泽东选集》第一卷第 163—164 页)我们只有弄清了何种情况,才能悟出好的何种下法。

列宁说,对具体情况做具体的分析,是“马克思主义的最本质的东西,马克思主义的活的灵魂。”(《共产主义》)总而言之,每一位弈者,在下每一盘棋时,都要有大局观,始终保持清醒的头脑,正确地判断当前的形势,是何种情况就应该何种下法。

三、正确应对目前

首先,主观意识符合客观规律。

人贵有思想,更贵有正确思想。同理,下棋首先要思想上正确。

穿越时空,中国古代医师有“贫富用心专一,贵贱使药无别”的医德,我们下棋,无论跟谁都不轻敌、不畏敌才是。

大凡弈者,在下每一盘棋时,都有走对的正确着法,也都有这样或那样的错误着法。问题在于谁的正确比较多些、错误比较少些或者正确比较少些、错误比较多些。

什么是正确?正确就是弈者的主观思想符合棋局变化的客观实际。

正确来之不易。她是弈者科学地分析了当前的形势,并对其作出了合棋情、合棋理的判断,尔后作出的果断决定。当然,不如此也有偶然走好的着法。

什么是错误?错误就是弈者的主观思想不符合棋局变化的客观实际。

错误不可避免。它是弈者对棋局深度和广度认识的局限等原因造成

的。即便是棋艺非常高的人，主观对客观的反映也有歪曲的时候。但是不能因为错误难免就不去避免。应该尽量少犯错误，特别是要警惕一次性的错误，坚决不重复错误，尤其“不要重犯胜利时骄傲的错误”。对于对方的错误着法，不可幸灾乐祸，应该看到给其带来的益处：一个是容易招致受益方松懈骄傲；另一个是对方从中积累经验，而产生新的努力。

总之，要力求正确，力避错误，使对方找不到机会只有跟着我走。或者说，让我跟着客观走，让对方跟着我走。

其次，战术根据战略。

古往今来，敌对双方虽有求和战平之事，但多有胜负之分。愚究其原因，战术高低是决定因素。

战术是“指导和进行战斗的方法”，战术的定义是“准备与实施战斗的理论和实践。在理论上，战术研究战斗的规律、特点和内容；研究部队的战斗素质和战斗能力。在实践上，战术是指挥员、司令部和军队准备与实践战斗的活动。”

战略是目的，战略的特征是发现智谋的纲领，战术是手段，战术的特征是创造实在的行为。

“灵活机动，出敌不意。根据客观情况灵活使用和变换战术，出其不意地打击敌人是保持优势夺取主动的重要方法，也是指挥的中心任务”。

战术协同是为遂行共同的任务进行的协调配合，目的是形成整体力量，有效地歼灭或打击敌人。战胜对手就是战胜对手的弱点，这是一个问题的两个方面，我的弱点在哪里，是否做到不被对方所利用。

重申战术的概念，就是“指导和进行战斗的方法”，主要包括“战斗基本原则以及战斗部署”，分为“进攻战术和防御战术”。进攻前有准备，进攻时要特别快。棋战中要把隐患消除在萌芽状态之中。当持先时要保证不败，争取胜利；当执后时，要确保和棋。无论持先或执后，要坚持炮攻马守的原则。车的家在肋，出门干完事还得回家。临场注意思想领先、把握路向、抓住机遇、打击弱点、利用棋形、预备后援。

总之，以灵活机动的战略战术正确应对每局棋。

结论：下象棋，要有科学的手段。纵观棋坛，大凡下棋不能主观臆断，要客观实际，主客观一致就胜利，最起码不败。

下篇

践行象棋路向

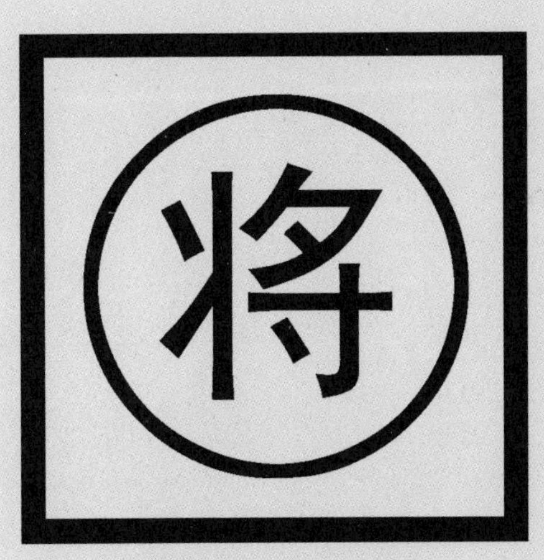

注重路向　　反复实践

“世界上最优秀的人，都是挫折感最强的人。”我赞成这句话。

不要怕失败，从失败中可以学得很多知识。象棋亦然，就是要认准方向，弄清是非，勇于实践，百折不挠。弈贵有曲折路向。

第7章　前瞻路线轮廓

——简化路线的繁杂性

指南提要：熟悉主要路线，把主要的注意力集中在主要路线的关键处，特别是先手中炮与后手屏风马主路。该章主要介绍中炮横车对屏风马、屏风马横车抗中炮横车的变化。

熟悉主路轮廓，不是回避次要路线，而是为了更好的面对陌生的局面时，能深层次的研讨象棋，根据象棋弈理，采取进攻为主的开法，那么走当头炮和仙人指路便是。

一般来说，棋走对了是赢棋；棋走错了是输棋，若敌我双方皆有正确或皆有错误，则可能出现和棋。所以，实战象棋中的着法是非特别重要。弈者都想战胜对方，但却很少感激对方，如此则很难达到目的。

《知音》2004年第19期第17页"知音精品屋"转引陶淑蔚的文章："感激冤家和对方"，全文如下：海湾战争之后，一种被称之为"艾布拉姆"的 M_1A_2 型坦克开始陆续装备美国陆军，这种坦克的防护装甲目前是世界上最坚固的，它可以承受时速超过4500公里，单位破坏力超过1735万公斤的打击力量。

乔治·巴顿中校是美国最优秀的坦克防护装甲专家，他接受研制 M_1A_2 型坦克装甲的任务后，立即找来了一位"冤家"做搭档——毕业于麻省理工学院的著名破坏力专家迈克·马茨工程师。两人各带一个研究小组开始工作，所不同的是，巴顿带的是研制小组，负责研制防护装甲；迈克·马茨带的则是破坏小组，专门负责摧毁巴顿已研制出来的防护装甲。

刚开始的时候，马茨总是能轻而易举地将巴顿研制的新型装甲炸个稀巴烂，但随着时间的推移，巴顿一次次地更换材料，修改设计方案，终于有一天，马茨使尽浑身解数也未能奏效。

于是，世界上最坚固的坦克在这种近乎疯狂的“破坏”与“反破坏”试验中诞生了。巴顿与马茨这两个技术上的“冤家”也因此而同时荣获了紫心勋章。

巴顿中校事后说：“事实上，问题是不可怕的，可怕的是不知道问题出在哪里，于是我们英明的决定‘请’马茨做欢喜冤家，尽可能地激将他帮我们找到问题，从而更好地解决问题，这方面他真是很棒，帮了我们大忙。”摘自《意林》。

这就启示我们：成功源于对手，正确源于高手。只要是下棋，就有一个着法是非问题。弈者都在避免错误，弈者都在追求正确。赢了的棋是正确的，当然这种说法本身就不太正确。总之，符合客观实际的着法才是正确的着法，因为它能接受对方的检验。许多弈者不敢与高手对弈，缺乏的就是向上的精神。自信心是应该也必须要有的，终于有一天，你会战胜、最起码可以追和所有的对手，走出低层次。

第一节　我若执后谱

一、对抗方案

第一分路　反宫马抗敌中炮直车

(一)对抗方案

第一支路：兵五进一

①炮二平五	马2进3
②马二进三	炮8平6
③车一平二	卒7进1
④兵五进一	马8进7
⑤车二进六	炮6平5
⑥车二平三	车9进2
⑦马八进七	车1进1
⑧炮八平九	炮2退1
⑨车九平八	炮2平7

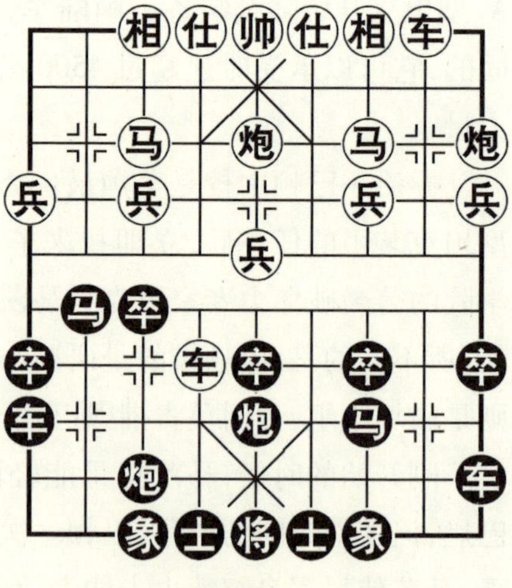

图 G1

⑩车三平四　　马7进8

至此如图 G1。

第二支路：车二进八

①炮二平五　　马2进3

②马二进三　　炮8平6

③车一平二　　卒7进1

④车二进八　　士4进5

⑤马八进七　　炮2退1

⑥车二退二　　马8进7

⑦炮八平九　　车1平2

⑧车九平八　　炮2进2

⑨兵七进一　　象7进5

⑩车八进四　　马7进6

至此如图 G2。

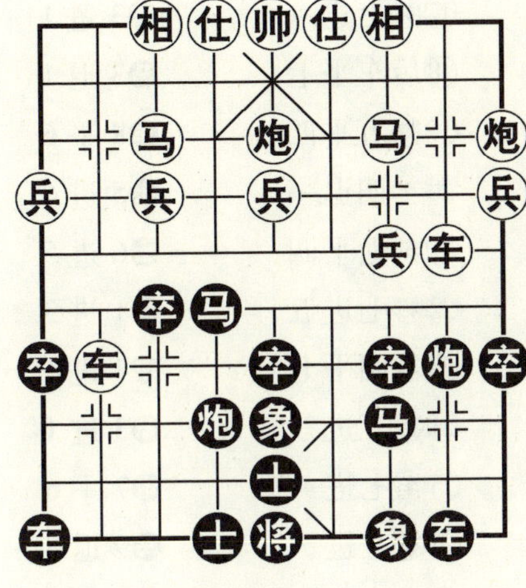

图 G2

第三支路：马八进九

①炮二平五　　马2进3

②马二进三　　炮8平6

③车一平二　　卒7进1

④马八进九　　马8进7

⑤炮八平七　　车1平2

⑥车九平八　　炮2进4

⑦车二进四　　车9平8

⑧车二平四　　士4进5

⑨兵九进一　　炮2退2

⑩车八进四　　象7进5

至此如图 G3。

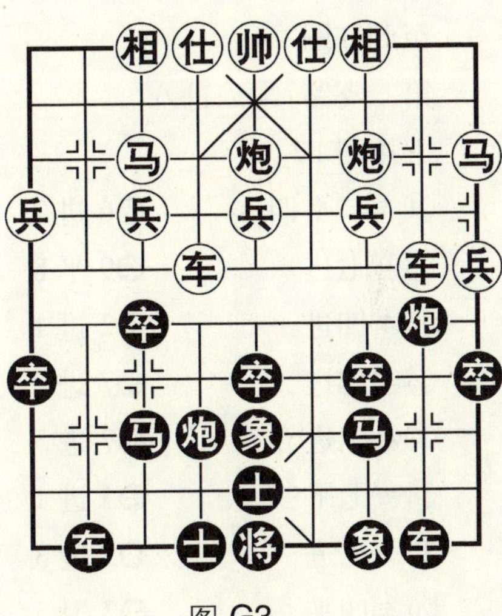

图 G3

（二）延伸推变

第一支路：兵五进一

上接图 F1。

⑪车八进五　　车9平8　　⑫车八平四　　士4进5

⑬兵七进一　　车1平4　　⑭仕四进五　　卒7进1

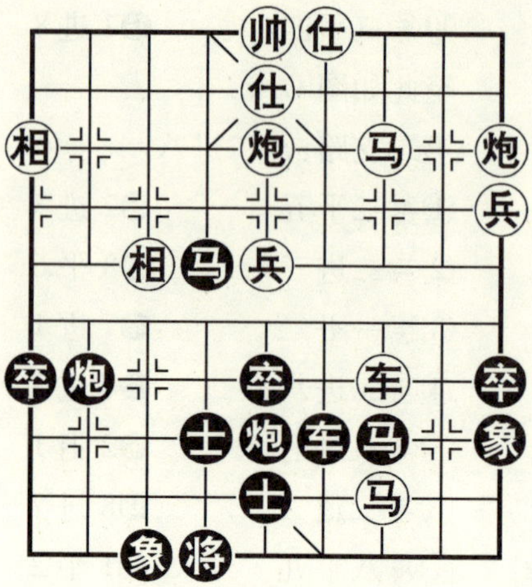

⑮前车进二　　炮7进5
⑯马三进五　　马8进9
⑰兵七进一　　卒3进1
⑱后车平七　　马3退1
⑲炮五平四　　车8平6
⑳车四退一　　士5进6
㉑车七平四　　士6进5
㉒相七进五　　马1进3
㉓车四平七　　车4进1
㉔相五进三　　象3进1
㉕车七进一　　炮7平6
㉖相三进一　　马9退8

图 G4

㉗炮四平五　　马8进6　　㉘马五进七　　炮6平8
㉙前马进八　　炮8退3　　㉚马八进七　　将5平6

至此如图 G4。

第二支路：车二进八

上接图 F2。

⑪车二平四　　马6进7　　⑫车四退三　　炮6平7
⑬马七进六　　车9平8　　⑭炮九平七　　车8进4
⑮车四进一　　炮2进1
⑯车四进二　　马7进5
⑰相三进五　　炮7进5
⑱炮七平三　　卒3进1
⑲兵七进一　　象5进3
⑳车四平一　　象3退5
㉑仕六进五　　卒7进1
㉒马六进八　　卒7进1
㉓车八平三　　马3进2
㉔车三退一　　马2进4
㉕车三进一　　车8平4

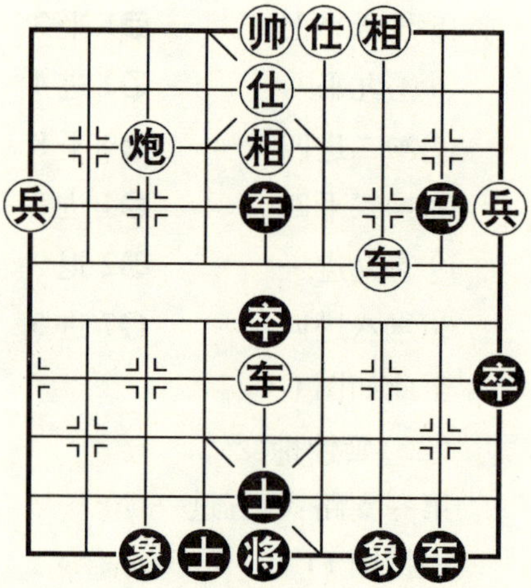

图 G5

㉖仕五退六	马4进2	㉗仕四进五	车4平5
㉘车三平七	车5进2	㉙车一平四	卒5进1
㉚车四平五	象5退7		

至此如图 G5。

第三支路：马八进九

上接图 F3。

⑪兵三进一	卒7进1		
⑫车四平三	马7进6		
⑬兵七进一	炮6平7		
⑭炮七进四	炮2平5		
⑮兵五进一	炮5进3		
⑯相三进五	车8进6		
⑰车八进五	马3退2		
⑱炮七平一	车8平7		
⑲马三退五	马2进3		
⑳兵七进一	象5进3		
㉑车三退一	马6进7		
㉒炮一进三	炮7退2		
㉓马九进七	马3退1	㉔马五退三	马1进2
㉕马三进四	马2退4	㉖炮一退三	象3进5
㉗仕四进五	炮7进2	㉘炮一平九	马7进9
㉙马四进二	炮7进4	㉚兵一进一	炮7平4

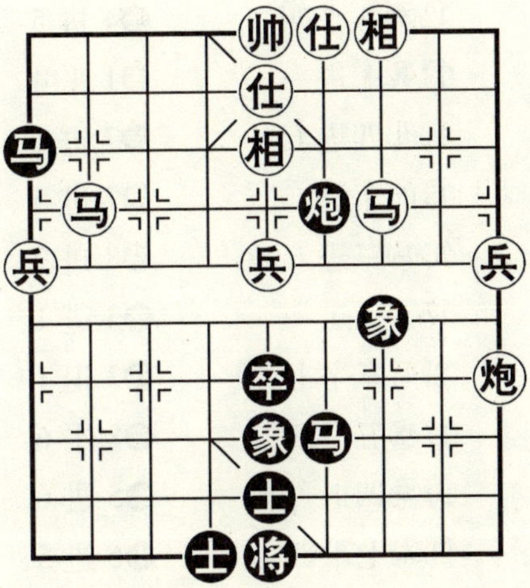

图 G6

至此如图 G6。

（三）左右翻译

第一盘：

敌右中炮开局		敌左中炮开局	
①炮二平五	马2进3	①炮八平五	马8进7
②马二进三	炮8平6	②马八进七	炮2平4
③车一平二	卒7进1	③车九平八	卒3进1
④兵五进一	马8进7	④兵五进一	马2进3
⑤车二进六	炮6平5	⑤车八进六	炮4平5

⑥车二平三　车9进2
⑦马八进七　车1进1
⑧炮八平九　炮2退1
⑨车九平八　炮2平7
⑩车三平四　马7进8
⑪车八进五　车9平8
⑫车八平四　士4进5
⑬兵七进一　车1平4
⑭仕四进五　卒7进1
⑮前车进二　炮7进5
⑯马三进五　马8进9
⑰兵七进一　卒3进1
⑱后车平七　马3退1
⑲炮五平四　车8平6
⑳车四退一　士5进6
㉑车七平四　士6进5
㉒相七进五　马1进3
㉓车四平七　车4进1
㉔相五进三　象3进1
㉕车七进一　炮7平6
㉖相三进一　马9退8
㉗炮四平五　马8进6
㉘马五进七　炮6平8
㉙前马进八　炮8退3
㉚马八进七　将5平6

⑥车八平七　车1进2
⑦马二进三　车9进1
⑧炮二平一　炮8退1
⑨车一平二　炮8平3
⑩车七平六　马3进2
⑪车二进五　车1平2
⑫车二平六　士6进5
⑬兵三进一　车9平6
⑭仕六进五　卒3进1
⑮前车进二　炮3进5
⑯马七进五　马2进1
⑰兵三进一　卒7进1
⑱后车平三　马7退9
⑲炮五平六　车2平4
⑳车六退一　士5进4
㉑车三平六　士4进5
㉒相三进五　马9进7
㉓车六平三　车6进1
㉔相五进七　象7进9
㉕车三进一　炮3平4
㉖相七进九　马1退2
㉗炮六平五　马2进4
㉘马五进三　炮4平2
㉙前马进二　炮2退3
㉚马二进三　将5平4

第二盘：

右中炮开局

①炮二平五　马2进3
②马二进三　炮8平6
③车一平二　卒7进1
④车二进八　士4进5

左中炮开局

①炮八平五　马8进7
②马八进七　炮2平4
③车九平八　卒3进1
④车八进八　士6进5

⑤马八进七	炮2退1	⑤马二进三	炮8退1
⑥车二退二	马8进7	⑥车八退二	马2进3
⑦炮八平九	车1平2	⑦炮二平一	车9平8
⑧车九平八	炮2进2	⑧车一平二	炮8进2
⑨兵七进一	象7进5	⑨兵三进一	象3进5
⑩车八进四	马7进6	⑩车二进四	马3进4
⑪车二平四	马6进7	⑪车八平六	马4进3
⑫车四退三	炮6平7	⑫车六退三	炮4平3
⑬马七进六	车9平8	⑬马三进四	车1平2
⑭炮九平七	车8进4	⑭炮一平三	车2进4
⑮车四进一	炮2进1	⑮车六进一	炮8进1
⑯车四进二	马7进5	⑯车六进二	马3进5
⑰相三进五	炮7进5	⑰相七进五	炮3进5
⑱炮七平三	卒3进1	⑱炮三平七	卒7进1
⑲兵七进一	象5进3	⑲兵三进一	象5进7
⑳车四平一	象3退5	⑳车六平九	象7退5
㉑仕六进五	卒7进1	㉑仕四进五	卒3进1
㉒马六进八	卒7进1	㉒马四进二	卒3进1
㉓车八平三	马3进2	㉓车二平七	马7进8
㉔车三退一	马2进4	㉔车七退一	马8进6
㉕车三进一	车8平4	㉕车七进一	车2平6
㉖仕五退六	马4进2	㉖仕五退四	马6进8
㉗仕四进五	车4平5	㉗仕六进五	车6平5
㉘车三平七	车5进2	㉘车七平三	车5进2
㉙车一平四	卒5进1	㉙车九平六	卒5进1
㉚车四平五	象5退7	㉚车六平五	象5退3

第三盘:

右中炮开局		左中炮开局	
①炮二平五	马2进3	①炮八平五	马8进7
②马二进三	炮8平6	②马八进七	炮2平4
③车一平二	卒7进1	③车九平八	卒3进1

④马八进九　马8进7
⑤炮八平七　车1平2
⑥车九平八　炮2进4
⑦车二进四　车9平8
⑧车二平四　士4进5
⑨兵九进一　炮2退2
⑩车八进四　象7进5
⑪兵三进一　卒7进1
⑫车四平三　马7进6
⑬兵七进一　炮6平7
⑭炮七进四　炮2平5
⑮兵五进一　炮5进3
⑯相三进五　车8进6
⑰车八进五　马3退2
⑱炮七平一　车8平7
⑲马三退五　马2进3
⑳兵七进一　象5进3
㉑车三退一　马6进7
㉒炮一进三　炮7退2
㉓马九进七　马3退1
㉔马五退三　马1进2
㉕马三进四　马2退4
㉖炮一退三　象3进5
㉗仕四进五　炮7进2
㉘炮一平九　马7进9
㉙马四进二　炮7进4
㉚兵一进一　炮7平4

④马二进一　马2进3
⑤炮二平三　车9平8
⑥车一平二　炮8进4
⑦车八进四　车1平2
⑧车八平六　士6进5
⑨兵一进一　炮8退2
⑩车二进四　象3进5
⑪兵七进一　卒3进1
⑫车六平七　马3进4
⑬兵三进一　炮4平3
⑭炮三进四　炮8平5
⑮兵五进一　炮5进3
⑯相七进五　车2进6
⑰车二进五　马7退8
⑱炮三平九　车2平3
⑲马七退五　马8进7
⑳兵三进一　象5进7
㉑车七退一　马4进3
㉒炮九进三　炮3退2
㉓马一进三　马7退9
㉔马五退七　马9进8
㉕马七进六　马8退6
㉖炮九退三　象7进5
㉗仕六进五　炮3进2
㉘炮九平一　马3进1
㉙马六进八　炮3进4
㉚兵九进一　炮3平6

注:以上根据胡荣华所著的《反宫马专集》一书深化探究。

第二分路　反宫马抗敌中炮横车

（一）对抗方案

第一支路:兵七进一

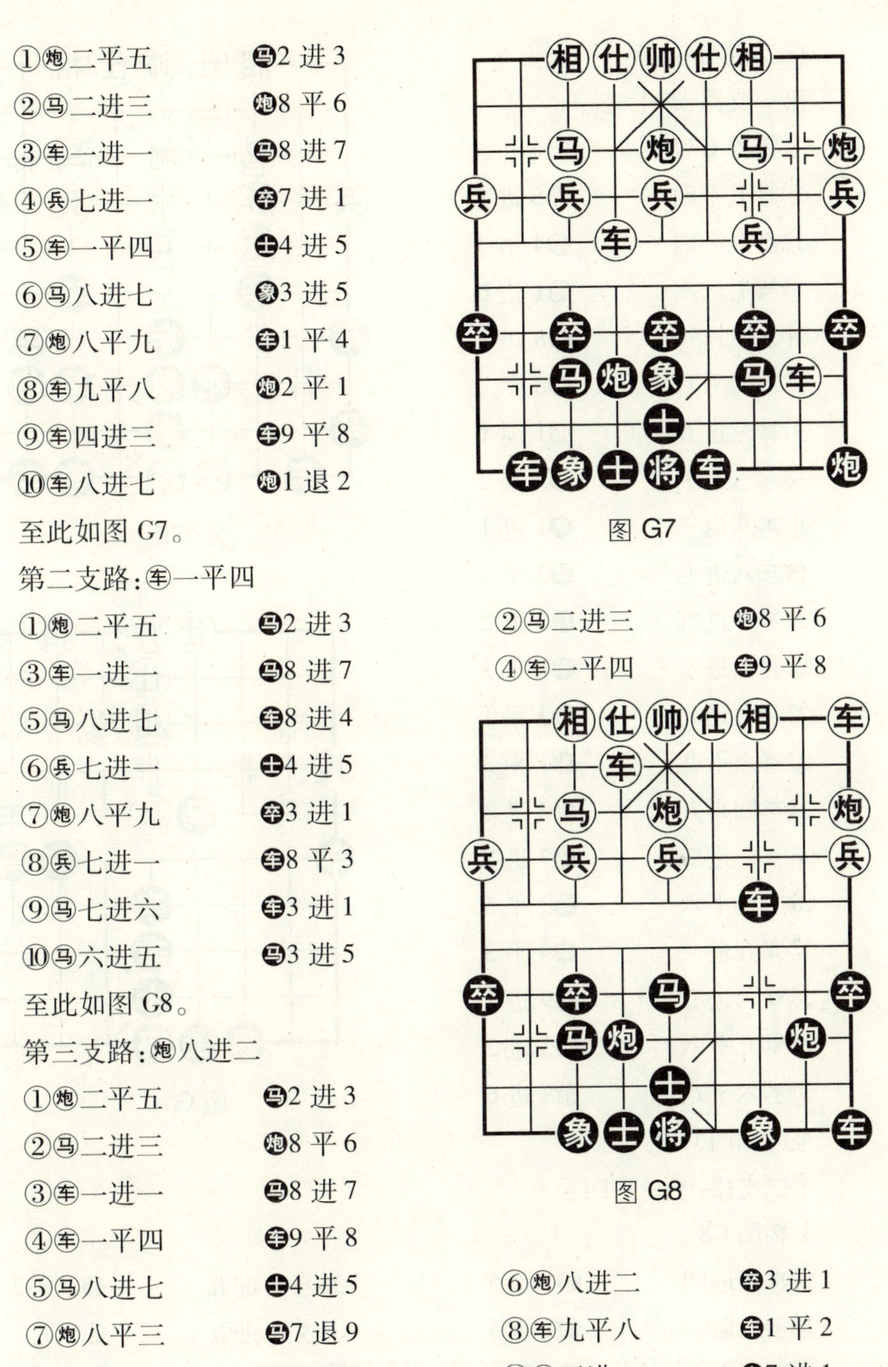

①炮二平五　　马2进3
②马二进三　　炮8平6
③车一进一　　马8进7
④兵七进一　　卒7进1
⑤车一平四　　士4进5
⑥马八进七　　象3进5
⑦炮八平九　　车1平4
⑧车九平八　　炮2平1
⑨车四进三　　车9平8
⑩车八进七　　炮1退2

至此如图 G7。

第二支路：车一平四

①炮二平五　　马2进3
③车一进一　　马8进7
⑤马八进七　　车8进4
⑥兵七进一　　士4进5
⑦炮八平九　　卒3进1
⑧兵七进一　　车8平3
⑨马七进六　　车3进1
⑩马六进五　　马3进5

至此如图 G8。

第三支路：炮八进二

①炮二平五　　马2进3
②马二进三　　炮8平6
③车一进一　　马8进7
④车一平四　　车9平8
⑤马八进七　　士4进5
⑦炮八平三　　马7退9
⑨车八进六　　象7进5

至此如图 G9。

图 G7

②马二进三　　炮8平6
④车一平四　　车9平8

图 G8

⑥炮八进二　　卒3进1
⑧车九平八　　车1平2
⑩兵五进一　　卒7进1

下篇　践行象棋路向

（二）延伸推变

第一支路：兵七进一

上接图 G7。

⑪炮五平四	炮6进5
⑫炮九平四	车4平3
⑬马七进六	炮1进6
⑭兵三进一	车8进6
⑮炮四平六	车8平7
⑯相三进五	炮1退1
⑰兵三进一	车7退2
⑱车八退三	卒1进1
⑲马六进七	车3平2
⑳车八进五	马3退2
㉑兵七进一	车7平3
㉒马七退九	车3平1
㉓炮六平九	车1平3
㉔车四平九	马2进3
㉕马三进二	马7进8
㉖车九平六	车3平5
㉗兵五进一	车5平3
㉘仕六进五	卒9进1
㉙炮九平六	马3进2
㉚车六平八	马8进6

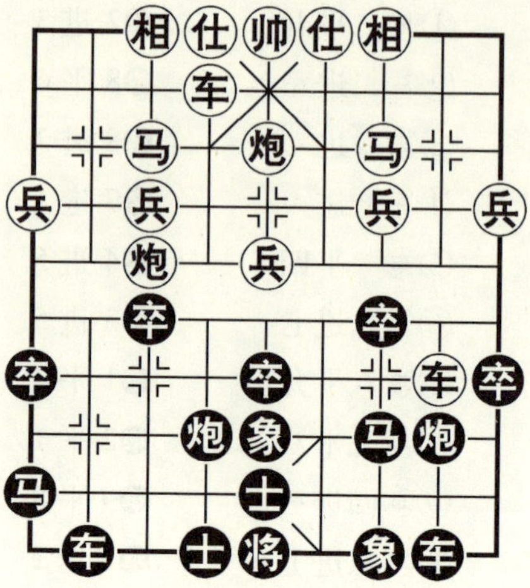

图 G9

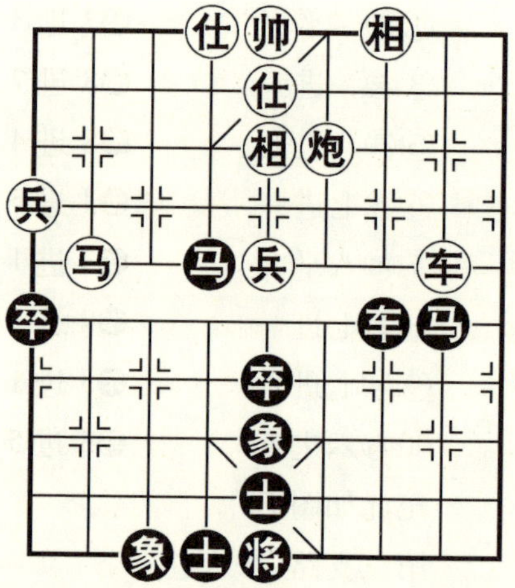

图 G10

至此如图 G10。

第二支路：车一平四

上接图 G8。

⑪炮五进四	炮6平5	⑫相七进五	车3平2
⑬炮五退一	马7进5	⑭车四进五	炮5进2
⑮车四平五	炮5平1	⑯炮九进三	卒1进1
⑰兵三进一	象3进5	⑱车九平七	车1平4
⑲车五平三	车4进4	⑳车三平一	车4平6

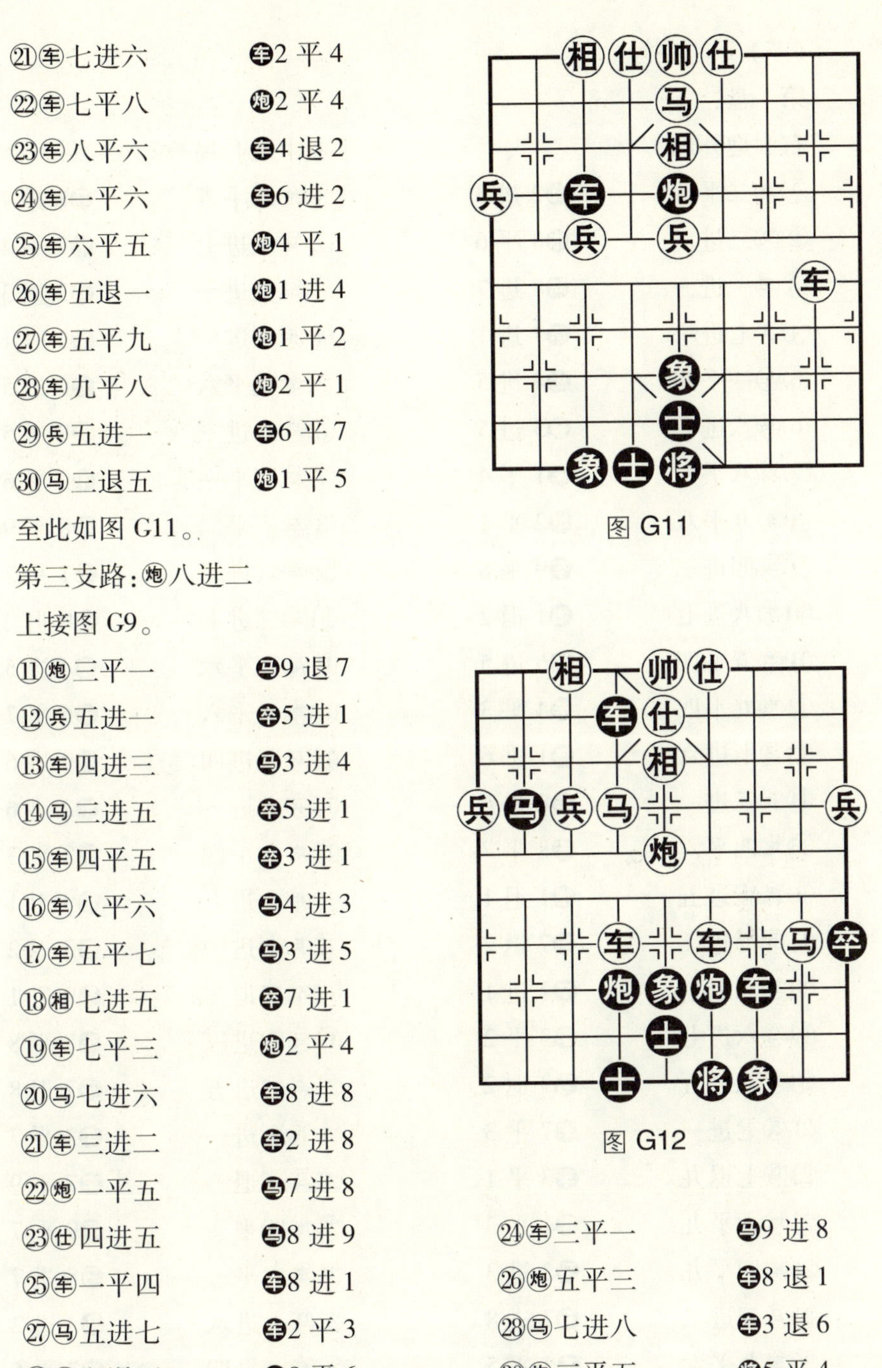

㉑车七进六　　车2平4
㉒车七平八　　炮2平4
㉓车八平六　　车4退2
㉔车一平六　　车6进2
㉕车六平五　　炮4平1
㉖车五退一　　炮1进4
㉗车五平九　　炮1平2
㉘车九平八　　炮2平1
㉙兵五进一　　车6平7
㉚马三退五　　炮1平5

至此如图 G11。

图 G11

第三支路：炮八进二

上接图 G9。

⑪炮三平一　　马9退7
⑫兵五进一　　卒5进1
⑬车四进三　　马3进4
⑭马三进五　　卒5进1
⑮车四平五　　卒3进1
⑯车八平六　　马4进3
⑰车五平七　　马3进5
⑱相七进五　　卒7进1
⑲车七平三　　炮2平4
⑳马七进六　　车8进8
㉑车三进二　　车2进8
㉒炮一平五　　马7进8
㉓仕四进五　　马8进9
㉔车三平一　　马9进8
㉕车一平四　　车8进1
㉖炮五平三　　车8退1
㉗马五进七　　车2平3
㉘马七进八　　车3退6
㉙马六退四　　车8平6
㉚炮三平五　　将5平4

至此如图 G12。

图 G12

（三）反向转换

第一盘：

右中炮开局

①炮二平五　马2进3
②马二进三　炮8平6
③车一进一　马8进7
④兵七进一　卒7进1
⑤车一平四　士4进5
⑥马八进七　象3进5
⑦炮八平九　车1平4
⑧车九平八　炮2平1
⑨车四进三　车9平8
⑩车八进七　炮1退2
⑪炮五平四　炮6进5
⑫炮九平四　车4平3
⑬马七进六　炮1进6
⑭兵三进一　车8进6
⑮炮四平六　车8平7
⑯相三进五　炮1退1
⑰兵三进一　车7退2
⑱车八退三　卒1进1
⑲马六进七　车3平2
⑳车八进五　马3退2
㉑兵七进一　车7平3
㉒马七退九　车3平1
㉓炮六平九　车1平3
㉔车四平九　马2进3
㉕马三进二　马7进8
㉖车九平六　车3平5
㉗兵五进一　车5平3
㉘仕六进五　卒9进1

左中炮开局

①炮八平五　马8进7
②马八进七　炮2平4
③车九进一　马2进3
④兵三进一　卒3进1
⑤车九平六　士6进5
⑥马二进三　象7进5
⑦炮二平一　车9平6
⑧车一平二　炮8平9
⑨车六进三　车1平2
⑩车二进七　炮9退2
⑪炮五平六　炮4进5
⑫炮一平六　车6平7
⑬马三进四　炮9进6
⑭兵七进一　车2进6
⑮炮六平四　车2平3
⑯相七进五　炮9退1
⑰兵七进一　车3退2
⑱车二退三　卒9进1
⑲马四进三　车7平8
⑳车二进五　马7退8
㉑兵三进一　车3平7
㉒马三退一　车7平9
㉓炮四平一　车9平7
㉔车六平一　马8进7
㉕马七进八　马3进2
㉖车一平四　车7平5
㉗兵五进一　车5平7
㉘仕四进五　卒1进1

㉙炮九平六　马3进2

㉚车六平八　马8进6

第二盘：

右中炮开局

①炮二平五　马2进3

②马二进三　炮8平6

③车一进一　马8进7

④车一平四　车9平8

⑤马八进七　车8进4

⑥兵七进一　士4进5

⑦炮八平九　卒3进1

⑧兵七进一　车8平3

⑨马七进六　车3进1

⑩马六进五　马3进5

⑪炮五进四　炮6平5

⑫相七进五　车3平2

⑬炮五退一　马7进5

⑭车四进五　炮5进2

⑮车四平五　炮5平1

⑯炮九进三　卒1进1

⑰兵三进一　象3进5

⑱车九平七　车1平4

⑲车五平三　车4进4

⑳车三平一　车4平6

㉑车七进六　车2平4

㉒车七平八　炮2平4

㉓车八平六　车4退2

㉔车一平六　车6进2

㉕车六平五　炮4平1

㉖车五退一　炮1进4

㉗车五平九　炮1平2

㉙炮一平四　马7进8

㉚车四平二　马2进4

左中炮开局

①炮八平五　马8进7

②马八进七　炮2平4

③车九进一　马2进3

④车九平六　车1平2

⑤马二进三　车2进4

⑥兵三进一　士6进5

⑦炮二平一　卒7进1

⑧兵三进一　车2平7

⑨马三进四　车7进1

⑩马四进五　马7进5

⑪炮五进四　炮4平5

⑫相三进五　车7平8

⑬炮五退一　马3进5

⑭车六进五　炮5进2

⑮车六平五　炮5平9

⑯炮一进三　卒9进1

⑰兵七进一　象7进5

⑱车一平三　车9平6

⑲车五平七　车6进4

⑳车七平九　车6平4

㉑车三进六　车8平6

㉒车三平二　炮8平6

㉓车二平四　车6退2

㉔车九平四　车4进2

㉕车四平五　炮6平9

㉖车五退一　炮9进4

㉗车五平一　炮9平8

㉘车九平八　炮2平1

㉙兵五进一　车6平7

㉚马三退五　炮1平5

第三盘：

右中炮开局

①炮二平五　马2进3

②马二进三　炮8平6

③车一进一　马8进7

④车一平四　车9平8

⑤马八进七　士4进5

⑥炮八进二　卒3进1

⑦炮八平三　马7退9

⑧车九平八　车1平2

⑨车八进六　象7进5

⑩兵五进一　卒7进1

⑪炮三平一　马9退7

⑫兵五进一　卒5进1

⑬车四进三　马3进4

⑭马三进五　卒5进1

⑮车四平五　卒3进1

⑯车八平六　马4进3

⑰车五平七　马3进5

⑱相七进五　卒7进1

⑲车七平三　炮2平4

⑳马七进六　车8进8

㉑车三进二　车2进8

㉒炮一平五　马7进8

㉓仕四进五　马8进9

㉔车三平一　马9进8

㉕车一平四　车8进1

㉖炮五平三　车8退1

㉘车一平二　炮8平9

㉙兵五进一　车4平3

㉚马七退五　炮9平5

左中炮开局

①炮八平五　马8进7

②马八进七　炮2平4

③车九进一　马2进3

④车九平六　车1平2

⑤马二进三　士6进5

⑥炮二进二　卒7进1

⑦炮二平七　马3退1

⑧车一平二　车9平8

⑨车二进六　象3进5

⑩兵五进一　卒3进1

⑪炮七平九　马1退3

⑫兵五进一　卒5进1

⑬车六进三　马7进6

⑭马七进五　卒5进1

⑮车六平五　卒7进1

⑯车二平四　马6进7

⑰车五平三　马7进5

⑱相三进五　卒3进1

⑲车三平七　炮8平6

⑳马三进四　车2进8

㉑车七进二　车8进8

㉒炮九平五　马3进2

㉓仕六进五　马2进1

㉔车七平九　马1进2

㉕车九平六　车2进1

㉖炮五平七　车2退1

㉗马五进七	车2平3	㉗马五进三	车8平7
㉘马七进八	车3退6	㉘马三进二	车7退6
㉙马六退四	车8平6	㉙马四退六	车2平4
㉚炮三平五	将5平4	㉚炮七平五	将5平6

二、实战典范

A. 赵国荣　对　胡荣华

赵国荣，1961 年生，黑龙江省人，象棋特级国际大师，四次荣获全国冠军。

胡荣华，1945 年生，上海市人象棋特级国际大师，是新中国成立后，获得全国冠军次数最多的人，有“十连霸”美称。

①炮二平五	马2进3	②马二进三	炮8平6
③车一平二	马8进7	④炮八平六	车1平2
⑤马八进七	炮2平1	⑥兵七进一	象7进5
⑦马七进六	卒7进1	⑧车二进六	士6进5
⑨车九进二	车9平7	⑩炮六平七	车2进4
⑪炮七进四	卒1进1	⑫车九平七	车2平4
⑬车二退二	马7进6	⑭马六进四	车4平6
⑮车二平六	炮1进4	⑯车七进一	炮1退1
⑰兵七进一	卒7进1	⑱兵三进一	炮1平7
⑲相三进一	炮7进1	⑳车七进一	卒9进1
㉑炮五平九	车7进4	㉒兵七平八	车6进3
㉓车七退三	车6平2	㉔兵八平九	马3退2
㉕兵九进一	炮6平7	㉖车六平二	车7平1
㉗车二退一	前炮退2	㉘马三退二	前炮平5
㉙仕四进五	车1退1	㉚炮七退二	车1进3
㉛炮七平三	炮5平3	㉜炮三平五	炮3进2
㉝车二进六	士5退6	㉞车二退三	炮7进6
㉟仕五退四	炮3进3	㊱车七退一	车1平5
㊲仕四进五	车5退1	㊳炮九进六	士4进5
㊴车七进六	炮7退2	㊵车二平四	炮7平1

㊶车七平九　炮1平5　㊷仕五进四　炮5平3

B. 于幼华　对　李来群

于幼华，1961年生，浙江省人，象棋特级大师，2002年获全国象棋个人赛冠军。

李来群，1959年生，河北省人，象棋特级国际大师，多次获全国冠军，是我国唯一的身兼“棋圣”和“棋王”殊荣于一身的特级大师。

①炮二平五	马2进3	②马二进三	炮8平6
③车一平二	马8进7	④马八进九	卒7进1
⑤炮八平六	车1平2	⑥车九平八	炮2进4
⑦车二进六	士6进5	⑧马九退七	炮2退3
⑨车二平三	车9进2	⑩兵五进一	象3进5
⑪兵五进一	卒3进1	⑫炮六进四	卒5进1
⑬炮六退五	炮2进2	⑭马三进五	炮6进4
⑮炮六平五	马7进5	⑯马五进四	车9平6
⑰前炮进四	车6进2	⑱车三进三	车6退4
⑲车三退四	炮2平5	⑳前炮退二	炮6平5
㉑马七进五	象5进7		

C. 于幼华　对　徐天红

徐天红，1960年生，江苏省人，象棋特级国际大师，1989年获全国象棋冠军。

①炮二平五	马2进3	②兵七进一	炮8平6
③马八进七	马8进7	④马七进六	士4进5
⑤炮八平六	车9平8	⑥马二进三	卒7进1
⑦相三进一	炮2进3	⑧马六进七	炮2退5
⑨马七退六	象3进5	⑩兵七进一	炮2平4
⑪车九进二	象5进3	⑫炮六进七	车1平4
⑬马六进五	马3进5	⑭炮五进四	炮6平5
⑮炮五退二	马7进6	⑯车九平八	车8进5
⑰车八进二	马6进4	⑱兵三进一	马4进3
⑲仕四进五	车8进2	⑳车八进二	车8平7
㉑车一平四	车7退1	㉒相七进五	车7平5

㉓㊟四进四　　　　车4进9

小结:反宫马有一定的反攻能力。

第二节　我若持先谱

一、对抗方案

当轮我先走时,走左中炮横车,对方走屏风马直车、屏风马横车。

第一分路　左中炮横车对屏风马直车

第一支路:马七进五

①炮八平五	马2进3	②车九进一	车1平2
③车九平四	卒3进1	④马二进一	炮8平5
⑤马八进七	炮2进4	⑥车四进七	马8进9
⑦车一平二	车9平8	⑧炮二进五	炮5进4
⑨仕四进五	士4进5	⑩马七进五	炮2平5
⑪炮二进一	卒5进1	⑫帅五平四	车2进5
⑬炮五进三	将5平4	⑭车二进七	马3进5
⑮车四退五	炮5退1	⑯车四进一	卒7进1
⑰车四平二	卒7进1	⑱后车平三	车2平4

至此如图 G13。

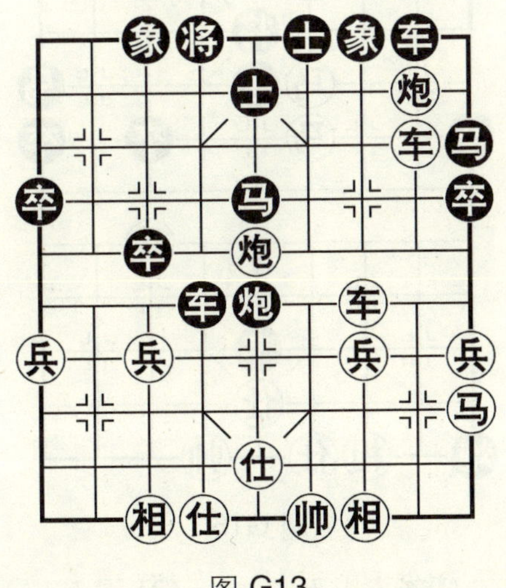

图 G13

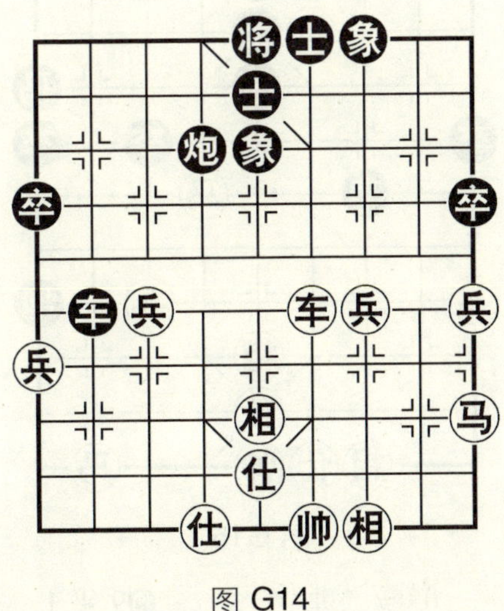

图 G14

下篇　践行象棋路向

⑲车二退一　马5退6　⑳炮五平二　马9进7
㉑后炮退一　马7进8　㉒车三平二　车8进1
㉓前车进二　马6进7　㉔前车退三　马7进8
㉕车二退一　车4平2　㉖车二平四　炮5平4
㉗兵三进一　象3进5　㉘兵一进一　卒3进1
㉙兵七进一　炮4退3　㉚相七进五　将4平5

至此如图 G14。

第二支路：车四平七

①炮八平五　马2进3　②车九进一　车1平2
③车九平四　卒3进1　④马二进一　炮8平5
⑤马八进七　炮2进4　⑥车四进七　马8进9
⑦车一平二　车9平8　⑧炮二进五　炮5进4
⑨仕四进五　炮5退2　⑩车四平七　马3进2
⑪炮二退一　马2进3　⑫炮二平五　车8进9
⑬马一退二　马3进5　⑭炮五退四　象3进5
⑮马七进五　炮5进3　⑯相三进五　士6进5
⑰马五进四　炮2平3　⑱车七平六　炮3平9

至此如图 G15，

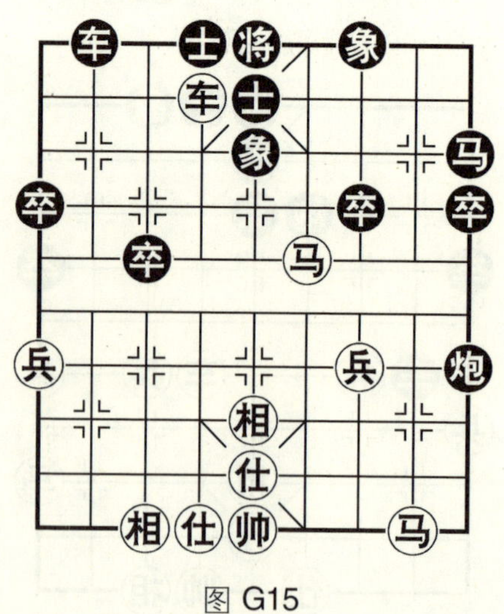

图 G15

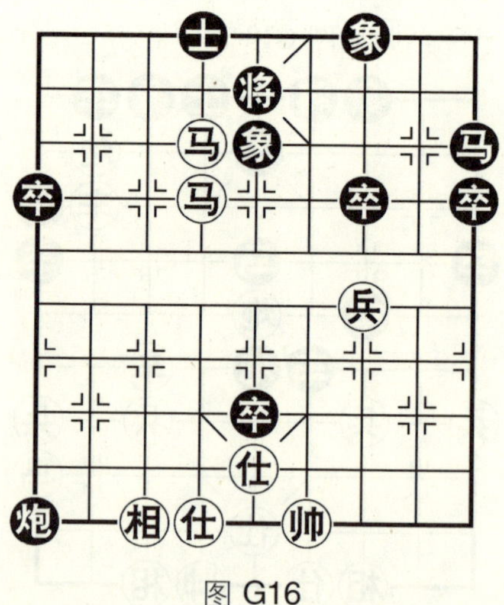

图 G16

⑲马二进三　炮9平1　⑳车六退五　炮1退1

㉑兵三进一	卒3 进 1	㉒马三进五	车2 进 3
㉓车六进三	车2 平 4	㉔马四进六	卒3 平 4
㉕帅五平四	士5 进 4	㉖马五退七	卒4 进 1
㉗马七进八	卒4 平 5	㉘马八进六	卒5 进 1
㉙后马进八	炮1 进 4	㉚马八进六	将5 进 1

至此如图 G16。

第三支路：车一平二

①炮八平五	马2 进 3	②车九进一	车1 平 2
③车九平四	卒3 进 1	④马二进一	炮8 平 5
⑤马八进七	炮2 进 4	⑥车一平二	炮5 进 4
⑦马七进五	炮2 平 5	⑧仕四进五	士4 进 5
⑨车四进三	车2 进 9	⑩兵一进一	车2 平 3
⑪马一进二	马8 进 9	⑫马二进四	炮5 退 2
⑬炮二平一	车3 退 3	⑭马四进三	象7 进 5
⑮炮一进四	车9 平 7	⑯马三退五	马3 进 5
⑰炮一平五	车3 平 7	⑱兵一进一	马9 退 8

至此如图 G17，

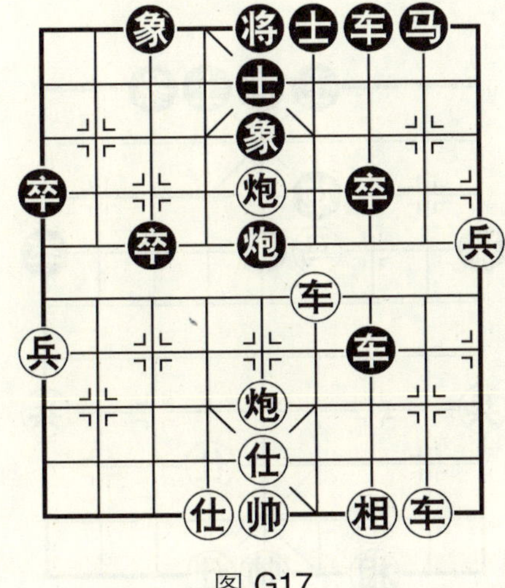

图 G17

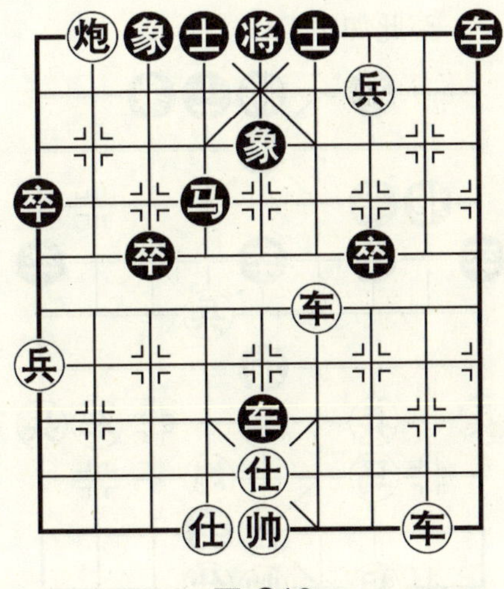

图 G18

⑲车四平五	炮5 进 3	⑳相三进五	马8 进 7
㉑炮五退一	后车平 8	㉒兵一平二	车7 平 4

㉓兵二进一	卒7进1	㉔兵二进一	车4退3
㉕车五平四	车4平5	㉖炮五退一	马7进6
㉗炮五平八	马6退4	㉘炮八进五	士5退4
㉙兵二进一	车8平9	㉚兵二平三	车5进4

至此如图G18。

第二分路　左中炮横车对敌屏风马横车

第四支路：车一平二

①炮八平五	马2进3	②车九进一	车1进1
③车九平六	卒7进1	④马二进一	炮8平5
⑤车一平二	车9进1	⑥马八进七	车1平4
⑦车六平四	车9平6	⑧车四进七	车4平6
⑨炮二平三	马8进7	⑩兵三进一	车6进6
⑪炮三进一	马7进6	⑫兵三进一	马6进7
⑬马一进三	车6平7	⑭车二进三	车7进2
⑮兵三平四	车7退1	⑯仕六进五	士4进5
⑰马三进五	车7平6	⑱炮五平四	炮5进3

至此如图G19。

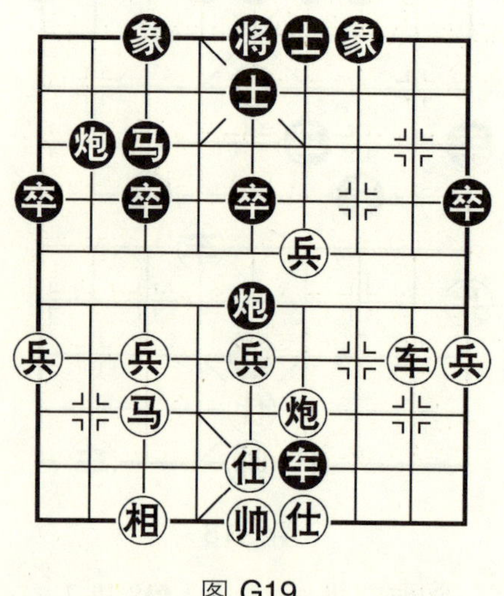

图G19

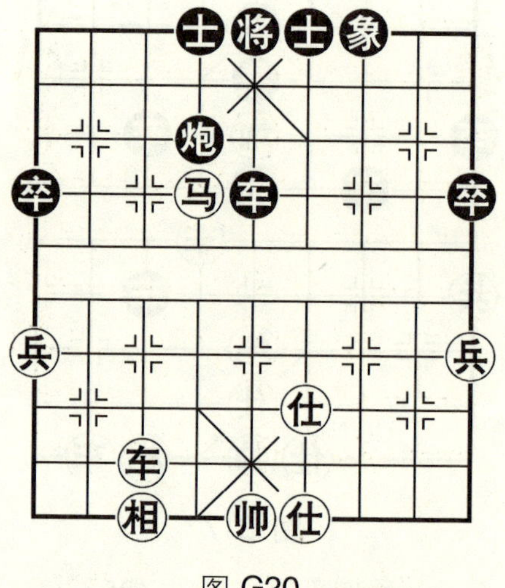

图G20

⑲兵五进一	卒3进1	⑳兵七进一	卒3进1

㉑马七进五	车6平7	㉒马五进七	马3进2
㉓兵四进一	车7退3	㉔车二进二	马2进3
㉕马七进六	炮2平4	㉖车二平七	马3退5
㉗车七进四	士5退4	㉘兵四平五	马5进6
㉙仕五进四	车7退2	㉚车七退八	车7平5

至此如图 G20。

第五支路：马八进七

①炮八平五	马2进3	②车九进一	车1进1
③车九平六	卒7进1	④马二进一	炮8平5
⑤马八进七	马8进7	⑥车一平二	车9平8
⑦兵七进一	车8进5	⑧车六进四	象7进9
⑨兵七进一	卒3进1	⑩车六平七	车1平3
⑪炮二退一	象3进1	⑫车七进一	车8平6
⑬炮二平七	车3平6	⑭仕四进五	马3退2
⑮车七平九	炮2平3	⑯炮七进六	马2进3
⑰车九平七	马3退2	⑱兵一进一	后车进3

至此如图 G21。

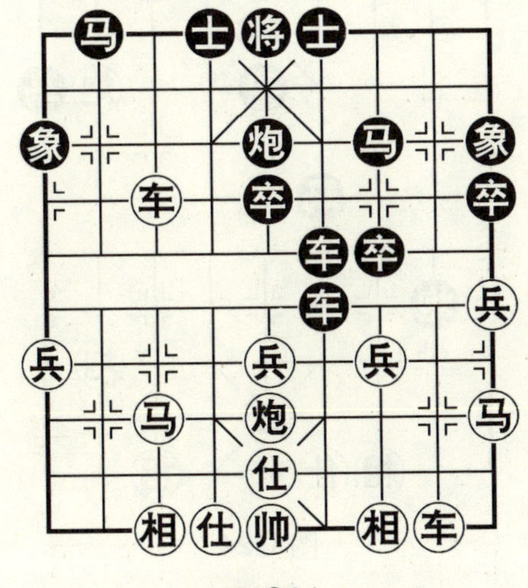

图 G21

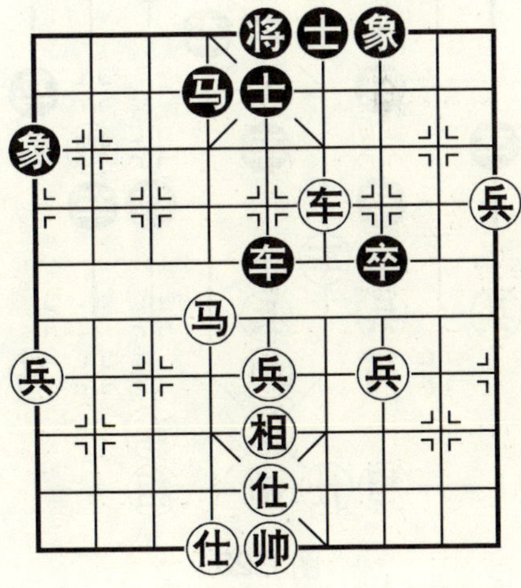

图 G22

⑲车二进四	前车平8	⑳马一进二	车6进1
㉑马二进一	马7进9	㉒车七平五	象9退7

㉓车五平一　车6平3　㉔马七退九　车3进3
㉕马九进八　车3进1　㉖马八进六　车3退5
㉗车一平四　士4进5　㉘兵一进一　马2进4
㉙兵一进一　炮5进5　㉚相三进五　车3平5

至此如图G22。

第六支路：车一进一

①炮八平五　马2进3　②车九进一　车1进1
③车九平六　车1平6　④马二进一　卒3进1
⑤车一进一　炮8平5　⑥马八进七　车9进2
⑦炮二平三　车9平6　⑧仕四进五　前车平8
⑨兵一进一　马8进9　⑩兵三进一　士6进5
⑪车一平三　炮2进4　⑫炮三平四　车8进4
⑬兵三进一　炮5平7　⑭炮四平三　炮7进2
⑮炮三进四　车8退2　⑯兵一进一　车8平9
⑰炮三平二　车9平8　⑱车六进三　炮2进2

至此如图G23。

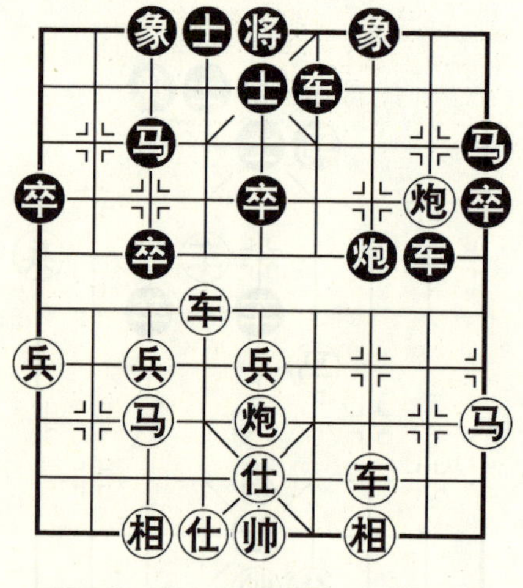

图 G23

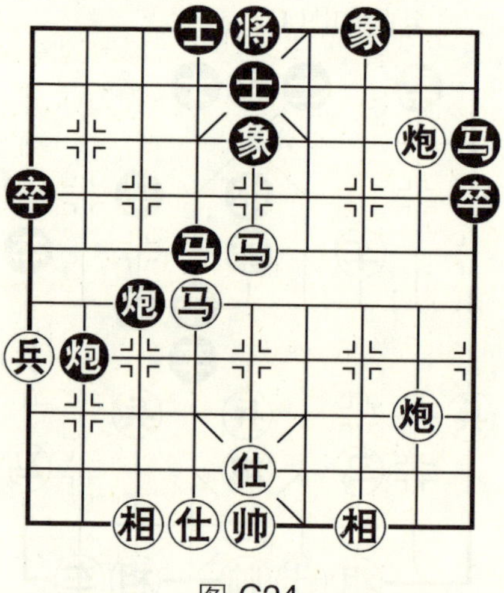

图 G24

⑲车三进二　象3进5　⑳车六平二　车8进1
㉑马一进二　卒3进1　㉒兵七进一　车6进4
㉓炮二进一　车6退3　㉔炮五平二　马3进4

㉕车三平四　车6进4　㉖马二退四　炮7进2
㉗兵五进一　炮2退2　㉘马七进六　炮7退1
㉙兵五进一　卒5进1　㉚马四进五　炮7平3

至此如图G24。

二、实战典范

A. 李来群　对　胡荣华

①炮二平五　马8进7　②马二进三　车9平8
③车一平二　卒7进1　④车二进六　马2进3
⑤马八进七　卒3进1　⑥车九进一　炮2进1
⑦车二退二　象3进5　⑧兵七进一　炮8进2
⑨车九平六　士4进5　⑩车六进五　炮2退3
⑪兵三进一　卒3进1　⑫兵三进一　卒3进1
⑬马七退五　炮2平3　⑭兵三进一　车1平2
⑮兵三进一　车2进7　⑯马三进四　车2退3
⑰炮五平二　炮8进3　⑱车二进五　炮8平2
⑲兵三进一　炮2进2　⑳兵三进一　车2进4
㉑兵三平四　士5退6　㉒车二退二　马3退5
㉓车六平七　车2平4　㉔马五进三　将5平4
㉕仕四进五

B. 李来群　对　柳大华

柳大华，1950年生，湖北省人，象棋特级大师。1980年打破胡荣华独霸棋坛的局面，获全国冠军，并在1981年蝉联全国冠军。

①炮二平五　马8进7　②兵三进一　车9平8
③马二进三　炮8平9　④马八进七　象3进5
⑤兵七进一　马2进4　⑥车九进一　士4进5
⑦车九平六　炮9退1　⑧车六进四　炮2退2
⑨车六平八　炮2平4　⑩车一平二　车8进9
⑪马三退二　车1平3　⑫炮八退一　卒5进1
⑬马二进三　卒3进1　⑭兵七进一　卒7进1
⑮兵三进一　炮9平7　⑯炮五进三　炮7进3

⑰马三进四　炮7平3　⑱相七进五　车3进3
⑲炮八平三　象7进9　⑳马七进八　炮3进4
㉑马八进六　马7进6　㉒炮三平四　炮4进4
㉓车八平六　炮3退4　㉔车六进三

反宫马又名夹炮屏风马，笔者认为也当属于屏风马系列。

C. 李来群　对　吕钦

吕钦，1962年生，广东省人，象棋特级大师，多次获全国冠军。

①炮二平五　马2进3　②马二进三　马8进7
③兵七进一　卒7进1　④马八进七　车9平8
⑤炮八进二　车1进1　⑥车一平二　象7进5
⑦车九进一　车1平4　⑧马七进六　炮8进4
⑨车二进一　炮2进2　⑩马六进七　马7进6
⑪车九平六　车4进7　⑫车二平六　炮8退3
⑬马七退六　马6进7　⑭马六进五　马3进5
⑮炮五进四　士6进5　⑯车六进四　炮8进5
⑰车六平三　炮8平7　⑱车三平八　车8进3
⑲车八平五　将5平6　⑳炮八退二

注：以上三局取材于刘锦祺、郝俊昌编著《象棋冠军精妙杀局》一书。

结论：总之，中炮与屏风马的斗争是象棋的聚焦点。我左中炮横车成立，对方屏风马直车可以抗衡，着重点应该是对付对方的屏风马横车。

第8章　左右实战方向

——把握方向的指正性

指南提要：把握方向，在不败的前提下争取胜利。本章主要介绍处于不同境遇的各种应对。

注重方向，在实战中十分重要。首先是一盘棋各阶段的方向，其次是战略方向，第三是棋形方向，第四是创新方向。弈者的思想必须转过来弯，提高对发展方向的掌控能力。

第一节　阶段方向

朝着发展的方向。

下象棋跟记忆力有很大的关系，但最主要的还是随时把握棋局的发展方向。当你徘徊在十字路口，往东往西往南往北的选择是一个关键性的问题。开局有开局的方向，中局有中局的方向，残局有残局的方向。每一战役，甚至每一步棋都有方向可言。

一、开局方向

世界上最高的大楼也是从平地而起的，开局尤如盖楼打地基阶段，需选择适宜的地方动工，还要付出十分艰苦的劳动。开局要抢出大子，抢占攻防要道。同时必须注意子力部署的左右均衡。弈者要熟悉各种各样的开局，适时地打乱对方的战略部署，巧妙地将此种布局转向彼种布局。

下象棋虽然有执先手棋或执后手棋的区别，但不论持先手棋还是执后手棋，都必须根据对方的走法认真地应对。布局走不好，必然影响到中局，残局的结果也可想而知了。下棋一定要讲着法效益，有些棋走了还不如不走，甚至带来副作用。开局尽量减少重复动子（先手棋右中炮对后手棋顺手炮之单边封锁等应该例外），开局要为中局负责，要面向中局。请参看图 C1。

二、中局方向

中局好比正式盖楼，应该按照图纸要求精心施工，还必须讲求建筑的质量。中局要运子取势、兑子抢先、弃子入局。中局关键是要宏观控制，多走大棋，高瞻远瞩，不能像刚学习骑自行车的人，只看眼前，急功近利。要具体分析具体情况，到什么山上唱什么歌，因势利导。

下象棋高深莫测，虽然就是那么几个格，就是那么几个子，但是在比赛时，又要走棋，又要按表，若要下出高水平棋来，确是需要一些工夫。所以需要棋手要有前瞻性，认清形势，确定目标，及时调整方向，找对方的弱处，找进攻的突破口，抓稍纵即逝的战机，打非常规的战争。总之，中局起着承上启下的关键作用，下中局要为下残局负责，要面向残局。请参看图 B17。

三、残局方向

残局就像盖大楼的收尾工程，要根据情况粉刷装饰，力求无损于前功，更不要使前功尽弃。要舍得花力气，要想方设法，胜棋不和，和棋不败，输棋也要坚持到弹尽粮绝。残局就是要在必胜残局、必和残局、巧胜残局、巧和残局上做文章，要对得起中局和开局，要为全盘棋负责。要有信心，要坚信“摩天岭”是我们的！

总之，要注重方向，要有科学的发展观。在对弈的自始至终，要面向未来，开拓进取。为了下好一盘棋就要下好开局、中局、残局各个阶段的棋，下好各个阶段的每一步棋。

每一位弈者，在下每一盘棋的时候，既要有实战象棋的思想准备，又要有实战象棋的方向指南，还要有实战象棋的路线实践。

第二节　战略方向

一、朝着抢先的方向

开局伊始，存在一个抢先的问题。若对方先走，我方走得再好，十多步棋才能反先，这就使我们更加珍惜一步棋的着法质量。弈法正确才有可能赢得了先手。所谓先手，就是“弈战过程中，谁占有局面的主动权，谁就占有了先手”。

以胡荣华和杨官璘的一盘对局为例：

①炮二平五　马8进7　②兵三进一　卒3进1

③炮八进四　车9平8　④马二进三　炮8平9

⑤马八进七　象3进5　⑥炮八平三　马2进3

⑦车九平八　炮2进2　⑧车八进四　卒1进1

⑨兵七进一　卒3进1　⑩车八平七　马3进4

至此如图 H1，双方开局阶段结束。

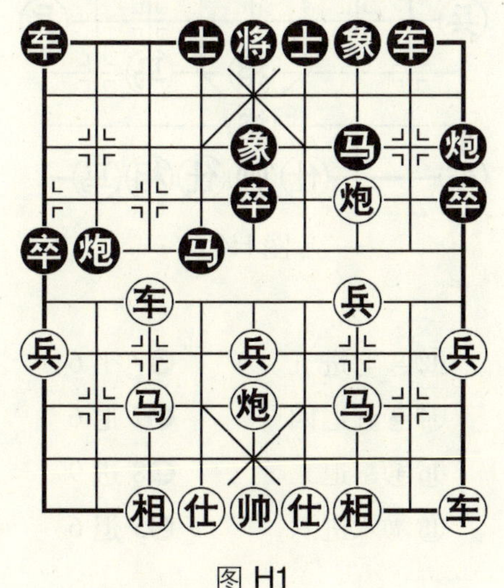

图 H1

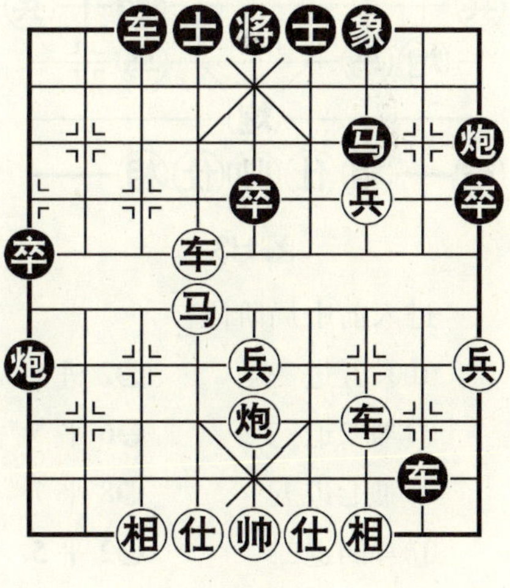

图 H2

进入前中局阶段：

⑪马七进六　车8进3　⑫炮三进三　象5退7

⑬车七进一　炮2进3　⑭车七平六　炮2平7

⑮车一进二　　炮7退1　　⑯车一平三　　炮7平1

⑰兵三进一　　车1平3　　⑱兵三进一　　车8进5

至此如图H2,前中局阶段结束。

又如,喻之青和柳大华的一盘对局:

①炮二平五　　马8进7　　②马二进三　　车9平8

③车一平二　　马2进3　　④兵七进一　　卒7进1

⑤车二进六　　马7进6　　⑥马八进七　　车1进1

⑦兵五进一　　卒7进1　　⑧车二退一　　马6进7

⑨兵五进一　　车1平7　　⑩炮五退一　　士6进5

至此如图H3,双方开局阶段结束。

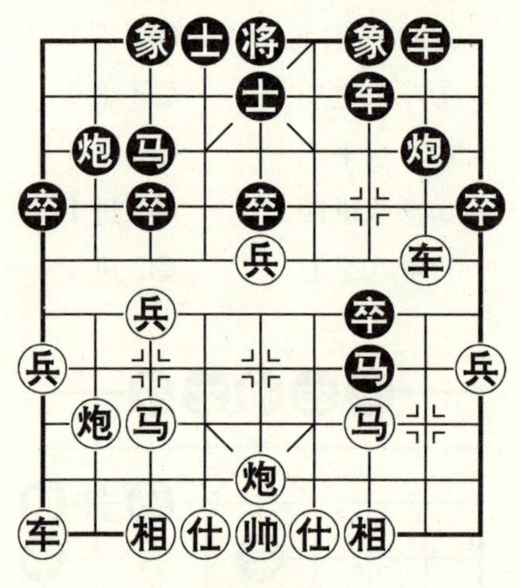

图H3

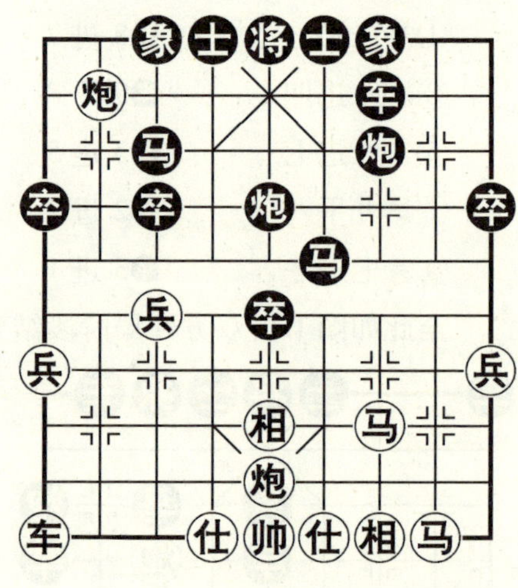

图H4

进入前中局阶段:

⑪兵五进一　　炮2进1　　⑫马七进五　　卒7平6

⑬车二退三　　卒6平5　　⑭马五退四　　马7退6

⑮相七进五　　炮8平7　　⑯车二退二　　车8进9

⑰马四退二　　炮2平5　　⑱炮八进六　　士5退6

至此如图H4,前中局阶段结束。

再如,李来群和于幼华的一盘对局:

①炮二平五　　马8进7　　②马二进三　　车9平8

③车一平二　　马2进3　　④兵七进一　　卒7进1

⑤车二进六　炮8平9　⑥车二平三　炮9退1

⑦马八进七　士4进5　⑧炮八平九　车1平2

⑨车九平八　炮9平7　⑩车三平四　马7进8

至此如图 H5，双方开局阶段结束。

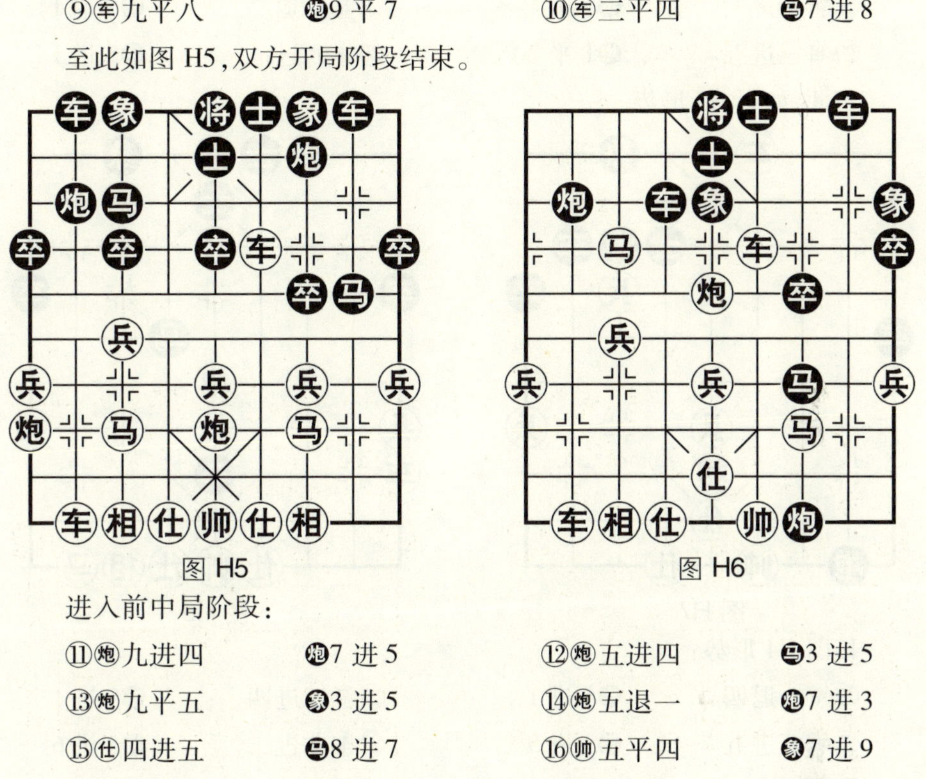

图 H5　　图 H6

进入前中局阶段：

⑪炮九进四　炮7进5　⑫炮五进四　马3进5

⑬炮九平五　象3进5　⑭炮五退一　炮7进3

⑮仕四进五　马8进7　⑯帅五平四　象7进9

⑰马七进六　车2平4　⑱马六进七　车4进2

至此，前中局阶段结束。

二、朝着争势的方向

进入中局，存在一个争势的问题。关于势，尚威在其编著的《象棋争势妙算》一书里有过精深的专题研究，同好不妨找来读读。“势是指局势一方的子力间联系所构成的攻势程度。子力所占据的空间和有效性，往往是衡量占势与失势的依据”。势有胜势、优势、对攻势、均势、劣势、败势之分，势在随弈不断的变化，势的拼争至关重要。

接图 H2 形势：

⑲马六进四　车3进9　⑳马四进三　炮1进3

㉑车三平四　士6进5　㉒炮五进四　士5进6

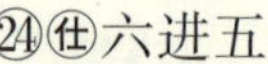

㉓车四平六　车3退9　㉔仕六进五　车8退6

㉕帅五平六　炮9平7　㉖前车进四　车3平4

㉗车六进七　将5进1　㉘车六退一　将5退1

㉙相三进五　炮1平2　㉚车六进一　将5进1

至此,如图H7形势。

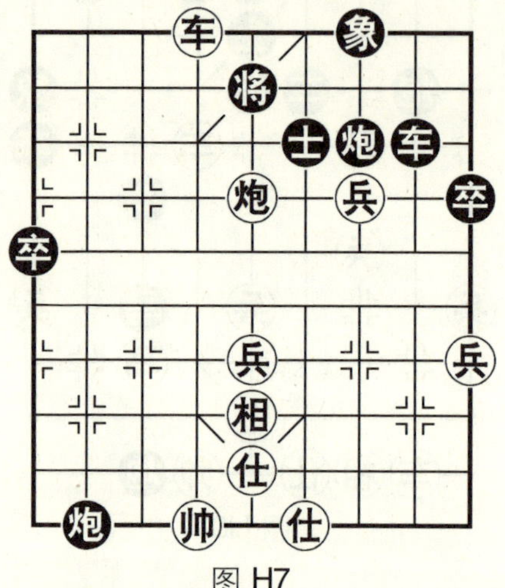

图H7

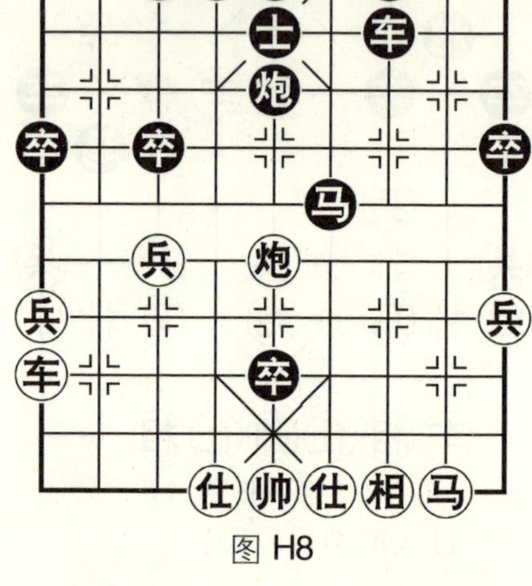

图H8

接图H4形势:

⑲炮八退四　卒5进1　⑳马三进四　卒5进1

㉑炮五进五　马3进5　㉒车九进二　马5进6

㉓炮八平四　炮7平5　㉔炮四平五　士6进5

至此,如图H8形势。

接图H6形势:

⑲马七进八　车4进2

⑳车四平九　车4平5

㉑车九进三　象5退3

㉒车九平七　士5退4

㉓马八退六　将5进1

㉔马六退五

至此,如图H9形势。

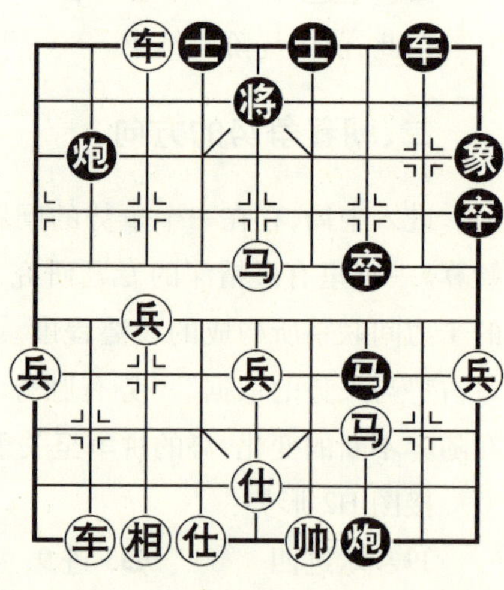

图H9

三、朝着胜利的方向

认准是胜势，就应该朝着胜利的方向努力。

以福建郭福人和河北刘殿中 1977 年 9 月 19 日的一盘棋为例：

①炮二平五　　马8 进 7
②马二进三　　卒7 进 1
③兵七进一　　马2 进 3
④马八进七　　车9 平 8
⑤车一平二　　炮2 进 4
⑥兵五进一　　炮8 进 4
⑦车九进一　　象3 进 5
⑧车九平六　　马7 进 8
⑨车六进六　　车1 平 3
⑩炮五进四　　士4 进 5
⑪兵五进一　　马8 进 7
⑫马七进六　　炮8 退 2

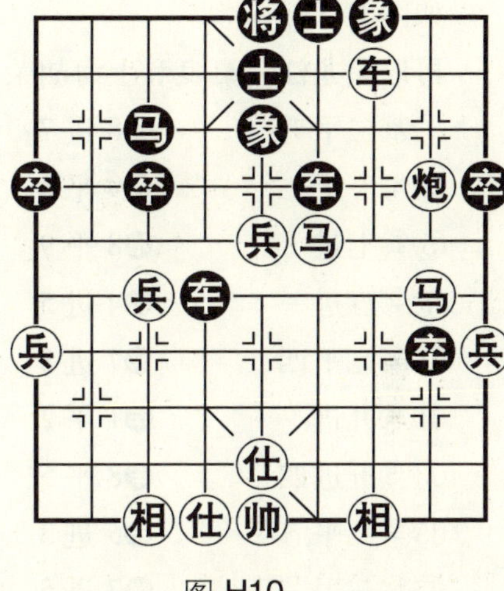

图 H10

⑬马六退四　　炮2 退 3
⑭炮八平五　　炮2 平 5
⑮炮五进四　　车8 进 3
⑯车二进三　　车8 平 7
⑰车六退一　　炮8 退 1
⑱马三进五　　卒7 进 1
⑲马五进四　　卒7 平 8
⑳炮五平二　　车7 平 4
㉑车二平三　　车3 平 4
㉒仕四进五　　前车平 6
㉓车三进五　　卒8 进 1
㉔后马进二　　车4 进 5

如图 H10 形势。

㉕马二进三　　车6 退 1
㉖马三进五　　车6 平 8
㉗马五退六　　马3 退 1
㉘炮二平三　　象7 进 5
㉙马六进五　　车4 平 7
㉚相七进五　　车7 退 1

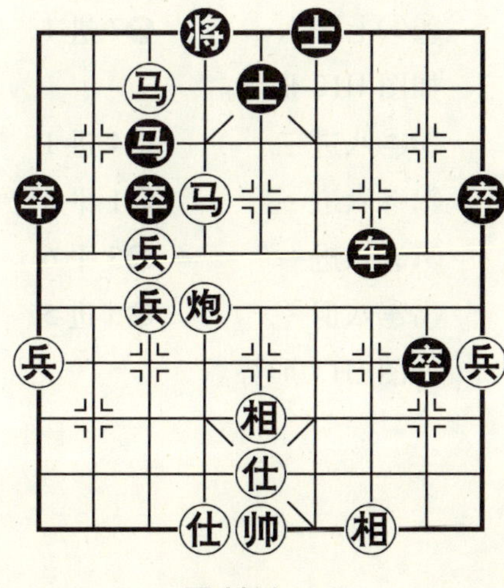

图 H11

㉛炮三平六　车8进2　㉜车三退三　车8平7

㉝马五进七　将5平4　㉞炮六退二　马1进3

㉟兵五平六　士5进4　㊱兵六平七　士4退5

㊲马四进六

如图H11形势。

再以黑龙江王嘉良和上海胡荣华1977年9月14日的一盘棋为例：

①炮二平五　马8进7　②马二进三　卒7进1

③车一平二　车9平8　④车二进六　马2进3

⑤兵七进一　炮8平9　⑥车二平三　炮9退1

⑦兵五进一　士4进5　⑧炮八平七　炮9平7

⑨车三平四　马7进8　⑩车四退三　车8进2

⑪车九进一　车1平2　⑫车九平二　马8进7

⑬炮五进四　车8平5　⑭炮五平三　车5进3

⑮车二平五　车5进3　⑯仕四进五　象3进5

⑰炮三退三　炮7进5　⑱车四平三　炮2进6

⑲炮七平五　车2进7　⑳帅五平四　马3进5

㉑车三平四　炮2平1　㉒马八进九　炮1进1

㉓车四进三　车2平1　㉔车四平五　车1退1

㉕车五平七　将5平4　㉖车七平六　将4平5

㉗车六平八　将5平4　㉘兵七进一　卒7进1

㉙兵七平六　卒7进1

如图H12形势。

㉚车八进三　将4进1　㉛炮五平六　士5进4

㉜兵六进一　车1平6　㉝帅四平五　将4平5

㉞兵六进一　将5平6　㉟兵六平五　卒7进1

㊱车八退一　士6进5　㊲兵五进一

如图H13形势。

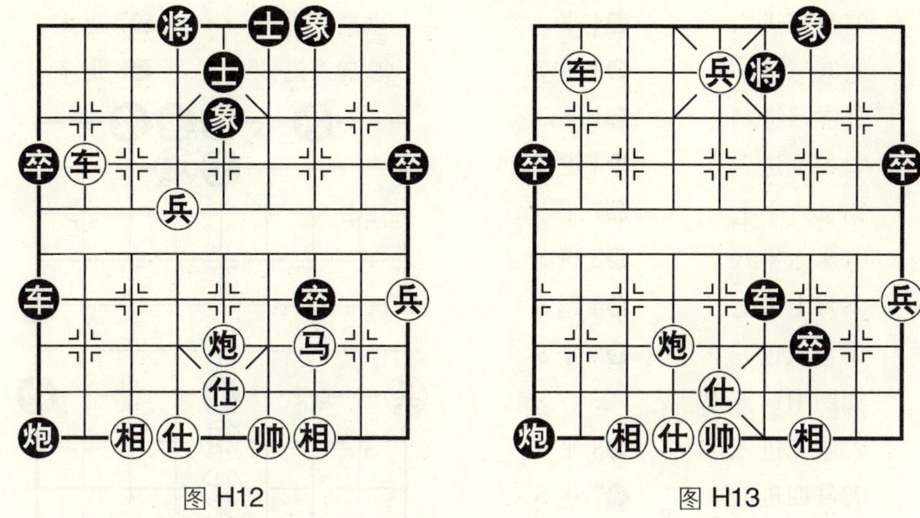

图 H12　　　　图 H13

四、朝着平和的方向

认准是和棋，就应当强力做到事实上的和棋，还可向对方主动求和，对方不同意，则另当别论。

以天津黄少龙和上海胡荣华 1977 年 9 月 12 日的一盘棋为例：

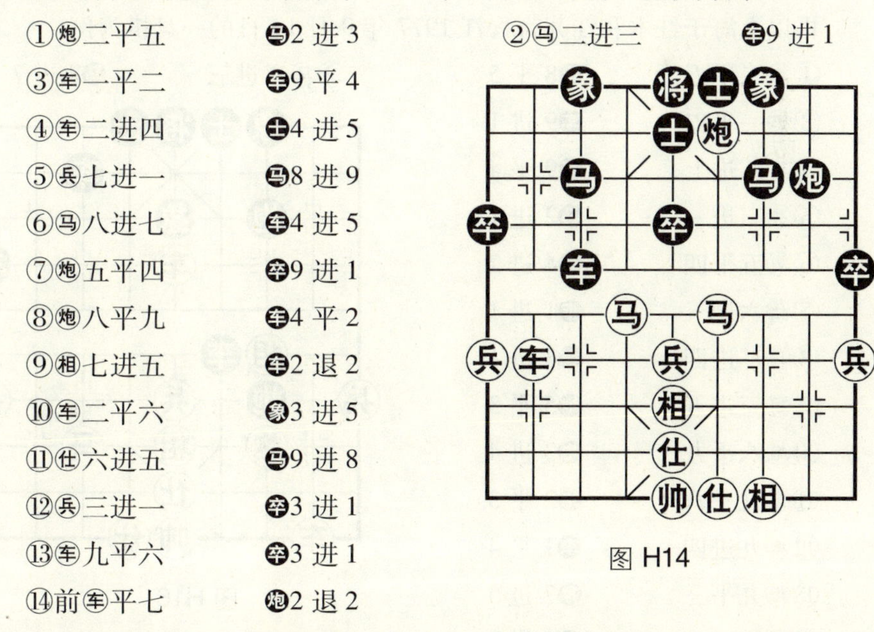

①炮二平五　马2 进 3　②马二进三　车9 进 1

③车一平二　车9 平 4

④车二进四　士4 进 5

⑤兵七进一　马8 进 9

⑥马八进七　车4 进 5

⑦炮五平四　卒9 进 1

⑧炮八平九　车4 平 2

⑨相七进五　车2 退 2

⑩车二平六　象3 进 5

⑪仕六进五　马9 进 8

⑫兵三进一　卒3 进 1

⑬车九平六　卒3 进 1

⑭前车平七　炮2 退 2

⑮马七进六　炮2 平 4　⑯炮九平六　车2 平 5

图 H14

⑰炮四进六　　炮4平3　　⑱车七平八　　卒7进1

⑲兵三进一　　车5平7　　⑳马三进四　　马8退7

㉑车八进二　　车1平2

㉒车八进三　　马3退2

㉓炮六平七　　车7平5

㉔车六平八　　马2进3

㉕炮七进七　　象5退3

㉖车八进三　　车5平3

如图 H14 形势。

㉗车八进三　　炮8平9

㉘马四进五　　马7进5

㉙马六进五　　马3进5

㉚车八平五　　炮9进4

㉛车五平九　　车3进2

㉜车九退一　　车3平5

图 H15

如图 H15 形势。

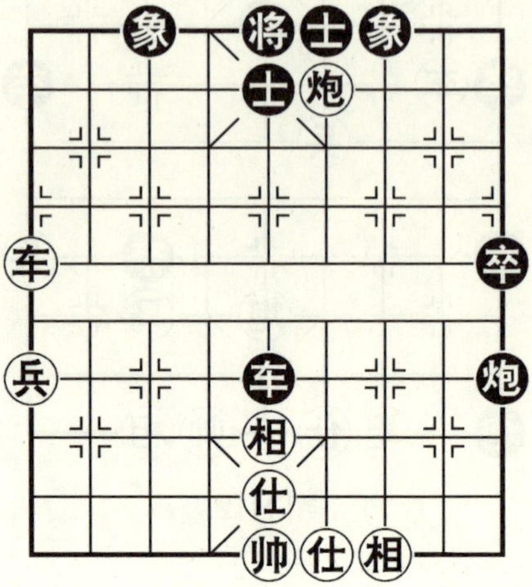

再以上海于红木和江苏言穆江 1977 年 9 月 19 日的一盘棋为例：

①炮二平五　　炮8平5　　②马二进三　　马8进7

③车一平二　　车9进1

④马八进七　　车9平4

⑤兵三进一　　马2进1

⑥炮五平四　　车4进7

⑦仕六进五　　车1进1

⑧马三进四　　卒3进1

⑨相三进五　　炮5平3

⑩炮八平九　　炮3进4

⑪车九平八　　炮2平3

⑫炮九进四　　车1平4

⑬炮九平三　　象7进5

⑭兵三进一　　卒3进1

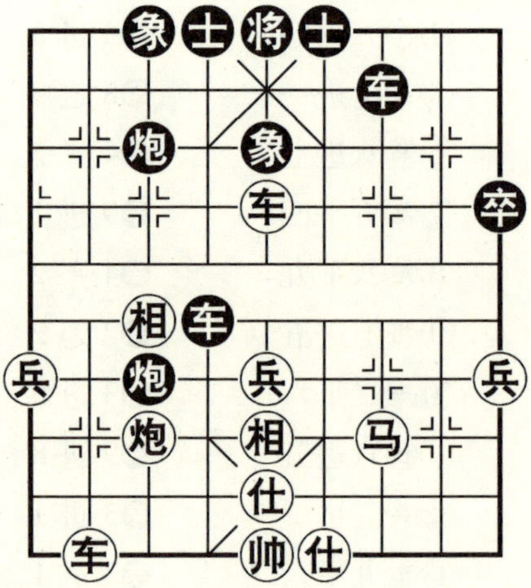

图 H16

⑮相七进九	马1 进 3	⑯相九进七	马3 进 4
⑰炮三平二	象5 进 7	⑱炮二退五	马4 进 3
⑲炮四平七	前车退 3	⑳炮二进八	士6 进 5
㉑马四退三	马7 退 8	㉒车二进九	士5 退 6
㉓车二退三	象7 退 5		
㉔车二平五	后车平 7		

如图 H16 形势。

㉕车八平六	车4 进 4
㉖仕五退六	车7 进 5
㉗车五平一	后炮退 1
㉘车一平六	后炮平 7
㉙车六退三	炮7 进 6
㉚炮七平三	炮3 平 5
㉛仕六进五	车7 进 1
㉜车六平五	

如图 H17 形势。

图 H17

第三节　棋形方向

“天要下雨，娘要嫁人”“水往低处流，人往高处走”，规律是具有客观性的，规律是不可抗拒的。弈者下棋的思想路线必须正确，要有客观的态度，不能主观臆断。如下图 H18，红车顺手吃象，优势倒戈。

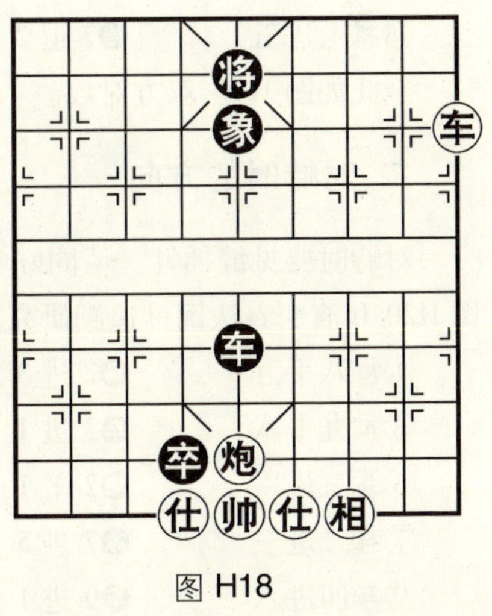
图 H18

大凡弈者，在下每一盘棋时，都有走对的正确着法，也有走错的着法。问题在于谁的正确着法比较多些、错误着法比较少些。客观看待棋形，弄清其中的道理，运用在现实问题的处理中。

一、对攻时的方向

对攻时要抢分夺秒。请同好参看拙作《实战象棋捷径》第 94 页，或根据图 H19 和演变着法倒推追溯研究。

①炮八平五　马2 进 3
②马八进七　车1 平 2
③车九平八　卒3 进 1
④车八进六　马8 进 7
⑤兵三进一　象3 进 5
⑥马二进三　车9 进 1
⑦车八平七　车2 平 3
⑧车一进一　炮2 进 2
⑨车一平四　卒7 进 1
⑩车四进五　卒7 进 1
⑪炮二进四　马7 进 8
⑫炮二平五　士4 进 5
⑬车四平二　炮8 平 7
⑭前炮退一　马8 进 6　⑮马三进四　炮7 进 7
⑯仕四进五　炮2 平 5　⑰马四进六　炮5 进 3
⑱相七进五　炮7 退 2　⑲相五进三　马3 退 4

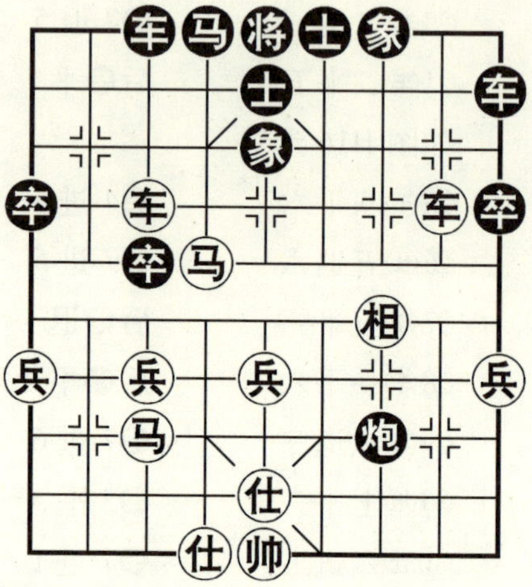

图 H19

至此如图 H19，双方对攻。

二、对峙时的方向

对峙时要见缝插针。请同好参看拙作《实战象棋捷径》第 93 页，或根据图 H20 和演变着法倒推追溯研究。

①炮八平五　马2 进 3　②马八进七　车1 平 2
③车九平八　卒3 进 1　④车八进六　马8 进 7
⑤兵三进一　炮2 平 1　⑥车八平七　车2 进 2
⑦马二进三　象7 进 5　⑧马三进四　炮8 进 4
⑨马四进六　车9 进 1　⑩兵五进一　炮8 退 5
⑪炮二进五　炮8 平 3　⑫车七平六　车2 进 6

⑬车一平二　　车2平4
⑭兵五进一　　卒5进1
⑮马七进五　　车4退2
⑯炮五进三　　炮3平5
⑰炮五进三　　车9平5

至此如图H20，双方对峙。

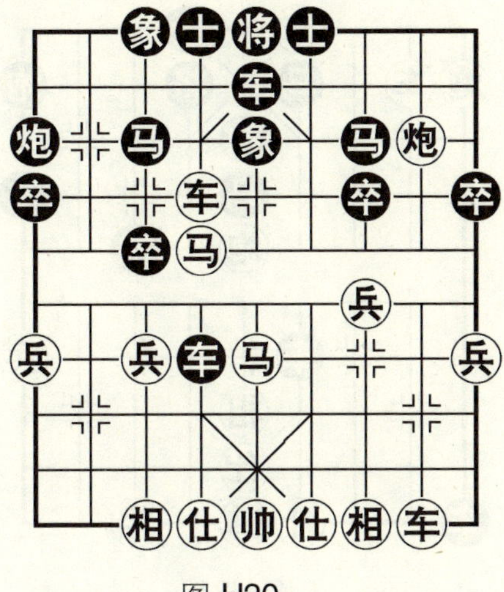

图H20

三、有利时的方向

有利时要再接再厉。关于这个问题笔者不再赘述，具体请参看本书图E4。弈者遇到顺境勿忘乎所以，应虚心冷静走好后面的棋，乘势而上。

四、不利时的方向

不利时要不屈不挠。以林洪著《象棋实用中局技巧》第211页林宏敏对李曰纯的一盘棋为例：

双方弈至35回合形势如图H21：

㉟……　　车1退8　　㊱车八平九　　马5进3
㊲车九平七　　炮9平8　　㊳仕五退四　　马3进2
㊴仕六进五　　象5进3　　㊵仕五进六　　车4进1
㊶车七平八　　马2进3　　㊷帅五进一　　车4进2
㊸炮五平四　　将6平5　　㊹帅五平四　　炮8平6
㊺炮四平五　　马3退5　　㊻车六平四　　车4平6
㊼帅四平五　　马5退4　　㊽车八退六　　前马进6
㊾帅五平六　　马6退5　　㊿车八平六　　车6退3
54车六进三　　车6平5　　52相三进五　　车5进1
53车六平七　　马5进4　　54车七退二　　前马进6

至此如图H22。

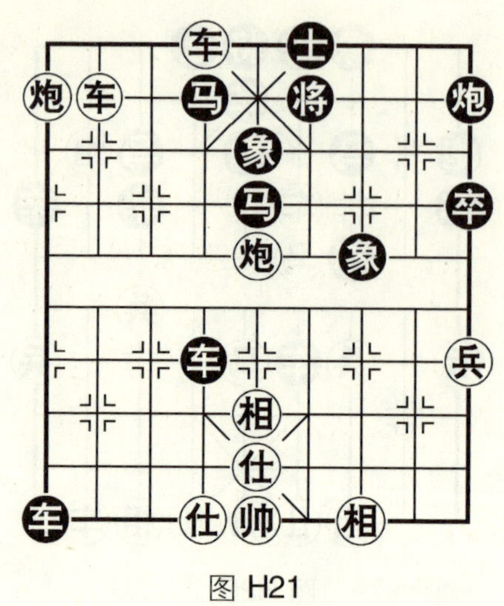

图 H21

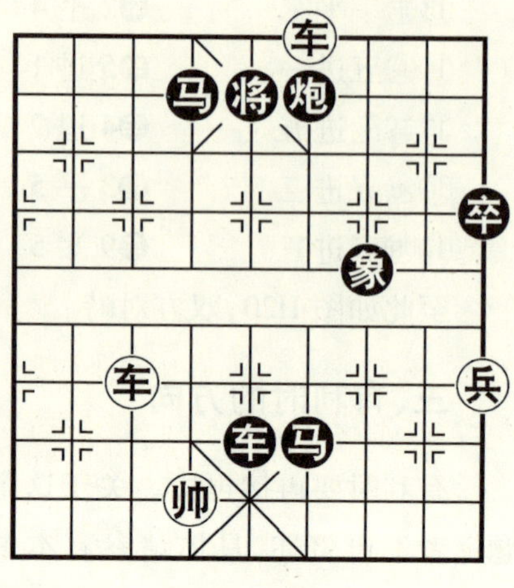

图 H22

不论抢先或者争势，求胜或者保和，都必须有各自的方略，特别是在至关重要的中局阶段。钱俊在其《象棋中局初探》一书里，论述了中局的特殊性指导思想。现将在对攻、对峙、有利、不利四种不同局面下的一些方针、方法、战略或策略摘要于下，弈者可根据自己面临的实际情况，具体对待。

1. 对攻方略

思想上要敢字当头
度算上要先算攻着
原则上要以有杀无
方法上要对比速度
战略上要兼攻顽守
策略上要连消带打
对攻上要巧用将帅

2. 对峙方略

寻隙抵暇打开局面
沉着停等待机决战
声东击西设法诱敌
顺理而动逸已攻人
无车势稳谋卒渡兵
化弊积利由量变质
综合运用对峙方略

3. 有利方略

把握局势防止反扑
削弱敌防避实击虚
顺勿冒进利勿保身
严防对手消解谋和
战斗方针先大于子
累先积优走向全胜
简化局势稳定优先

4. 不利方略

以急制缓闪击反局
以攻制攻摆脱被动
驱兑主力消除不利
渐削对手逐步改观
失利纠缠依规谋和
筹量子力依典媾和
求乱设伏难和则拼

第四节　创新方向

朝着奇特的方向

万安平编著的《象棋大师射门秀》一书里，有个棋例使笔者感受颇深，体会到机会真是稍纵即逝。让我们一起来学习一下。

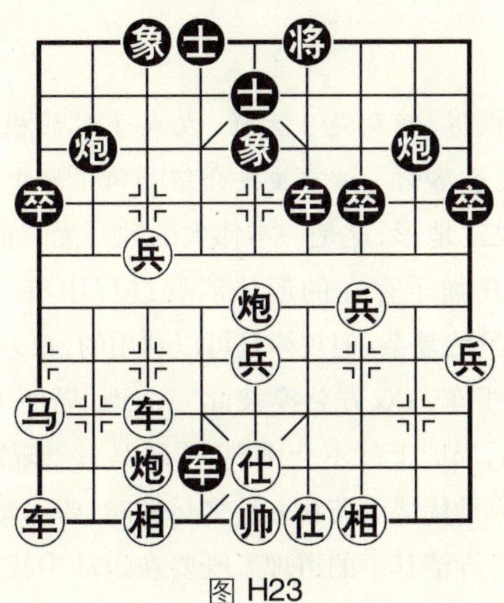

图 H23

黑方车4平5则马到成功。笔者很赞同著名导演张艺谋所说的一句话："艺术在很多情况下，是非走极端不可，往完整走就毁了。"就是这个棋例使我否定了原来的想法，决定精简为执后战区和持先战区，仅凸显持先当头炮对顺手炮战区，执后顺手炮抗当头炮战区。我深信，古德里安说的话："在战争中只有简单才能获得成功。"心中有欲达到的意境，或者说是战略目标，这没有错，但更为重要的是，处理好眼前的现实问题，实施好"10987"工程。

结论：方向不对，出力费劲白忙活。对弈的过程就是争夺主动权和实力的过程。这就像方向盘，要掌握大的方向，确保目标正确。

第九章　远虑发展焦点

——认识路向的曲折性

指南提要：注重棋形，特别是十大子、九大子时的棋形和其他辅助子力诸因素以及未来的发展路向。该章主要介绍如何下好中局的方法。

亨利·劳埃德说："地形，这是一本伟大的独一无二的圣书。"

中局阶段，双方在强子存在的形势演变过程中有一个奇数、偶数的问题。笔者强调：中局虽然复杂，但规律是可以利用的，双方兑换彼此一个车，局面上就不会再现"霸王车"；双方兑换彼此一个炮，局面上就不会再现"担子炮"；双方兑换一个马，局面上就不会再现"连环马"。该战区的技巧是兑掉对方单兵种，从而获得兵种优势。若我方是多兵种时，要尽量避免兑换尽其中的一个兵种。注重棋形，弄清其中的道理。既要在运动中找寻战机，歼灭敌人的有生力量，又要耐心等待敌人弱点的出现，倾心倾力打好强子争夺战。

第一节　强子偶数战场

一、十强子战场

实战中有可能遇到：①双车、双炮、马对双车、双炮、马；②双车、双马、炮对双车、双炮、马；③双车、双马、炮对双车、双马、炮；④车双、马双、炮对车、双马、双炮。现分述如下：

1. 双车双炮马对双车双炮马

李义庭对杨官璘弈至十强子形势：

①炮二平五	马8进7	②马二进三	马2进3
③兵七进一	卒7进1	④马八进七	象3进5

⑤车一平二　车9平8

⑥炮八进二　卒3进1

⑦兵七进一　象5进3

⑧兵五进一　象3退5

⑨兵三进一　卒7进1

⑩炮八平三　炮8进2

⑪马七进五　士6进5

⑫兵五进一　卒5进1

⑬马五进七　车1平3

⑭马七进五　马3进5

⑮车九平八　车3进4

⑯马三进五　炮2平3

⑰相七进九　马7进6

⑱车八进六　车3进2

⑲车八平五　车3平5

至此如图J1。

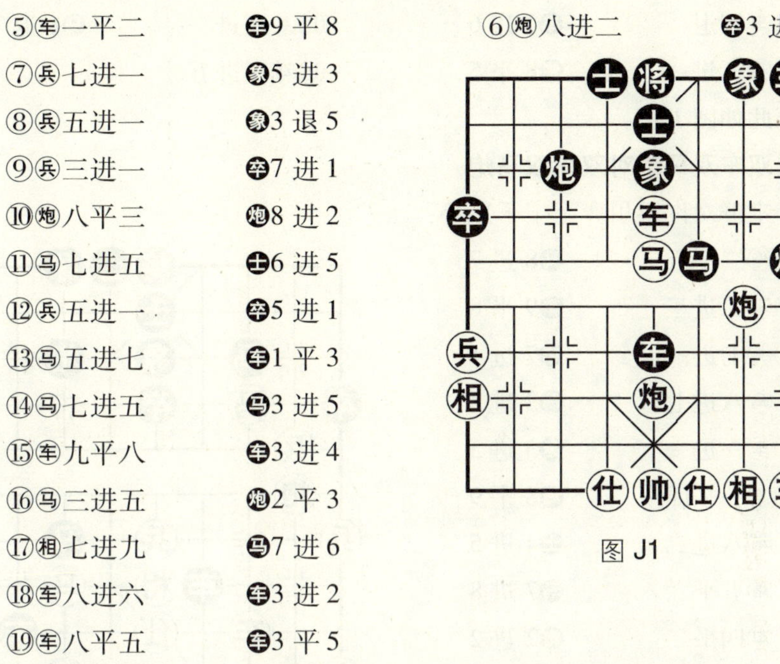

图 J1

2. 双车双马炮对双车双炮马

杨官璘对陈志文弈至十强子形势：

①炮二平五　马8进7

②马二进三　车9平8

③兵七进一　卒7进1

④马八进七　马2进3

⑤车一进一　马7进6

⑥车一平四　马6进7

⑦车四进二　卒7进1

⑧炮五退一　炮2进4

⑨兵五进一　炮8进4

⑩车四进二　象7进5

⑪马七进五　卒7平8

⑪车四进一　车8平7

⑫兵五进一　马7退8

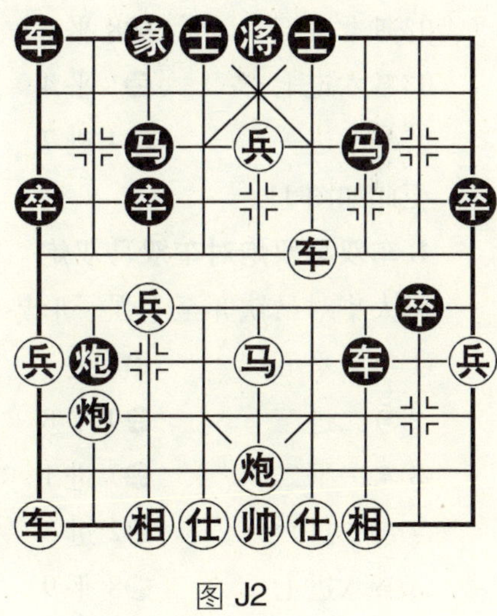

图 J2

⑬车四退一　车7进6　⑭兵五进一　马8退7

⑮兵五进一　炮8平5　⑯马三进五

至此如图J2。

3. 双车双马炮对双车双马炮

李来群对许银川弈至十子形势：

①炮二平五　马8进7

②马二进三　车9平8

③兵七进一　卒7进1

④马八进七　马2进3

⑤车一进一　象3进5

⑥车一平四　炮8平9

⑦炮八进二　士4进5

⑧炮五平六　马7进8

⑨车四平二　炮2进2

⑩马七进六　炮9平8

⑪车二平七　马8进7

⑫相七进五　炮8平7

⑬马六进七　车1平4　⑭仕六进五　车8进8

⑮兵七进一　车4进7　⑯兵七平八

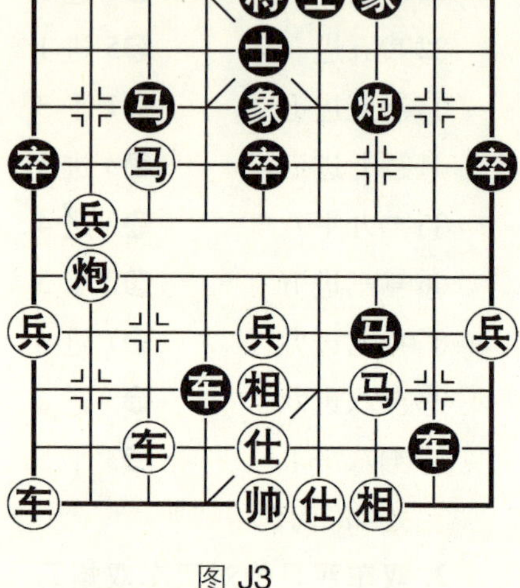

图J3

至此如图J3。

4. 车双马双炮对车双马双炮

柳大华对吕钦弈至十强子形势：

①炮二平五　马8进7

②马二进三　车9平8

③车一平二　卒7进1

④车二进六　马2进3

⑤马八进七　炮8平9

⑥车二平三　炮9退1

⑦兵五进一　士4进5

⑧兵五进一　炮9平7

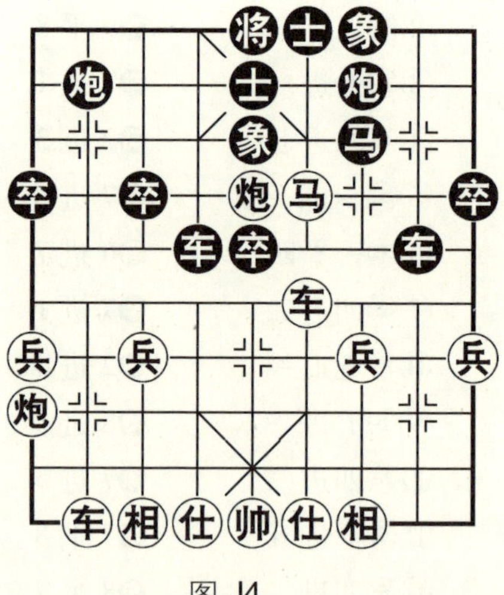

图J4

⑨车三平四　卒7进1　⑩马三进五　卒7平6
⑪车四退二　卒5进1　⑫马五进六　马3进5
⑬炮八平九　象3进5　⑭车九平八　炮2退1
⑮马七进五　车8进4　⑯马五进三　车1平4
⑰马三进四　车4进4　⑱炮五进四

至此如图 J4。

二、形势剖析

1. 双方均势时

①炮八平五　马2进3　②马八进七　车1平2
③车九平八　卒3进1　④车八进六　马8进7
⑤兵三进一　象3进5　⑥马二进三　炮8进1
⑦车一进一　车9进1　⑧车一平四　车9平4
⑨兵五进一　马3进4　⑩兵五进一　卒5进1
⑪车八平三　炮8进3　⑫马三进五　炮8平3
⑬车四平八　马4进5　⑭马七进五

至此如图 J5。

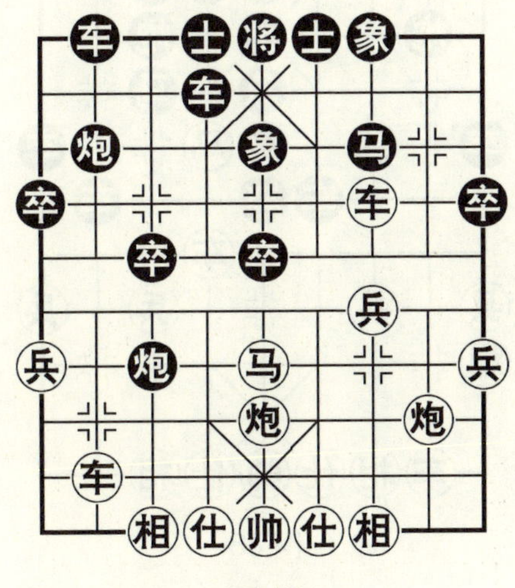

图 J5

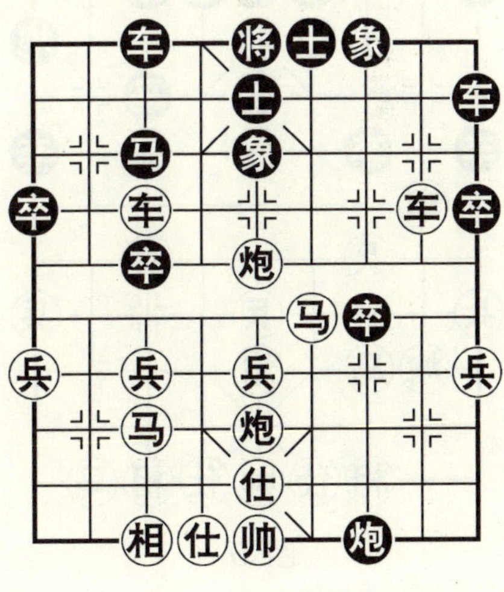

图 J6

2. 双方对攻时

①炮八平五　马2进3　②马八进七　车1平2

③㊔九平八　❸3 进 1　④㊔八进六　❸8 进 7

⑤㊕三进一　❸3 进 5　⑥㊋二进三　❸9 进 1

⑦㊔八平七　❸2 平 3　⑧㊔一进一　❸2 进 2

⑨㊔一平四　❸7 进 1　⑩㊔四进五　❸7 进 1

⑪㊝二进四　❸7 进 8　⑫㊝二平五　❸4 进 5

⑬㊔四平二　❸8 平 7　⑭前㊝退一　❸8 进 6

⑮㊋三进四　❸7 进 7　⑯㊓四进五　❸2 平 5

至此如图 J6。

3. 一方占先时

①㊝二平五　❸8 进 7　②㊕三进一　❸9 平 8

③㊋二进三　❸8 平 9　④㊋八进七　❸3 进 5

⑤㊕七进一　❸2 进 4　⑥㊔九进一　❸4 进 5

⑦㊔九平六　❸9 退 1　⑧㊔六进四　❸2 退 2

⑨㊔六平八　❸2 平 4　⑩㊔一平二　❸8 进 9

⑪㊋三退二

至此如图 J7。

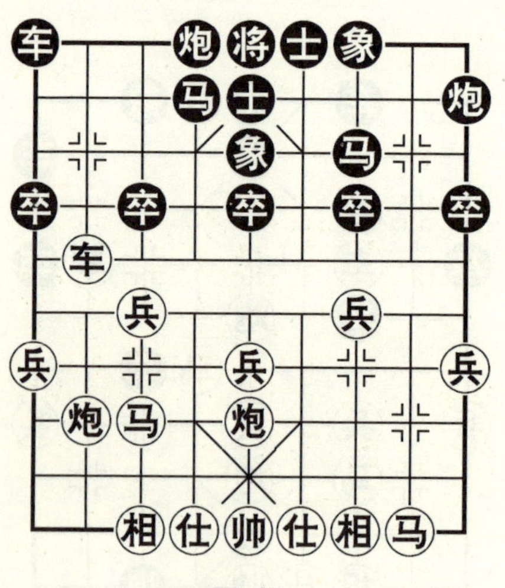

图 J7

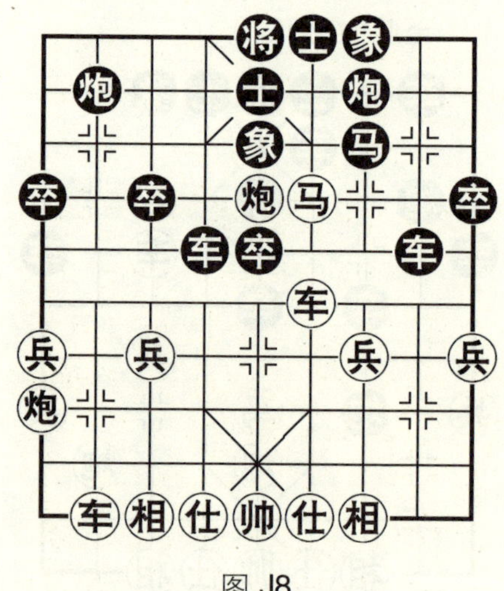

图 J8

4. 一方占势时

①㊝二平五　❸8 进 7　②㊋二进三　❸9 平 8

③㊔一平二　❸7 进 1　④㊔二进六　❸2 进 3

⑤马八进七　　炮8平9　　⑥车二平三　　炮9退1
⑦兵五进一　　士4进5　　⑧兵五进一　　炮9平7
⑨车三平四　　卒7进1　　⑩马三进五　　卒7平6
⑪车四退二　　卒5进1　　⑫马五进六　　马3进5
⑬炮八平九　　象3进5　　⑭车九平八　　炮2退1
⑮马七进五　　车8进4　　⑯马五进三　　车1平4
⑰马三进四　　车4进4　　⑰炮五进四

至此如图J8。

三、八强子战场

实战中可能遇到:①双马、双炮对双马、双炮;②双车、双炮对双车、双炮;③双车、双马对双车、双马;④车马、双炮对车炮、双马;⑤双车、马、炮对双车、双马;⑥双车、马炮对双车、双炮;⑦双车、马炮对双车、马炮;⑧车双、马、炮对车双马、炮;⑨车、双炮、马对车、双炮、马。

1. 双车双炮对双车炮马

接上图J5。

⑭ ……　　车4进5　　⑮炮五进三　　士4进5
⑯马五进四　　炮3平2　　⑰车三平八　　马7进6
⑱后车进二

至此如图J9。

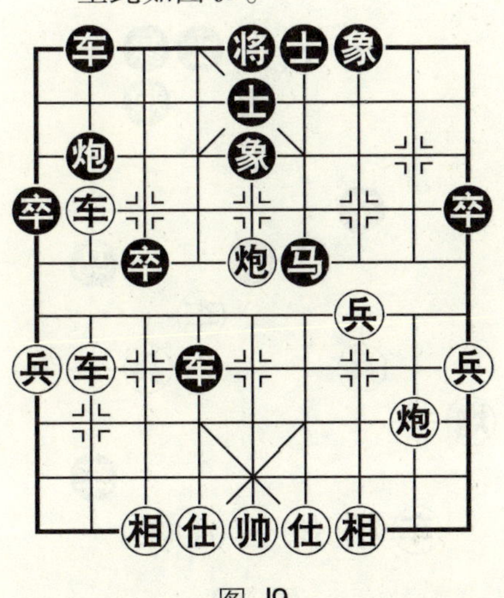
图 J9

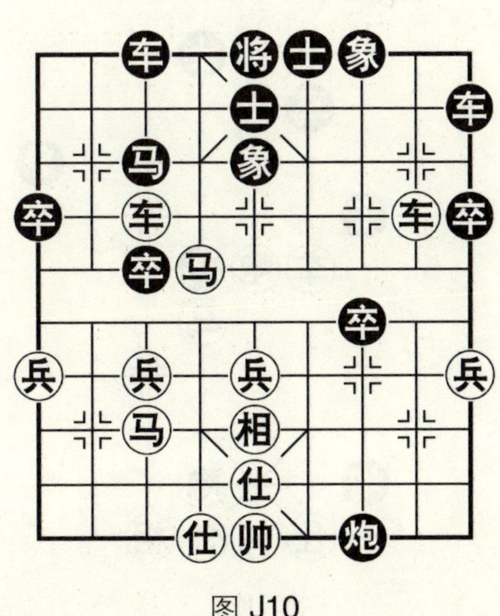
图 J10

如何面对：

⑱ ……	车2平4	⑲后车平六	车4进6
⑳车八进一	车4平5	㉑仕六进五	车5退2

2. 双车双马对双车炮马

接上图 J6。

⑰马四进六	炮5进3	⑱相七进五	

至此如图 J10。

如何面对：

⑱ ……	炮7退2	⑲相五进三	马3退4

3. 车双炮马对车炮双马

接上图 J7。

⑪ ……	车1平3	⑫炮八退一	卒5进1
⑬马二进三	卒3进1	⑭兵七进一	卒7进1
⑮兵三进一	炮9平7	⑯炮五进三	炮7进3
⑰马三进四	炮7平3	⑱相七进五	车3进3
⑲炮八平三	象7进9	⑳马七进八	炮3进4
㉑马八进六	马7进6	㉒炮三平四	炮4进4
㉓车八平六			

至此如图 J11。

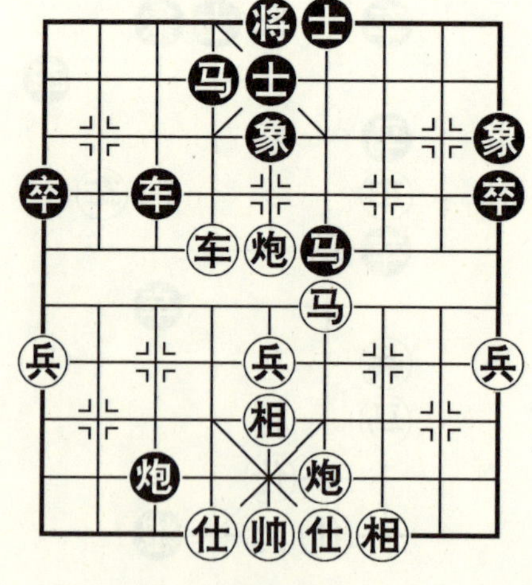

图 J11

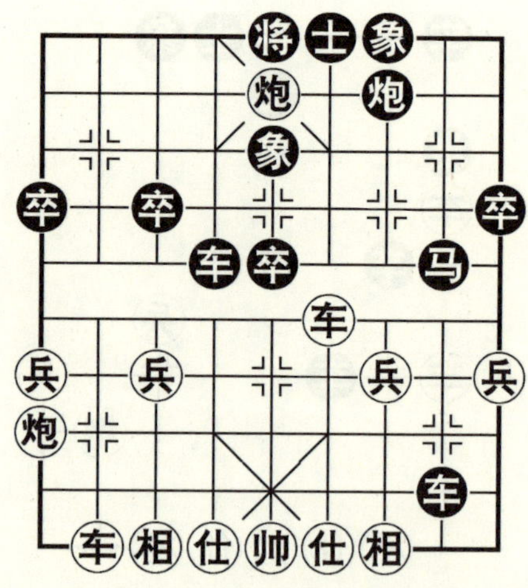

图 J12

如何面对:

㉓ …… 炮3退4 ㉔车六进三

4. 双车双炮对双车炮马

上接图 J8。

⑱ …… 车8进4 ⑲炮五进二 马7进8

⑳马四进三 炮2平7

至此如图 J12。

如何面对:

㉑车八进九 将5进1 ㉒车四进五 炮7进8

㉓仕四进五 象5退3 ㉔炮九平五 象7进5

㉕车八平七

强子偶数战场,一般情况下,子力双方相等。问题是双方局势平稳是一回事,双方斗争激烈优劣明显又是一回事。弈者要在子力上下功夫,要在势上做文章。

第二节 强子奇数战场

一、九强子战场

实战中有可能遇到:①车、双马、双炮对双车、双马;②车、双马、双炮对双车、双炮;③车、双马、双炮对双车、马炮;④车、双马、双炮对车、炮、双马;⑤车、双马、双炮对车、马、双炮;⑥车、双炮、马对双车、双马、炮;⑦双车、双炮对双车、双炮、马;⑧双车、双炮对双车、双马、炮;⑨双车、双马对双车、双马、炮;⑩双车、双马对双车、双炮、马;⑪双车、马炮对双车、双马、炮;⑫双车、马、炮对双车、双炮、马。

1. 双车双炮马对双车马炮

于幼华 先负 李来群

①炮二平五 马2进3 ②马二进三 炮8平6

③车一平二 马8进7 ④马八进九 卒7进1

⑤炮八平六 车1平2 ⑥车九平八 炮2进4

⑦车二进六 士6进5 ⑧马九退七 炮2退3

⑨车二平三　车9进2　⑩兵五进一　象3进5
⑪兵五进一　卒3进1　⑫炮六进四　卒5进1
⑬炮六退五　炮2进2　⑭马三进五　炮6进4
⑮炮六平五　马7进5
⑯马五进四　车9平6
⑰前炮进四　车6进2
⑱车三进三　车6退4
⑲车三退四　炮2平5
⑳前炮退二　……

至此九大子形势如图J13。

如何面对：

⑳……　炮6平5
㉑马七进五　象5进7

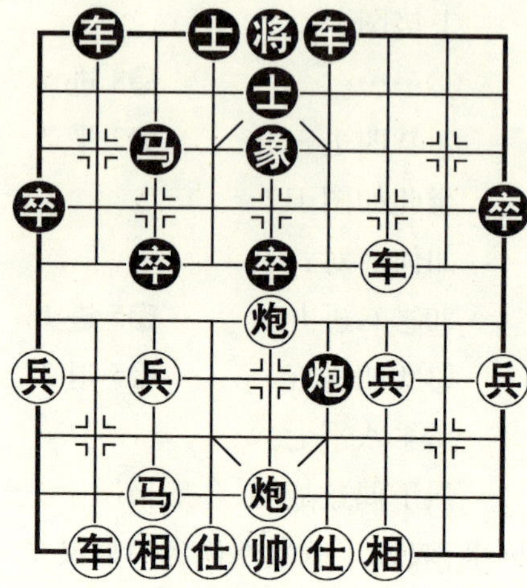

图J13

2. 双车炮马对双车双马炮

于幼华　先负　徐天红

①炮二平五　马2进3
②兵七进一　炮8平6
③马八进七　马8进7
④马七进六　士4进5
⑤炮八平六　车9平8
⑥马二进三　卒7进1
⑦相三进一　炮2进3
⑧马六进七　炮2退4
⑨马七退六　象3进5
⑩兵七进一　炮2平4
⑪车九进二　象5进3
⑫炮六进六　车1平4
⑬马六进五　马3进5

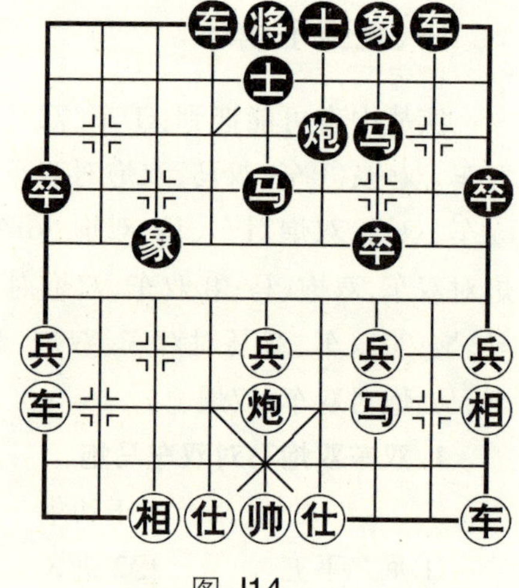

图J14

至此九大子形势如图 J14。

如何面对：

⑭炮五进四　炮6平5　⑮炮五退二　马7进6

3. 双车双炮马对双车马炮

赵国荣　先负　胡荣华

①炮二平五　马2进3
②马二进三　炮8平6
③车一平二　马8进7
④炮八平六　车1平2
⑤马八进七　炮2平1
⑥兵七进一　象7进5
⑦马七进六　卒7进1
⑧车二进六　士6进5
⑨车九进二　车9平7
⑩炮六平七　车2进4
⑪炮七进四　卒1进1
⑫车九平七　车2平4
⑬车二退二　马7进6　⑭马六进四　车4平6
⑮车二平六　炮1进4　⑯车七进一　炮1退1
⑰兵七进一　卒7进1　⑱兵三进一　炮1平7
⑲相三进一　炮7进1　⑳车七进一　卒9进1
㉑炮五平九　车7进4　㉒兵七平八　车6进3
㉓车七退三　车6平2　㉔兵八平九　马3退2
㉕兵九进一　炮6平7　㉖车六平二　车7平1
㉗车二退一　前炮退2　㉘马三退二　前炮平5
㉙仕四进五　车1退1　㉚炮七退二　车1进3
㉛炮七平三　炮5平3　㉜炮三平五　炮3进2
㉝车二进六　士5退6　㉞车二退三　炮7进6
㉟仕五退四　炮3进3　㊱车七退一

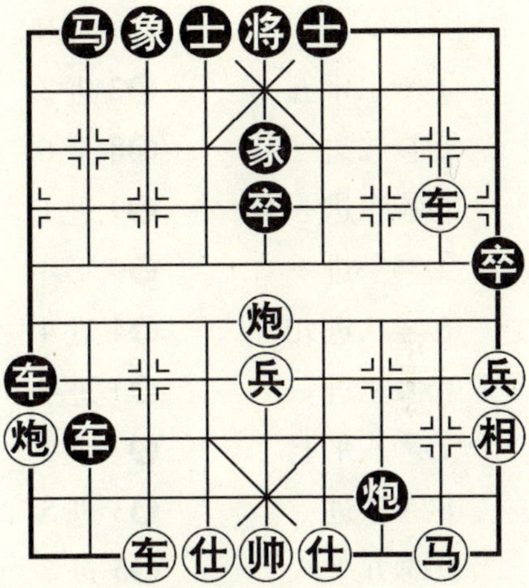

图 J15

至此九强子形势如图 J15。

如何面对：

㊱ …… 车1平5　㊲仕四进五 车5退1
㊳炮九进六 士4进5　㊴车七进六 炮7退2
㊵车二平四 炮7平1　㊶车七平九 炮1平5
㊷仕五进四 炮5平3

4. 车双马炮对车双马双炮

田晓　对　电脑

①炮二平五 马2进3
②马二进三 炮8平6
③兵三进一 车9进1
④车一进一 车9平4
⑤马八进九 车4进4
⑥相三进一 士4进5
⑦炮八平七 卒7进1
⑧兵三进一 象3进5
⑨车九平八 象5进7
⑩炮七进四 车1平4
⑪仕六进五 后车进4
⑫兵九进一 马8进7

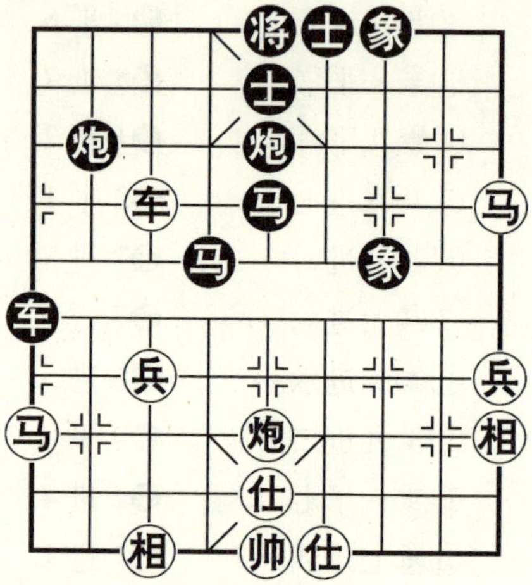

图 J16

⑬车一平二 马7进6　⑭车二进三 前车平8
⑮马三进二 马6进5　⑯车八进六 炮6平5
⑰炮七平九 车4进1　⑱马二进一 车4平1
⑲炮九平五 马5退4　⑳车八平七 马3进5

至此九大子形势如图 J16。

如何面对：

㉑炮五进五 象7退5　㉒车七平五 马4进6
㉓车五平四 马6进8

二、形势剖析

一车二子时

①炮二平五　马8进7
②马二进三　车9平8
③车一平二　炮8进2
④兵三进一　卒3进1
⑤炮八平七　炮2平5
⑥马八进九　马2进3
⑦车九平八　马3进2
⑧车二进五　车8进4
⑨车八进五

如图形势J17。

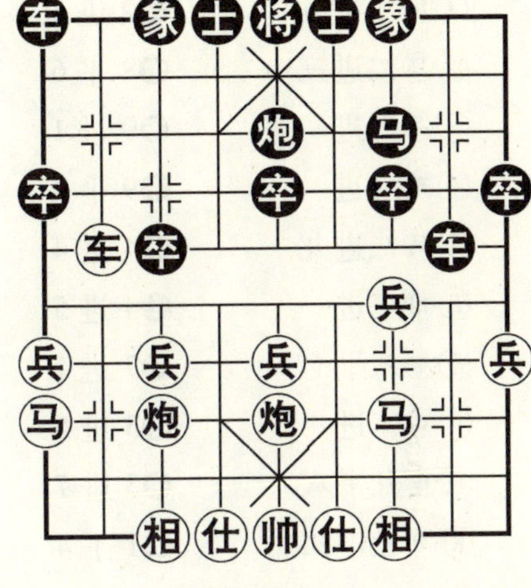

图 J17

2. 一方失子时

①炮二平五　马8进7
②马二进三　车9平8
③兵七进一　卒7进1
④马八进七　马2进3
⑤车一进一　象3进5
⑥车一平四　炮8进2
⑦兵五进一　士4进5
⑧炮八平九　卒3进1
⑨车九平八　车1平2
⑩马三进五　炮2进4
⑪兵三进一　卒7进1
⑫兵七进一　象5进3
⑬兵五进一　炮8进3
⑭兵五进一　炮8平3

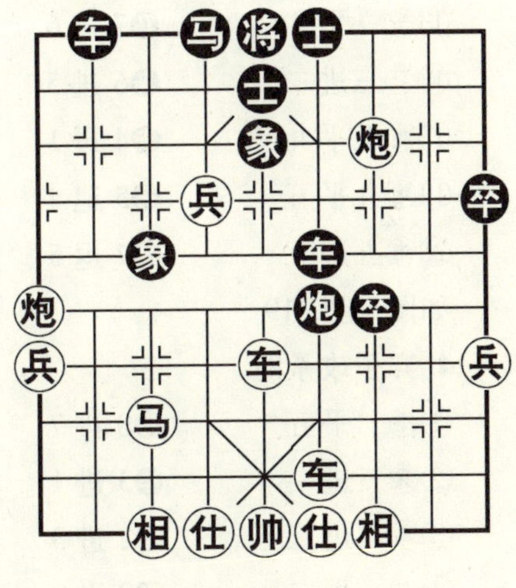

图 J18

⑮兵五平六　炮2退1
⑯车八进三　象7进5
⑰马五退七　炮2平6
⑱车八平五　马3退4
⑲炮九进四　车8进4
⑳炮九退二　车8平7
㉑炮五平三　车7平6

㉒炮三进五

如图形势 J18。

3. 子力兑换时

①炮二平五　马2进3

②马二进三　炮8平6

③兵三进一　车9进1

④车一进一　车9平4

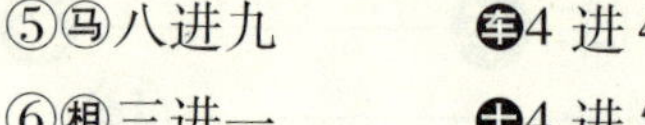

⑤马八进九　车4进4

⑥相三进一　士4进5

⑦炮八平七　卒7进1

⑧兵三进一　象3进5

⑨车九平八　象5进7

⑩炮七进四　车1平4

⑪仕六进五　后车进4

⑫兵九进一　马8进7

⑬车一平二　马7进6

⑭车二进三　前车平8

⑮马三进二　马6进5

⑯车八进六　炮6平5

⑰炮七平九　车4进1

⑱马二进一　车4平1

⑲炮九平五　马5退4

⑳车八平七　马3进5

㉑炮五进五　象7退5

㉒车七平五　马4进6

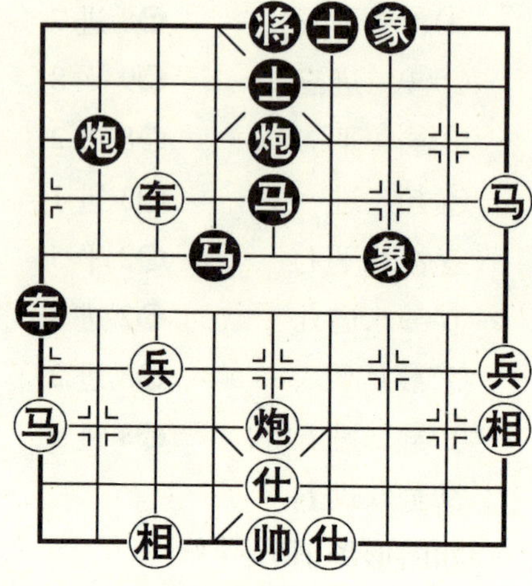

图 J19

如图形势 J19。

4. 弃子攻杀时

①炮二平五　马8进7

②兵三进一　卒3进1

③马二进三　马2进3

④车一平二　车9平8

⑤马八进九　卒1进1

⑥炮八平七　马3进2

⑦车九进一　马2进1

⑧炮七进三　车1进3

⑨车九平六　士6进5

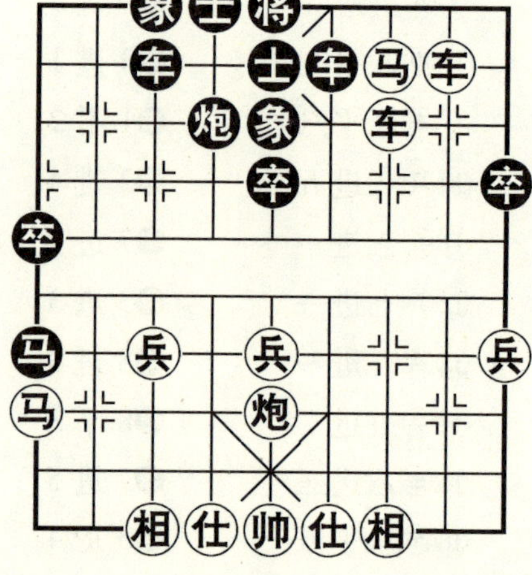

图 J20

⑩车二进六　炮2平4　⑪马三进四　象7进5
⑫炮七进三　车8平6　⑬马四进三　炮8退2
⑭车二进二　炮8平7　⑮马三进一　炮7进5
⑯车六平三　车1退2　⑰车三进三　车1平3
⑱马一进三　车6进1　⑲车三进三

如图形势 J20。

三、七强子战场

实战中可能遇到：a. 单车类：①车、马、炮对车、马、双炮；②车、马、炮对车、炮、双马；③车、双马对车、马、双炮；④车、双马对车、炮、双马；⑤车、双炮对车、马、双炮；⑥车、双炮对车、炮、双马。b. 双车类：①双车、马对车、马、双炮；②双车、马对车、炮、双马；③双车、炮对车、马、双炮；④双车、炮对车、炮、双马；⑤双车、马对双车、双马；⑥双车、马对双车、双炮；⑦双车、马对双车、马、炮；⑧双车、炮对双车、双马；⑨双车、炮对双车、双炮；⑩双车、炮对双车、马、炮。c. 无车类：①双马、双炮对炮、双马；②双马、双炮对马、双炮。

1. 车马炮对车双炮马

陈孝堃对胡荣华弈至七大子形势：

①炮二平五　马2进3　②马二进三　炮8平6
③车一平二　卒7进1　④车二进八　士4进5
⑤马八进七　炮2退1
⑥车二退二　马8进7
⑦兵七进一　象3进5
⑧炮八平九　车9平8
⑨车二进三　马7退8
⑩车九平八　炮2平3
⑪马七进六　马8进7
⑫兵五进一　马7进8
⑬车八进三　炮6进3
⑭马六进五　炮6平3
⑮兵五进一　前炮平5

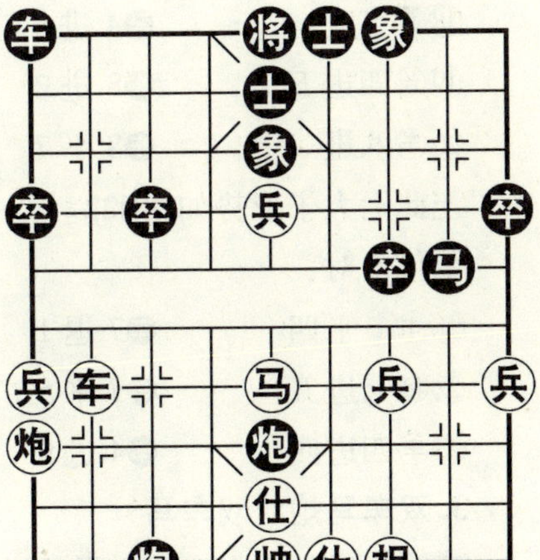

图 J21

⑯马三进五	马3进5	⑰兵五进一	炮3进8
⑱仕六进五	炮5进2		

至此七大子形势如图J21。

⑲相三进五	炮3退5	⑳马五进四	车1平4
㉑兵五平六	炮3平5	㉒车八进二	卒3进1
㉓车八平七	炮5进1	㉔车七退一	炮5退1
㉕车七平五	炮5平1	㉖炮九进三	卒1进1
㉗车五平二	马8退9	㉘车二进二	卒9进1
㉙车二平一	车4平2	㉚兵六平七	车2进6
㉛马四进六	将5平4	㉜兵一进一	卒9进1
㉝车一退二	车2平4	㉞车一平八	象5退3
㉟车八进一	象7进5	㊱车八平九	马9进8
㊲马六退四	马8进7	㊳马四退三	车4平7

2. 双车炮对双车马炮

上接图J14。

⑭炮五进四	炮6平5
⑮炮五退二	马7进6
⑯车九平八	车8进5
⑰车八进二	马6进4
⑱兵三进一	马4进3
⑲仕四进五	车8进2
⑳车八进二	车8平7

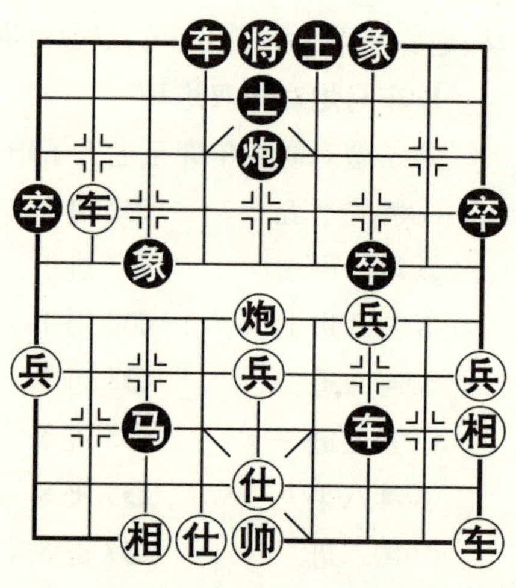

图J22

至此七大子形势如图J22。

如何面对：

㉑车一平四	车7退1
㉒相七进五	车7平5
㉓车四进四	车4进9

3. 双车马炮对双车马

高明海对赵庆阁弈至七强子形势：

①炮二平五	马2进3	②马二进三	炮8平6
③兵三进一	马8进7	④马三进四	士6进5

⑤马八进七　象7进5
⑥炮五平四　卒3进1
⑦车一平二　炮2进3
⑧炮四进五　士5进6
⑨马四进三　炮2退2
⑩相三进五　车9平7
⑪马三退四　士6退5
⑫炮八退一　车7平6
⑬炮八平三　马3进2
⑭炮三进六　车6进5
⑮炮三平一　车6退5
⑯车九进一　车6平9
⑰炮一平二　车1进1
⑱车九平六　炮2平3
⑲车六进五　车1平3
⑳车二进五　车9平8
㉑马七退五　炮3退1
㉒炮二退一　车3平2
㉓车六平五　马2进3
㉔马五退三　车2平4
㉕仕四进五　车4进7
㉖车五平七　马3进5
㉗马三进四　车4退5
㉘车七进一

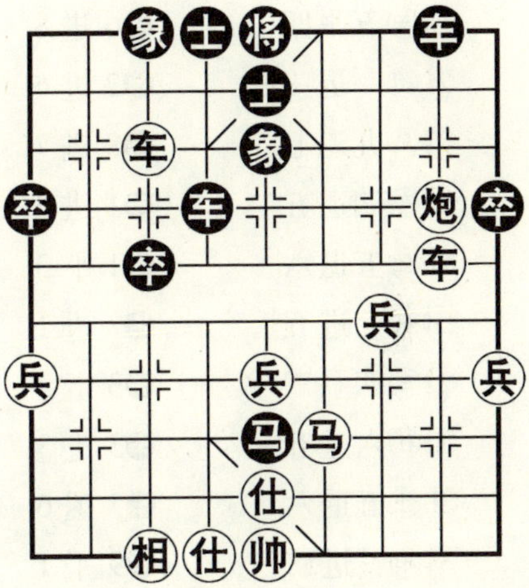

图 J23

至此七强子形势如图 J23。

如何面对：

㉘……　马5进3
㉙帅五平四　车4平8
㉚车二进一　车8进3
㉛车七平八　车8进6
㉜帅四进一　马3进5
㉝兵五进一　马5退7
㉞车八退四　马7退9
㉟车八平二　车8平7
㊱马四退二　车7退1
㊲帅四退一　车7进1
㊳帅四进一　车7退1
㊴帅四退一　车7进1
㊵帅四进一　马9进8
㊶马二退四　卒3进1
㊷帅四进一　马8退9
㊸相七进五　车7退3
㊹车二平三　马9退7
㊺相五进七　马7退5
㊻帅四退一　马5退4
㊼相七退五

4. 车双马对车双马炮

上接图 J16。

㉑炮五进五　　象7 退 5

至此 7 强子形势如图 H24。

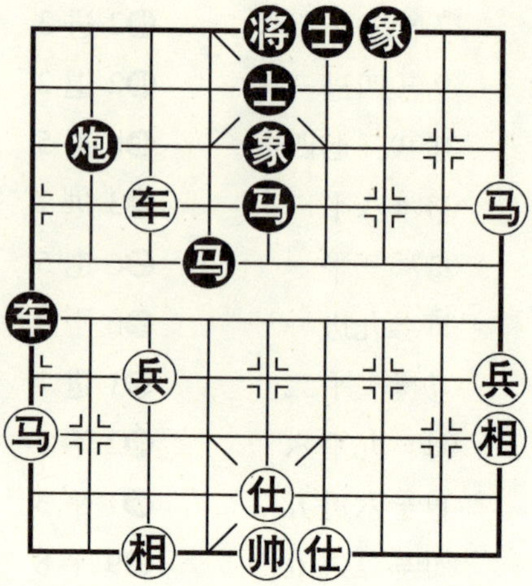

如何面对：

㉒车七平五　　马4 进 6

㉓车五平四　　马6 进 8

㉔相一退三　　炮2 进 6

㉕马九退七　　马8 进 7

㉖车四退五　　车1 进 4

㉗仕五退六　　车1 平 3

㉘马七进五　　炮2 进 1

㉙车四平三　　车3 退 3

㉚仕六进五　　车3 进 3

㉛仕五退六　　车3 退 6

㉜仕六进五　　车3 平 9

㉝车三进二　　车9 平 1

㉞车三平八　　炮2 平 3

㉟马五退七　　车1 进 5

㊱相三进五　　车1 平 3

㊲相五退七　　车3 进 1

㊳仕五退六　　车3 退 4

㊴仕六进五　　士5 退 4

㊵车八平六　　士6 进 5

图 J24

奇数战区也有一个势的问题，势在弈中占主导地位，子少势强是一回事，子少势弱则是另外一回事。

笔者指出：投身中盘战区，不但要把自己与他人对弈所面临的双方九个大子、七个大子的棋形临场分析，而且还要把旁观他人下棋时遇到的 10987 局形现场研究，正所谓熟能生巧！打好了中盘这一仗，就等于下好了一盘棋的三分之二。

第三节　强子核心战场

10987 工程主要是 109 工程，109 工程主要是十大子工程，十大子工程主要是车炮工程。观察分析十大子棋形，总结棋坛的经验和教训，体会如下：大凡失败，多是势不如人时，力量不敌时，重大失误时，该敌走棋时等情况下发生的。弈者当接受错误和挫折的教训，以利再战。

一、核心棋形

1. 王嘉良　对　李来群

①炮二平五　　马2进3
②马二进三　　炮8平6
③车一平二　　马8进7
④兵五进一　　炮6平5
⑤马八进七　　车1进1
⑥炮八平九　　炮2退1
⑦车九平八　　炮2平5
⑧车八进六　　车1平4
⑨仕六进五　　卒7进1
⑩车八平七　　车4进1
⑪兵五进一　　卒5进1
⑫炮五进五　　象7进5

至此十强子形势如图J25。

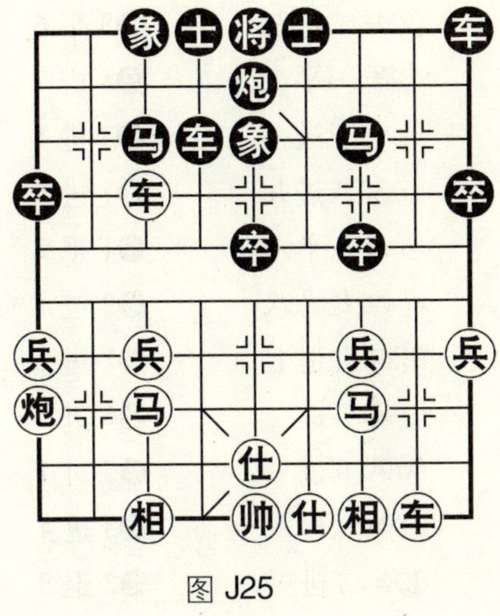

图 J25

2. 郭长顺　对　胡荣华

①炮二平五　　马2进3
②马二进三　　炮8平6
③车一平二　　马8进7
④兵三进一　　卒3进1
⑤马八进九　　象7进5
⑥炮八平六　　车1平2
⑦车九平八　　炮2进4
⑧车二进六　　车9平7
⑨车二平三　　炮6进4
⑩车三平四　　炮6平7
⑪相三进一　　士6进5
⑫兵三进一　　车7平6

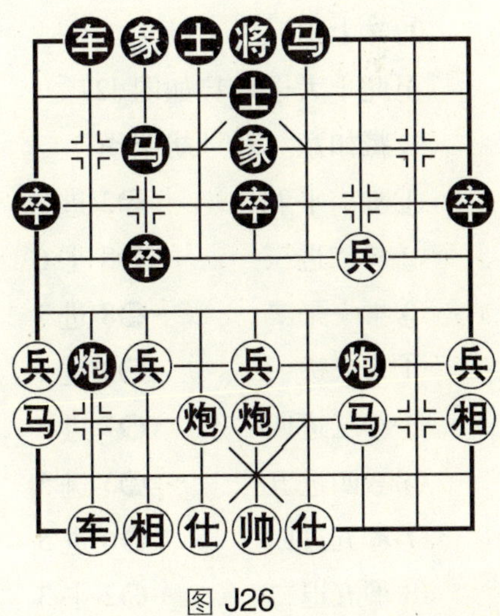

图 J26

⑬车四进三　　　马7退6

至此十强子形势如图 J26。

3. 王荣塔　对　胡荣华

①炮二平五　　　马2进3

②马二进三　　　炮8平6

③车一平二　　　马8进7

④兵三进一　　　卒3进1

⑤马八进九　　　象7进5

⑥炮八平六　　　车1平2

⑦车九平八　　　炮2进4

⑧马九退七　　　炮2进2

⑨兵五进一　　　士6进5

⑩兵五进一　　　卒5进1

⑪炮六进六　　　马3进4

⑫车二进三　　　炮2退3

⑬仕四进五　　　车9平8

⑭车二平六　　　炮6进2

⑮车六进一　　　卒3进1

⑯车六平七　　　车8进6

⑰兵三进一　　　卒7进1

⑱马三进四　　　车8平3

⑲车七退一

至此十大子形势如图 J27。

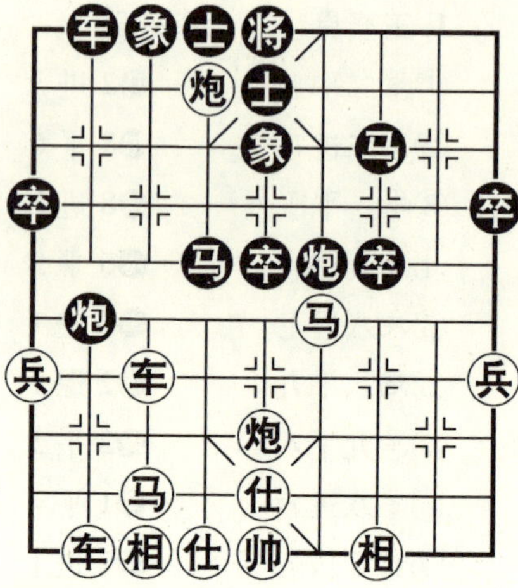

图 J27

4. 臧如意　对　胡荣华

①炮二平五　　　马2进3

②马二进三　　　炮8平6

③车一平二　　　马8进7

④兵三进一　　　卒3进1

⑤马三进四　　　象7进5

⑥马四进五　　　马3进5

⑦炮五进四　　　士6进5

⑧炮五退二　　　炮2平3

⑨马八进九　　　车1平2

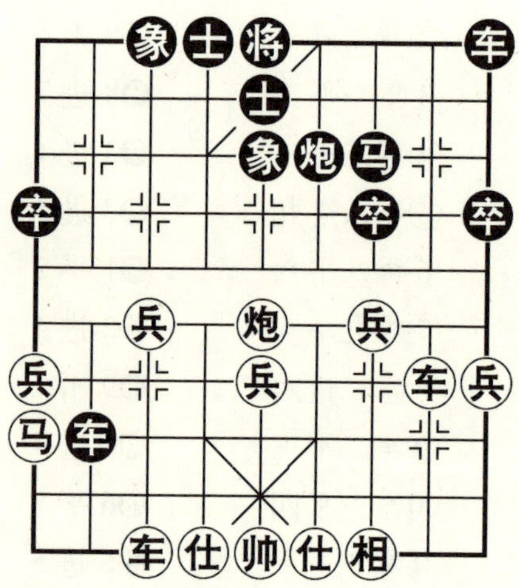

图 J28

⑩车九平八　卒3进1　⑪兵七进一　车2进6
⑫车二进三　炮3进7　⑬车八平七　车2进1

至此八强子形势如图J28。

二、核心研究

1. 重大失误时

接上图J25。

⑬马七进五　车4进4
⑭车七进一　卒5进1
⑮马五退四　马7进5
⑯车七进一　车9进2
⑰车二进六　车9平6
⑱马四退二　车6进4
⑲车七平五　士6进5
⑳车二平五　卒5进1
㉑车五平七　车6退2
㉒兵九进一　卒5平6
㉓炮九进一　车4退1
㉔车七平一　车4平1

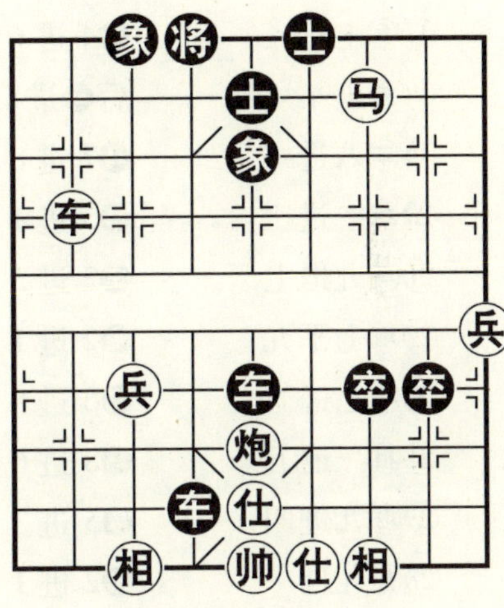

图J29

㉕炮九进三　车1平5　㉖车一进三　士5退6
㉗车一退五　车5退2　㉘炮九退四　车6平2
㉙车一平六　卒6平7　㉚马三退一　车2进5
㉛车六退四　后卒进1　㉜相三进五　前卒平6
㉝马二进四　士6进5　㉞马四进二　卒7平6
㉟马二进一　后卒平7　㊱后马进三　卒6平7
㊲马三进五　车5进3　㊳马一进二　车5平6
㊴车六进六　后卒平8　㊵马二进三　车6退5
㊶车六平三　车2退5　㊷炮九平七　卒8进1
㊸相五退三　士5退6　㊹马三退四　士4进5
㊺炮七平五　车2平5　㊻马四退三　车6进4
㊼兵一进一　车5进2　㊽马三进四　车6平4

㊾马四进三　将5平4　㊿车三平八　车4进3

至此黑方胜局已定，如图 J29。

2. 该敌走棋时

接上图 J26。

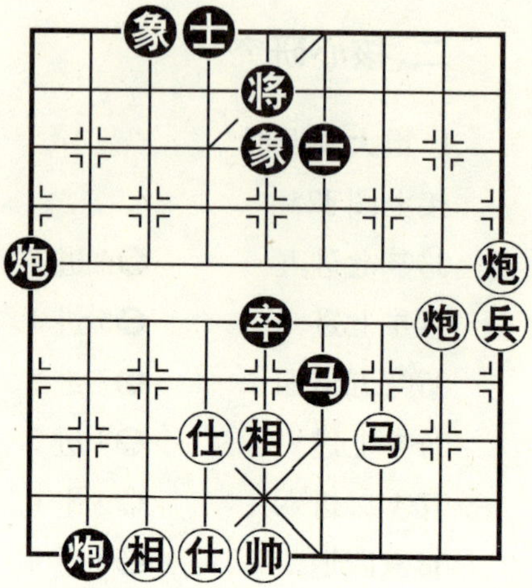

⑭兵九进一　象5进7

⑮炮六平七　象7退5

⑯兵七进一　马3进4

⑰兵七进一　马4进6

⑱炮五平六　后马进7

⑲车八进一　马7进8

⑳相一进三　卒5进1

㉑马九退七　车2进5

㉒炮七平九　炮2进1

㉓马七进五　马6进5

㉔相三退五　马8进6

图 J30

㉕炮九进四　象5进3　㉖炮九平二　象3退5

㉗兵九进一　车2进1　㉘车八平四　卒5进1

㉙车四进二　马6退8　㉚仕四进五　车2退3

㉛炮二进三　卒5平4　㉜兵五进一　卒4平5

㉝车四进二　马8退7　㉞车四退二　炮7退2

㉟车四平二　炮7平8　㊱兵一进一　炮2退2

㊲炮二平一　车2平8　㊳炮六退一　马7进5

㊴炮六进四　马5退7　㊵炮六退四　马7进6

㊶仕五进六　炮8平1　㊷车二进三　马6退8

㊸炮六平一　马8退6　㊹后炮进五　马6进7

㊺后炮平二　士5进6　㊻炮二进三　将5进1

㊼炮二退五　炮2进4　㊽炮一退四　马7进6

此时红方必丢仕相，难以应付，如图 J30。

3. 势不如人时

接上图 J27。

⑲……　马4进3　⑳马四退六　炮2进3

㉑车八平九　卒5进1
㉒炮五进五　将5平6
㉓兵九进一　车2进1
㉔车九进三　炮6进2
㉕车九平八　车2平4
㉖炮五退二　车4进2
㉗车八进四　卒5平4
㉘车八平三　炮6平5
㉙仕五进四　马3进4
㉚帅五进一　车4平8
㉛车三进二　将6进1
㉜车三退一　将6退1
㉝马六退八　车8进5
㉞帅五进一　马4进6

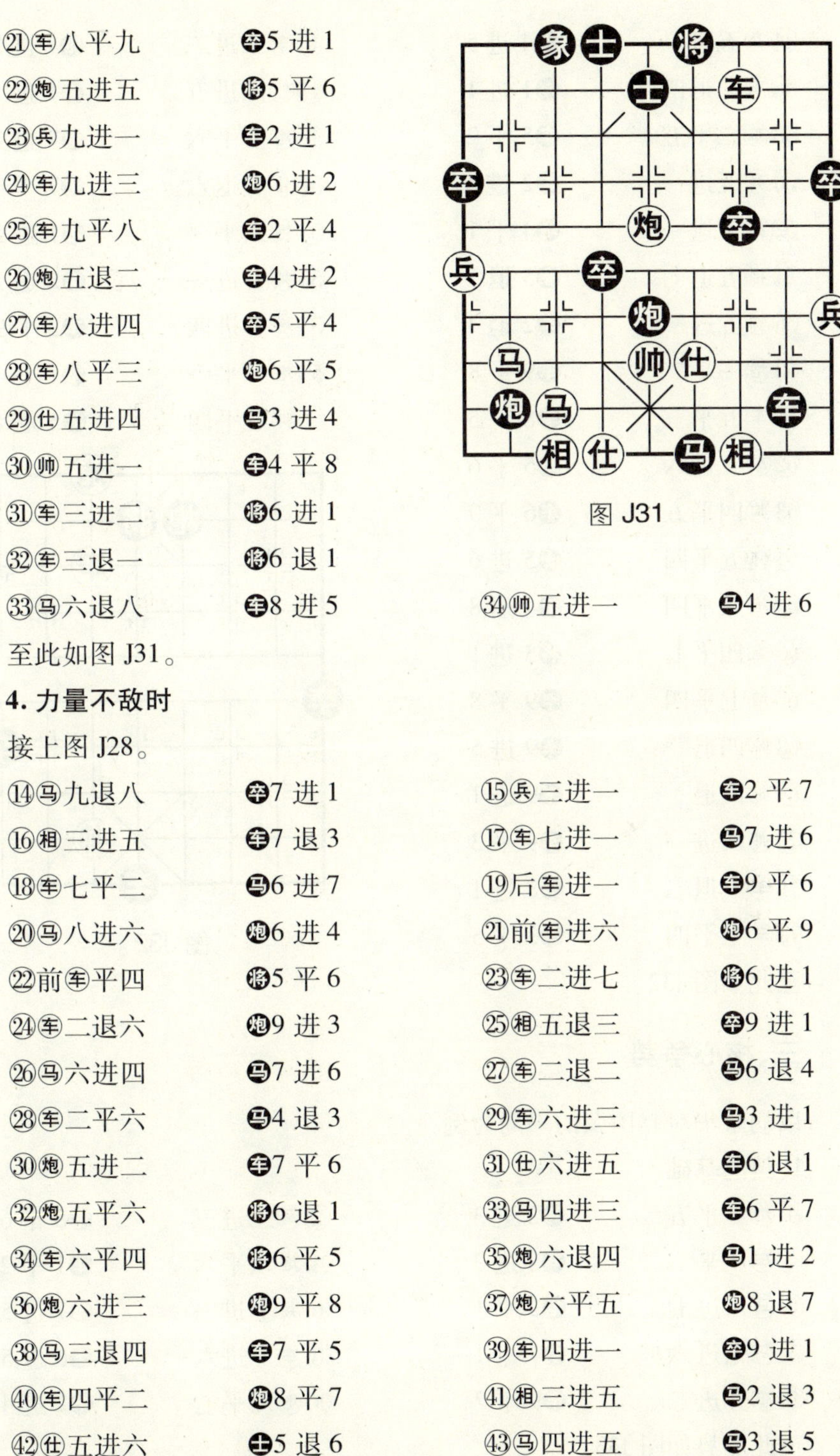

图 J31

至此如图 J31。

4. 力量不敌时

接上图 J28。

⑭马九退八　卒7进1
⑮兵三进一　车2平7
⑯相三进五　车7退3
⑰车七进一　马7进6
⑱车七平二　马6进7
⑲后车进一　车9平6
⑳马八进六　炮6进4
㉑前车进六　炮6平9
㉒前车平四　将5平6
㉓车二进七　将6进1
㉔车二退六　炮9进3
㉕相五退三　卒9进1
㉖马六进四　马7进6
㉗车二退二　马6退4
㉘车二平六　马4退3
㉙车六进三　马3进1
㉚炮五进二　车7平6
㉛仕六进五　车6退1
㉜炮五平六　将6退1
㉝马四进三　车6平7
㉞车六平四　将6平5
㉟炮六退四　马1进2
㊱炮六进三　炮9平8
㊲炮六平五　炮8退7
㊳马三退四　车7平5
㊴车四进一　卒9进1
㊵车四平二　炮8平7
㊶相三进五　马2退3
㊷仕五进六　士5退6
㊸马四进五　马3退5

㊹兵五进一　士4进5　㊺车二进二　炮7进2
㊻车二退四　卒1进1　㊼仕四进五　卒1进1
㊽车二平五　车5平2　㊾炮五平六　炮7进3
㊿兵五进一　车2进6　51仕五退六　炮7平4
52兵五进一　炮4平1　53炮六平一　炮1进2
54相五退七　象5退7　55帅五进一　车2退1
56帅五进一　车2退4　57炮一进四　车2平9
58炮一平二　车9平8　59炮二平一　炮1平4
60车五平三　车8平5　61帅五平四　车5退1
62车三进六　车5平6
63帅四平五　车6平9
64帅五平四　士5进6
65炮一平四　炮4退8
66炮四平七　将5进1
67炮七平四　卒9平8
68帅四退一　车9进5
69帅四退一　车9进1
70帅四进一　车9平3
71车三退二　卒8进1
72车三平四　车3平5

至此如图J32。

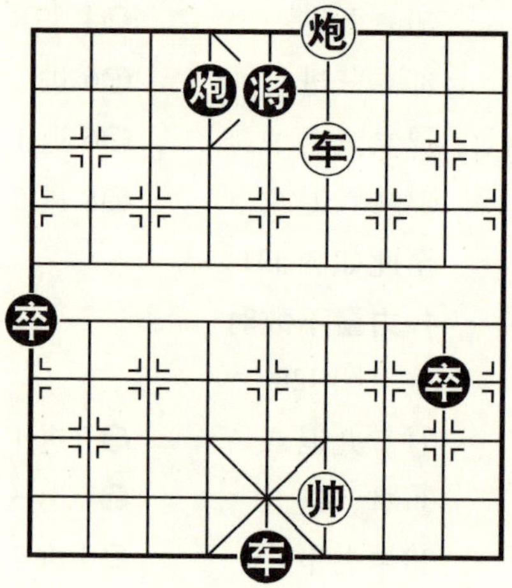

图 J32

三、核心争势

以胡荣华对赵国荣的一局为例：

1. 势的基础

①炮二平五　马2进3　②马二进三　炮8平6
③车一平二　马8进7　④炮八平六　车1平2
⑤马八进七　炮2平1　⑥兵七进一　象7进5
⑦马七进六　卒7进1　⑧车二进六　士6进5
⑨车九进二　车9平7　⑩炮六平七　车2进4

至此形势如图J33。

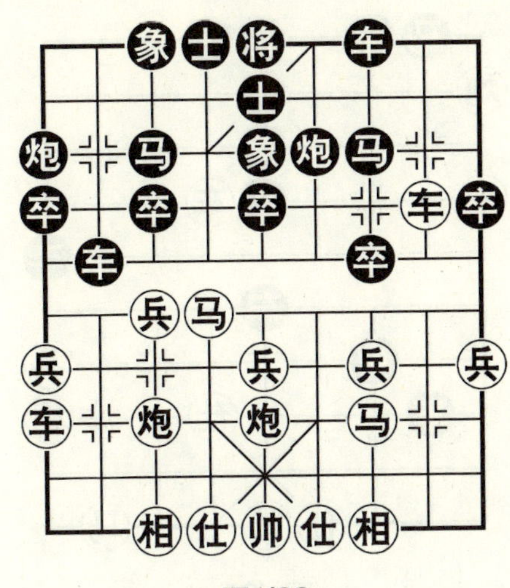

图 J33

图 J34

2. 势的先声

上接图 J33。

⑪炮七进四	卒1 进 1	⑫车九平七	车2 平 4
⑬车二退二	马7 进 6	⑭马六进四	车4 平 6
⑮车二平六	炮1 进 4	⑯车七进一	炮1 退 1
⑰兵七进一	卒7 进 1	⑱兵三进一	炮1 平 7

至此形势如图 J34。

3. 势的争夺

上接图 J34。

⑲相三进一	炮7 进 1	⑳车七进一	卒9 进 1
㉑炮五平九	车7 进 4	㉒兵七平八	车6 进 3
㉓车七退三	车6 平 2	㉔兵八平九	马3 退 2
㉕兵九进一	炮6 平 7	㉖车六平二	车7 平 1
㉗车二退一	前炮退 2	㉘马三退二	前炮平 5
㉙仕四进五	车1 退 1	㉚炮七退二	车1 进 3
㉛炮七平三	炮5 平 3	㉜炮三平五	炮3 进 2
㉝车二进六	士5 退 6	㉞车二退三	炮7 进 6
㉟仕五退四	炮3 进 3		

至此形势如图 J35。

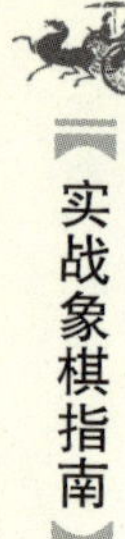

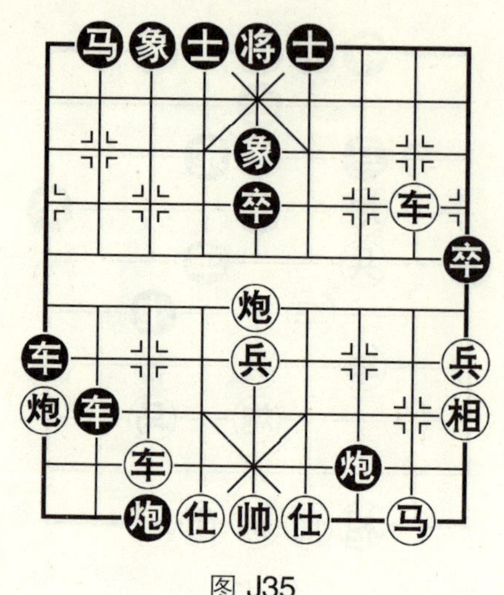

图 J35

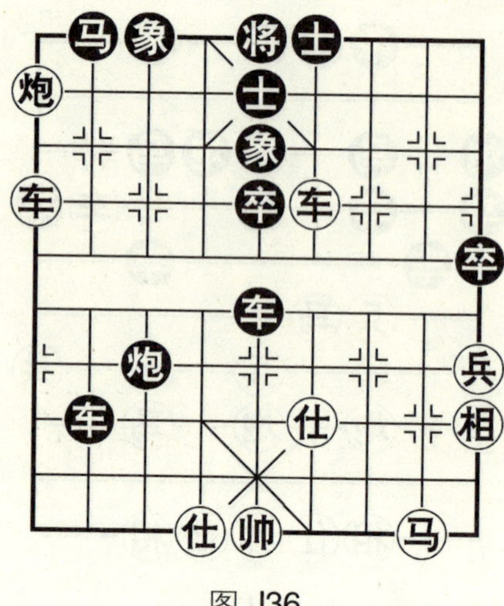

图 J36

4. 势的扩展

上接图 J35。

㊱车七退一　车1平5　㊲仕四进五　车5退1

㊳炮九进六　士4进5　㊴车七进六　炮7退2

㊵车二平四　炮7平1　㊶车七平九　炮1平5

㊷仕五进四　炮5平3

至此形势如上图 J36。

结论：下棋主要是下后手棋，下十强子时的棋。首先观察敌我各大子力所在的位置，分析双方争斗的焦点。根据当时的具体形势，看是在什么时候，在什么情况下，必须顾忌将、士、象和兵、卒的作用及其影响。尊重棋形，服从实际，精准施策，部署落实。

总之，敌方进攻子力与我方的进攻子力之比较至关重要，十强子是棋的重中之重。

附

实战象棋找正

注重选择　　面向卓越

正确的着法来源于思考判断，思考判断来源于观察分析。

大凡对弈，除了必走官着，大多数着法都有一个找正的问题，有人说："选择大于努力。"笔者看好这句话，但又思想选择源于努力。找正一着棋，你我都能做到，问题是步步找正一着棋，并非易事。特别要在临场有限的时间里，即便是高手也有难度。在选择中学会放弃，在放弃的同时找到正确，精准自己的落子点。

一、专注着法找正

(一)重要价值

是否下好了一盘棋,从对弈结果里能够衡量出来。在棋界人们往往以胜败论高低,这不是没有道理的。高手之所以高,主要在于:他的大多数着法特别是一些关键性的着法是正确的或者是比较正确的。若借助电脑对弈,给人以兴趣和吸引力,值得思考。而且,未来的尖端科技需要借助电脑弈棋去完成。

"前不久,一些著名的科学家把智能摸拟列入了21世纪的三大尖端技术之一。有关机器人制造问题已进入了一个更新的阶段,正向智能机器人的目标迈进,那么用什么方法去检测它的智能呢?

科研人员经过长期的研究、探索,终于找到了一条测试捷径,这就是让机器人下棋。因为棋盘中存在各种各样的可能性和高达天文数字的棋路分支,思考和计算的难度很大,同时,弈棋的过程又是一个变化的过程,每一步棋都给计算机提出了一个新的课题。另一方面,现代象棋理论已经成为一个完整的知识体系,完全可以对电脑弈棋的水平作出公正的评价。此外,弈棋的思想方法本质上对于军事、经济、体育的对策现象有指导意义。更重要的是这一方法是一种快速、简捷的经济测试法。所有我们说电脑弈棋的研究将促进计算机科学的发展。"(《科学与生活》1985.5第21页)

(二)难在不轨

下象棋既在己,也在敌。对弈是两个人的事情,不是单方面意志所能决定得了的。但有一个以谁为主的问题,我能全局在胸,以攻为主,则以我为主。你循我的思路走则兵来将挡,水来土掩,有办法对付你;你若不如此走,则入不轨,是没有前途的,但也给我增添了一些不透明度,请大家看下面的一盘棋:

①炮二平五	炮8平5	②车一进一	马8进7
③车一平六	车9平8	④马二进三	士6进5

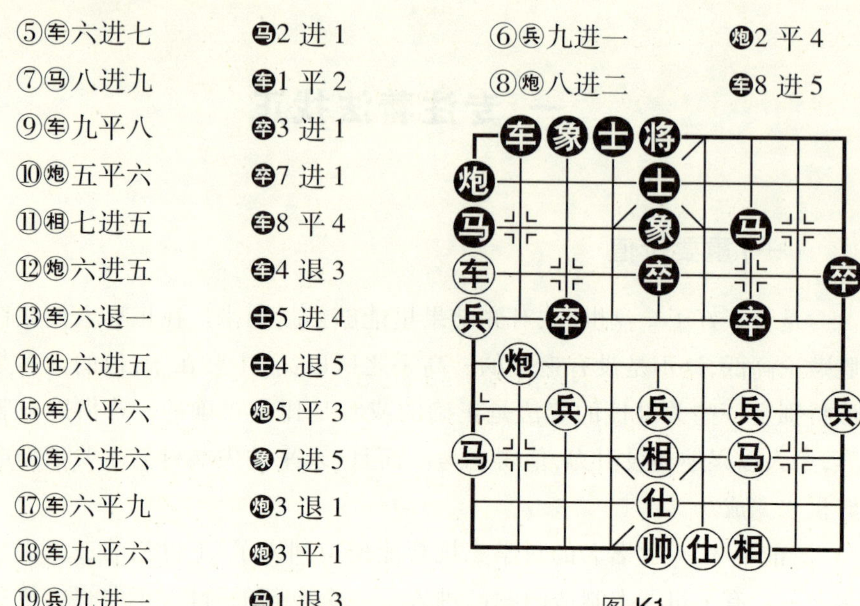

⑤车六进七　马2进1　⑥兵九进一　炮2平4

⑦马八进九　车1平2　⑧炮八进二　车8进5

⑨车九平八　卒3进1

⑩炮五平六　卒7进1

⑪相七进五　车8平4

⑫炮六进五　车4退3

⑬车六退一　士5进4

⑭仕六进五　士4退5

⑮车八平六　炮5平3

⑯车六进六　象7进5

⑰车六平九　炮3退1

⑱车九平六　炮3平1

⑲兵九进一　马1退3

⑳车六平九　马3进1

图 K1

至此，见图 K1，双方不变作和。

注：该局取材于王嘉良、李德林所著《桔中胆》一书。

假设所有对弈的着法就是以上这些的话，那就根本用不着去找什么编制弈棋程序的原则来为电脑弈棋服务。问题是，棋路甚多，不用说一步生出十步，十步就生出一百步，百而千，千而万……人主观上的失误或有意识地不轨给电脑带来了一定的困难，使弈棋机倒不如人弈。

（三）着法找正

大家知道，一盘棋是由对弈双方一着一着的走法汇成的。走好一着棋，是为了下好一盘棋。棋手始终要有一盘棋的全局思想，才能走好一着棋。没有全局在胸，是不会真的投下一着好棋子的。

在许多情况下，一步棋有多种着法可供选择，棋手是依据对目前形势的具体分析和正确判断才做出决定的。工厂里的工人要将工件找正后，方可紧固螺丝进行加工。同样的道理，下象棋也要找正问题，当对方一定要步入不轨时，要珍惜自己的着法度数，认真搜寻其弊病所在，因敌而变，竭力找到最佳的上策着法去战斗。

以反宫马挺7路卒应当头炮出右直车局为例，从中可以看到，红方第四回合有兵五进一、车二进八、马八进九三种着法选择，在这分道扬镳的岔路口上，仅仅是一着之差，竟引出了不同的结果。红若走兵五进一，则入不轨，反落人后。

（四）电脑必胜

许多科学家对弈棋机最终可以战胜人的观点持赞成意见。

过去有些科学家认为，人在弈棋时不靠繁琐的计算，而主要依据直觉和长期研究形成的经验，人具有分析问题、解决问题的能力，特别是灵活的应变能力。因此弈棋机最终不能战胜人。（《科学与生活》1988.5 第 21 页）

人们对事物的认识有一个过程，现在电脑与人脑对弈，电脑必胜已得共识，但不能否定过去人们对事物的探索。正好千里眼在过去是不可思议的事情，如今已成为事实。人若无上天的欲望，飞机又从何谈起呢？弈棋机最终必胜！

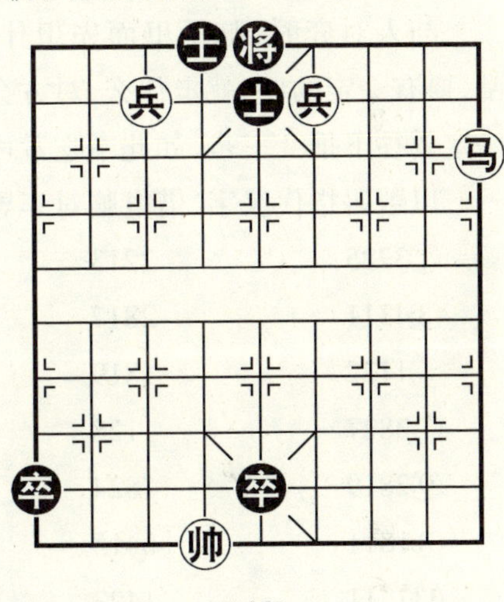

图 K2

人脑与电脑对弈时，电脑利用限制与反限制的方法，制定正确的方案，使所有可能的走法，由电脑的若干分机分理出来。如图 K2 形势，马双兵胜双卒双士，电脑思考分析如下：

第一种思路：

①兵四平三　　卒1 平 2　　②兵三进一　　士5 进 4
③兵七平六　　卒2 平 3　　④马一进三

第二种思路：

①兵四平三　　士5 进 4　　②兵七平六　　将5 平 6
③马一退三　　卒1 平 2　　④兵三进一　　将6 平 5
⑤马三进一　　卒2 平 3　　⑥马一进三

第三种思路：

①兵四平三　　将5 平 6　　②马一退三　　将6 平 5
③兵三进一　　士5 进 4　　④兵七平六　　卒1 平 2

⑤马三进一　卒2平3　⑥马一进三

随着岁月的不断流逝，通过人们反复地深化认识，已经发展至中年时代的象棋之规律，终被全部揭晓的时候将为期不远了。

二、助力着法找正

(一)数码导练

与人对弈时，脑子里面先想什么，再想什么，然后又想什么，要始终于乱，要有一定的##，就走什么，对方会走什么，我该走什么，对方又会走什么。一定要往下推变三步，如此不吃亏可以提前防控左右棋局。

以数码指代汉字，借电脑对弈导练，使其尽快熟练着法记录。

①3225　2213　②2213　3826
③4311　2817　④4711　1928
⑤1122　1819　⑥2332　1111
⑦3827　1128　⑧2213　7715
⑨2819　1824　⑩1928　3221
⑪1811　6415　⑫3714　1414
⑬7311　1423　⑭1827　1313
⑮2937　3114　⑯2718　4711
⑰4311　7517　⑱2816　7315
⑲2314　3129　⑳3523　2716
㉑3721　6514　㉒2615　2312
㉓3129　3631　㉔2513　2614
㉕3925　6615　㉖2332　3613
㉗2231　2435　㉘2416　2514
㉙7133　2416　㉚6615　2214
㉛2113　3633　㉜2334　2412
㉝3331　3616　㉞6514　2213
㉟3226　2618　㊱7315　6516

㊲5526	2334	㊲2618	6435
㊴2817	5526	㊵6415	7533

结果:和棋

(二)反向导练

反向导练是为掌握反向转换,提高棋艺水平,使临场得心应手。

①1825	2817	②2817	3224
③4711	2213	④4311	1122
⑤1928	1219	⑥2738	1911
⑦3223	1922	⑧2817	7315
⑨2211	1226	⑩1122	3829
⑪1211	6615	⑫3314	1614
⑬7719	1627	⑭1223	1713
⑮2133	3914	⑯2312	4311
⑰4711	7513	⑱2214	7715
⑲2716	3921	⑳3527	2314
㉑3329	6516	㉒2415	2718
㉓3921	3431	㉔2517	2416
㉕3125	6415	㉖2738	3413
㉗2839	2635	㉘2614	2516
㉙7937	2614	㉚6415	2816
㉛2917	3433	㉜2736	2618
㉝3731	3416	㉞6516	2817
㉟3724	2412	㊱7715	6514
㊲5524	2336	㊲2412	6635
㊴2213	5524	㊵6635	7533

结果:和棋

三、临场着法找正

临场时间仓促，要当机立断，果段有为，必须要有清晰的头脑，做到这点，平时就应多加训练，才能在遇到问题时发挥出来。《决断力》临场要特别注意矛盾聚焦点，对方薄弱点、我方薄弱点、分道扬镳点以及棋势转折点等经典棋局为例：

洪智　对　许银川

①炮二平五　马8进7　②马二进三　车9平8
③兵七进一　卒7进1　④马八进七　马2进3
⑤车一进一　象3进5　⑥车一平四　炮8进2
⑦兵五进一　士4进5　⑧炮八平九　卒3进1
⑨车九平八　车1平2　⑩马三进五　炮2进4
⑪兵三进一　卒7进1　⑫兵七进一　象5进3
⑬兵五进一　炮8进3　⑭兵五进一　炮8平3
⑮兵五平六　炮2退1　⑯车八进三　象7进5
⑰马五退七　炮2平6　⑱车八平五　马3退4
⑲炮九进四　车8进4　⑳炮九退二　车8平7
㉑炮五平三

（一）矛盾聚焦点

矛盾聚焦点是矛盾的集中点，非常关键。要抓主要矛盾和主要矛盾的主要方面。牵住牛的鼻子拉牛，静思棋局动态发展变化，适应焦点转移。

①炮二平五　马8进7　②马二进三　车9平8
③车一平二　卒7进1　④车二进六　马2进3
⑤兵七进一　炮8平9　⑥车二平三　车8进2
⑦马八进七　象3进5　⑧马七进六　士4进5
⑨炮八平九　炮2进4　⑩马六进四　车1平4
⑪车九平八　炮2平4　⑫兵五进一　车4进4
⑬兵五进一　车4平5　⑭马三进五　炮4平7

第十四回合，就是矛盾聚焦点。如图 K3，

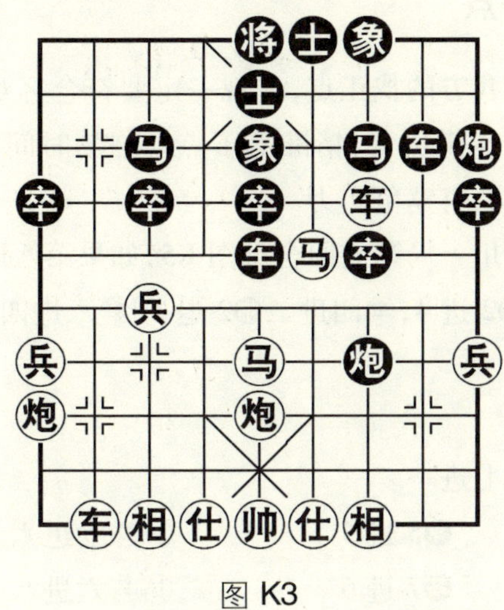

图 K3

（二）对方薄弱点

①炮二平五	马2 进 3
②马二进三	炮8 平 6
③车一平二	马8 进 7
④马八进九	卒7 进 1
⑤炮八平六	车1 平 2
⑥车九平八	炮2 进 4
⑦车二进六	士6 进 5
⑧马九退七	炮2 退 3
⑨车二平三	车9 进 2
⑩兵五进一	象3 进 5
⑪兵五进一	卒3 进 1
⑫炮六进四	卒5 进 1
⑬炮六退五	炮2 进 2
⑭马三进五	

图 K4

十四回合，就是对方的薄弱点。如图 K4 薄弱点是一个问题的两个方面，对方的薄弱点就是我的攻击突破点，反过来讲，我的薄弱点就是对方的攻击突破点。

(三)我方落子点

我方落子点就是我方的找正点,主观一定要符合客观,创意与现实相结合,要审核检验,对每步棋负责,精准落子点。临场时间仓促这就要靠平时的勤学苦练,有基本功,有竞争实力。

上接洪智对许银川一局第七回合见图 K5,如果第八回合后手方改走车1平2,以下车九平八炮2进4,车四进二炮2退2,车八进四炮8进1,车四进一卒3进1,大体均势。

延伸推变:

红方必须选择兵七进一。

⑬兵七进一	象5进3	⑭马七进六	卒7进1
⑮车四平三	马7进6	⑯马六进八	车2进4
⑰车八进一	马3进2	⑱炮五进四	马6进4
⑲炮五退一	马2进3	⑳炮九进四	马5进1
㉑车三进二	马4进2	㉒车三平五	将5平4
㉓车五平六	将4平5	㉔炮九平七	马3退5
㉕仕六进五	车8进4	㉖车六平五	象3退5
㉗兵三进一	炮8进1	㉘马三进五	马2进3
㉙帅五平六	马3退4	㉚炮五平三	马5退7
㉛兵三进一	车8平7		

至此,双方均势。

(四)分道扬镳点

分道扬镳点上分优劣、分高低、分胜负。如主观上选择的优佳着法,在客观上帮助了对方,城不攻自破。

①炮二平五	马8进7
②马二进三	车9平8
③兵七进一	卒7进1
④马八进七	马2进3
⑤车一进一	象7进5

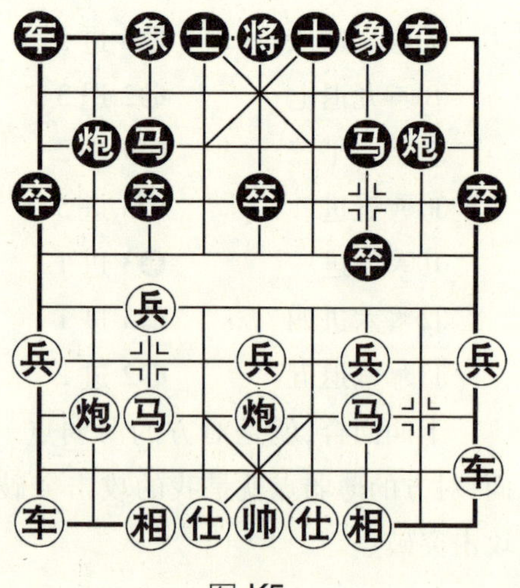

图 K5

①炮二平五　　　马8进7　　　②马二进三　　　车9平8
③兵七进一　　　卒7进1　　　④马八进七　　　马2进3
⑤车一进一　　　象3进5

第五回合就是分歧点,也就是分道扬镳点。见图K5

另外,还有棋势转折点等。如图F2,马一进二就是红马的棋势转折点。同好下棋时必注意以上各点,在加油、在鼓励。

丁　研究着法找正

目前的科技水平是空前进步的,但是还不够,人类正在继续向上提高。机器人制造要求我们人为的努力,弈者的思想是个试验器,假设归假设,不行再来,高手的着法含金量高,较之失误少点,但仍有质量问题,我们要早日编制出理想的弈棋程序。

研究着法找正,必须思考相关问题,必须发挥主观能动,必须谨慎防微杜渐。如果我方的正确多些,对方的困难就多些。同好千万不要在事实上帮助了对方。

(一)思考相关问题

首先客观公正。棋盘中九条直线、十条横线,共90个点组成,一方有16个棋子,双方共32个棋子,共有58个空间位置,千变万化由此而来,但它是有规律可循的,顺昌逆亡,所以客观公正很重要,不能主观臆断,一定要有科学的态度。一般情况下,只有一个落子点是正确的。各位弈者务必充分注意。必须优先解决当前最需要解决的燃眉之急。出"棋"不意的思想要转得过来弯,适应已经发展了的客观形势。真正的道理应当是具体的,能让人信服的。

其次戒骄戒躁。值得一提的是优胜忌骄,优胜忌躁。"骄兵必败"的道理大家都懂,问题是做到甚难,对方占上风的时候,己方也有得意之时,一般来讲,或大或小或多或少,都有骄傲情绪,若不克服就会影响下棋的质量,尤其是急于求成,棋胜不顾家,造成前功尽弃。

总之,找正就是为了避免错误,找正就是为了提高制胜几率。找正必须

全面看问题,不要盲人摸象,必须发展的看问题,不要刻舟求剑。未来可能出现的局面要事先决策,千言万语,无非是全面看深入想,进一步说就是全面看寻找焦点,抓住焦点往下想。

"因此,可以说,人的思想、认识是正确反映外部现实的,即是客观真理,或者说,客观真理是思想、认识按事物本来的面目了解事物而不附加任何客观事物本身所没有的东西"。(张恩慈著《认识与真理》,人民出版社出版,第11页)

(二)发挥主观能动

①4711	3223	②3825	3825
③2213	2817	④1122	4311
⑤3214	④311	⑥2819	3312
⑦4311	2213	⑧6615	1122
⑨1215	⑦311	⑩1224	1928
⑪3232	4322	⑫2917	4711
⑬1423	1812	⑭2715	3313
⑮6516	7719	⑯1311	3334
⑰2516	1214	⑱3531	2735
⑲1325	7133	⑳1522	1827
㉑2615	2335		

这盘棋,先手方面再车二平七则胜。同样是此种布局,如果在下一盘棋里,不让先手方面赢,最起码想办法成和棋,反回来就要找寻后手方面失败的原因。若后手第六回合,不走炮3进2,改走炮3退1,则演变下去当是双方均势,求和不难。同样还是此种布局,如果我们在下下一盘棋里,又让先手方面赢,反回来追究责任,如此循环,不断升华,提高着法的技术含量。

所谓正确,就是认识符合实际,在许多时候,许多情况下是非常困难的事情。特别是在临场,筹算着法会受到时间的限制,这就需要平时的努力。而平时的实力还在于休闲时该对一个一个问题很长时间很热心的地去考虑,届时才能妙趣横生。

(三)谨慎防微杜渐

我们先看洪智与赵国荣一盘对局

①炮二平五　马8进7　②马二进三　车9平8

③兵七进一　卒7进1　④马八进七　马2进3

⑤车一进一　象7进5　⑥车一平四　士6进5

⑦马七进六　炮2进4　⑧相三进一　炮2平4

⑨车九平八　车1平2　⑩炮八进六　炮4进1

⑪马六进七　车2平1　⑫车八进七　车1进1

⑬炮五退一　炮4平9　⑭车四平二　炮8进5

⑮炮五平六　士5进4　⑯车八平七　车1平2

⑰炮六进八　车8进2

第十六回合"红方先平车吃马缓着,应该先走炮六进八,以下马3退4,炮八进一!士4退5,马七进五车8进1,马五进三,红方易走"。

第十七回合"此时红方再打士已经是今非昔比,后续子力跟不上,不如车七进二,以下象5退3,马七进八炮9平7,马八退六将5进1,炮六平三象3进5,炮三退一,红方可战"。

笔者赞成该书作者的评论,要防微杜渐,追溯错误源头。反思之我要捕捉对方的弱点错误,见缝插针,有隙就乘。总之一步棋走软走缓就会影响到后面的结果。在防微杜渐的同时,要关于利用和吸取以往的经验和教训,以便正确的判断。如果能就彼我双方面立场来仔细观察而确信时,应该毫无迟疑地决断并且实行。(《决断力》)

五、升华着法找正

象棋着法找正,前提是必须顺应规律的客观性,必须浓缩规律的多样性,必须把握规律的联系性,必须利用规律的重复性。要走好矛盾聚焦点的棋,抓住敌人的薄弱点,注意双方的薄弱点,考虑面临棋路的分岐点,走好自己的落子点,必须弄通规律,弄懂战术。

一要弄通规律。先手棋有先手棋的规律,后手棋有后手棋的规律,开局

阶段有开局阶段的规律，中局阶段有中局阶段的规律，残局阶段有残局阶段的规律。

大家在观棋、下棋时都会有错误，张恩慈说："错误是主观同客观不一致的结果。"，都会有迷津，人们认识不一，争是论非，你能他能，但不如道理能。道理至上！

二要弄懂战术。"集中优势兵力，各个歼灭敌人"注重首战，注重进攻战，注重歼灭战，在运动中捕捉战机，不要在客观上帮助了敌人。必须善于造势，利用规律造势，利用棋形造势。势，是火车头。可以带动全局，根据各阶段的任务，运子抢先，兑子夺优，棋子增势，顺势而为，顺势谋子，以势谋子，借势扩优，如果逆势而行就违反规律，在规律的指导下找正，必须战略和战术相结合，一定要弄懂战术，借将谋子扩势，以多子吃少子，以大子吃小子，以强子欺弱子，以占位赢棋形。有意识三强子归边。

总之，应该照辩证法下棋，必须遵循规律找正，一定要牵着牛的鼻子拉牛，千万不可以掉以轻心影响结果，一定要具备各方面的知识，要克服大脑的错误。"人的思想方法的毛病，也就会把这种可能性变为现实性，形成错误，最常见的思想方法的毛病，就是片面性，表面性，主观性和僵化性"。（张恩兹著《认识与真理》，人民出版社出版，第 92 页）

每盘棋 12 个大子，（虽然棋盘是统一的整体，所有子力都相互影响）特别是九大子时，尤其是十子大时，大子之间、大子位置、大子空间、大子间的相互联系（不分敌我大子）客观现象重复出现，多样性中找寻规律性的东西，找内在联系，艺术思想好，要学会思想。客观、多样、联系、重复，就是说实际存在，变化复杂，相互联系。重复出现。客观是讲实际的，找矛盾焦点，找联系规律，善于重复利用。

结论：在与同好再见之时，寄语大家：巴尔扎克说过："一个能思想的人，才真是一个力量无边的人。"郭元祥说："思想有多远，我们就能走多远！"

找正象棋着法的过程，是孕育胜利的过程，弈者要始终保持清醒的头脑，优不骄，败不馁，不因情绪的变化而喜泣，影响下棋。

总之，应该在运动中谋子谋势，必须在大局观的指导下异想天开，一定要让对方跟着客观和我走，要照辩证法下棋，要照辩证法找正。